数学教学与模式创新

韩朝泉　邱炯亮　聂雪莲　著

九 州 出 版 社
JIUZHOUPRESS

图书在版编目（CIP）数据

数学教学与模式创新 / 韩朝泉， 邱炯亮， 聂雪莲著. -- 北京：
九州出版社， 2017.10

ISBN 978-7-5108-6270-0

Ⅰ. ①数… Ⅱ. ①韩… ②邱… ③聂… Ⅲ. ①中学数
学课－教学研究 Ⅳ. ①G633.602

中国版本图书馆 CIP 数据核字（2017）第 257963 号

数学教学与模式创新

作　　者：韩朝泉　邱炯亮　聂雪莲 著

出版发行：九州出版社

地　　址：北京市西城区阜外大街甲 35 号（100037）

发行电话：（010）68992190/3/5/6

网　　址：www.jiuzhoupress.com

电子信箱：jiuzhou@jiuzhoupress.com

印　　刷：北京朗翔印刷有限公司

开　　本：710 毫米×1000 毫米　16 开

印　　张：18.5

字　　数：290 千字

版　　次：2018 年 6 月第 1 版

印　　次：2022 年 8 月第 2 次印刷

书　　号：ISBN 978-7-5108-6270-0

定　　价：72.00 元

前　言

　　课堂是师生交流的主要场所，是由教师和学生共同打造的学习生活环境。数学课堂的教学效率低下不仅仅是教师或者学生单方面的原因，而是在二者相互影响下造成的结果。课堂应以学生为主体，把课堂还给学生，教师应退到组织者和引导者的角色。然而，现阶段教育改革任重道远，一些学校为保持考试成绩和升学率的优势地位，应试教育问题依然突出。在数学课堂中，灌输式教学，学生被动学习的传统落后现象屡见不鲜。在新课程改革后，中学数学课堂教学的相应改革也刻不容缓。在新课标理念的指导下，有必要对中学数学的课堂教学与模式设计进行新的探讨，并在新的教学课堂与模式下，研究新的、高效的课堂教学方法与模式创新，以适应新时代的要求，转变学生传统的学习方式，让学生能在有效的时间和空间下，学会学习，学会探究，学会合作，学会应用，并在掌握数学知识的前提下学会创新。构建中学数学的高效课堂需要学生和教师的共同努力，通过教师的合理布局，学生的积极配合，打造一种轻松和谐的学习氛围，从而提高课堂教学质量。

　　培养具有创新精神和创新能力的人才是教育的一项根本任务。教学是学校的中心工作，它是培养创新人才，进行教学改革的重要渠道，为了培养具有创新能力和良好综合素质的高级专门应用型人才，我们必须把教学领域改革作为切入点和突破点。因而，教育领域开展了各种以培养创新人才为目标的教育教学改革。而创新教学模式可以对创新教学理论和教学实践起到承上启下的作用，使创新教育理论与创新人才培养实践较好地结合。

　　本书共十四章，合计 29 万字。由来自青岛市黄岛区第五中学的韩朝泉担任第一主编，负责第四章至第九章的内容，合计 10 万字；由来自广东省惠州市惠台学校的邱炯亮担任第二主编，负责第一章至第三章的内容，合计 8 万字；由来自辽宁省大连市普兰店区第九中学的聂雪莲第三主编，负责第十章至第十三章的内容，合计 10 万字。由来自胶州市开发区小学的宋金梅担任第一副主编，负责第十四章的内容，合计 1 万字。

　　在本书的编写过程中，我们参阅并引用了国内外学者的有关著作和论述，并从中受到了启迪，特向他们表示诚挚的敬意。由于我们知识与经验的局限性，书中的错误和疏漏之处在所难免，恳请广大读者提出宝贵意见和建议，以使我们的学术水平能不断提升。

目 录

第一章 中学数学教育的目的

第一节 中学数学教育的地位及作用

数学，由于其极端的重要性，在教育中占有无可比拟的地位。每个人在学校所受的教育中，数学是一个重要的部分，这是公认的事实。然而，使每个人都受到良好的数学教育，却是一个尚未解决的问题。从某种意义上讲，这是一个世界性问题。如果把这个问题局限于研究每个人应该掌握哪些数学知识与技能，以及如何把这些东西教好，那么数学教育的问题是解决不好的。更为根本的问题是应弄清楚数学在整个教育中的地位与重要性。长期以来，这些问题没有被认真讨论过，甚至于数学是否有用都为一部分人所怀疑，这不仅有害于我们数学教学水平的提高，也会影响科学技术甚至整个社会的发展。

事实上，数学教育的地位是由其作用决定的。在当前信息革命的时代里，数学除了传统的"思维体操"作用之外，更多地体现在各行各业、各个学科中的重要作用。

一、数学在自然科学中的作用

在现今科学技术发达的社会里，扫除"数学盲"的任务已经可以与扫除"文盲"的任务并提，而成为当今教育的重要目标。事实上，可以说我们大家都生活在数学的时代——科学已经"数学化"，甚至文化已经"数学化"，数学水平的高低，已成为一个公民、一个民族科学技术水平高低的标志。多年来的经验证明：不同层次的高质量的科学和数学教学，包括中学前、中学和大学的教学在内，是保持一个国家科学实力的关键因素之一。我们认为，充分认识数学的科学教育功能，不仅仅是数学界、科学界、教育界的当务之急，而且是政府部门乃至全社会的当务之急。

数学，在科学中具有至高无上的重要性。当今社会的生存与繁荣靠科学技术，科学技术的发展依赖于数学。例如，现代物理学愈发展就愈数学化，物理学家杨振宁的规范场理论体现在数学上，其实质就是数学家陈省身的纤维丛理论。又如，物质的微观结构本来就与几何学密切相关，DNA 是一种双螺旋结构，它是数学中纽结理论的研究对象。那种认为数学没有直接经济效益，与科学技术关系不大的观点应该被抛弃。因此我们应该充分认识到数学的重要性，并在培养未来的科技工作者和劳动者的教育中，让数学发挥其强大的功能。

二、数学在社会科学中的作用

数学在社会科学中的作用日益扩大，尤其是计算机参与后所发生的巨大变革，使得数学在社会中的地位日益提高，数学社会化、社会数学化已是明显的事实。人们可以把数学对我们社会的贡献比喻为空气和食物对生命的作用，随着数学的发展，科学（自然科学、社会科学）的发展，以及数学在社会中应用的发展，这一点将会显得越来越重要。只有充分认识到这一点，才能使我们意识到，不仅数学在自然科学中具有至高无上的重要性，数学在社会科学中同样具有决定性的作用。不仅自然科学家的培养离不开数学教育，社会科学家的培养同样如此。例如，当今经济学很多内容，特别是计量经济学和数理经济学，都是直接应用数学的。近年来，在获得诺贝尔经济学奖的学者中，很多是因为借助了先进的数学理论和方法而做出重大贡献的。如1975年，康托维奇（Kantovich）因创建"物资最优调拨理论"而获奖；1981年，托宾（Tobin）因绘出"投资决策的数学模型"而获奖。

三、数学在人文科学中的作用

数学，作为研究量的规定性与结构关系的科学，在人文科学中也不是无能为力的。历史的发展证明，数学对人文科学有着积极的推动作用。现在人文科学的新特征及数学发展的新趋势更进一步表明，这种推动作用将会进一步增加。人文科学教育中数学的作用比以往任何时候都更为重要。定量化、精确化的特征，决定了数学在未来人文科学教育中是不可缺少的重要力量。

四、数学教育对人才素质的影响

由上可见，随着社会的发展，科技的进步，数学对人类生活的各个方面将产生越来越深远的影响。现在数学不再只是科学的语言，它也以直接的和基本的方式为商业、财政和国防等做出贡献。它为学生打开职业的大门，它使国民能够做出有充分依据的决定；它为国家提供技术经济竞争的学问。可以说，数学教育对人才素质的培养起着关键的作用。受过良好数学教育的人，他们在数学方面的学习和训练所形成的科学素质，无论干什么工作，都会起到重要作用。如，数学中必须准确把握概念，这会使他们在工作中能够注意不走偏，或曲解他人的思想；数学中讨论的问题非常明确、实际，因此，他们在工作中能够避免遇事含糊不清或流于空泛议论；数学中严密的逻辑思维会使他们在工作中具有洞察事物本质并迅速找出解决问题方法的能力；数学中严格、简洁的叙述和论证会使他们在工作中形成不拖泥带水的工作作风，谈话和行文简明扼要，从而避免或减少失误；数学求解问题的技巧会使他们能够妥善地解决工作中遇到的矛盾；数学中繁杂的精确计算会使他们善于经营管理，妥善安排；数学中的演绎和归纳的训练会使他们在工作中善于分析和综合，避免片面性。如此等等，不一而足。人的各方面的素质，几乎都与数学教育息息相关。

数学教育对人才培养，强国富民的重要作用引起了世界各国的普遍重视。美、日、英等发达国家在本国科学家、教育家调查研究的基础上，纷纷提出了许多数学教育改革对策，如美国提出的"关于未来数学教育的国家报告"，日本提出的"培养有个性的创造性人才"，英国提出的"面向 21 世纪的国家课程的指导思想"，等等，都是一些具有十分重要意义的教育改革措施。

当前国际经济的竞争，在某种程序上已转化为数学教育的竞争。对所有学生进行优质的数学教育是一个国家经济兴旺发达的必要条件。

第二节　我国数学教育目的的变化与特点

一、我国数学教育目的的变化与发展

数学教育目的，由于它受制于数学教育的性质、任务，数学学科的特点和发展水平以及学生的认识发展水平等，所以处于不断的变化发展之中，因时代的不同而呈现出不同的特征。纵观我国古代、近代和现代的数学教育目的，无论是内容的多少，还是要求的深浅都几经变化。

就古代数学教育而言，对数学教育目的虽没有明确的文字规定与表述，但从一些现存的史料中可以看出数学教育以"经世致用"为目的，讲究实用，注重算法。如隋唐时期开始在国子监内设"算学科"，以《算经十书》为教科书，其内容皆以生产与生活不同领域的问题分类，其中的《九章算术》246题无一不是以应用问题出现的。该时期的数学教学中，实用性和问题解答的算法化体现得极为鲜明。南宋末年的杨辉在《日用算术》中说："以乘除加减为法，秤斗尺田为问"，"用法必载源流，命题须责实有（用）"而在他的被人

们称为"迄今发现最早的数学教学大纲"《习算纲要》中称："夫算题考题从法取，法将验题，凡欲明一法，必设一题"。算法与习题的结合是其鲜明特色。至于明代以后，产业鼎盛，为其服务的珠算盛行，数学教育的实用色彩更加浓厚。

在近代数学教育时期，清政府的"癸卯（1903 年）学制"是第一个以法令形式公布并推行于全国的学校教育系统。该学制中学堂（学制 5 年）的"算学"，其教育目的为"凡教算学者，其讲算术，解说务须详明，立法务须简捷，兼讲运算之理，并使习熟于速算；其讲代数，贵能简明解释数理之问题；其讲几何，须详于论理，使得应用于测量求积之法。"这个教育目的对算、代、几不同科目，分别从算法与算理、数理、论理与应用方面提出了不同的要求。

辛亥革命之后，我国普及西算，"五四运动"使中国数学教育走上了正轨。1922 年 11 月，北京政府公布《学校系统改革令》，1923 年 6 月刊布了新学制各科课程纲要。在"初级中学算学课程纲要"中规定数学教育目的为：

（一）使学生能依据数理关系，推出事物的当然结果。

（二）供给研究自然科学的工具。

（三）适应社会生活的需要。

（四）以数学的方法，发展学生论理的能力。

这个提法简洁明了，把实用功能性目标和形式论理性目标并提，显然比较着眼于应用。今天看来，这个提法仍有其积极意义。它虽然和我们今天的提法有许多不同，但和现今欧美各国的提法却很相近。

以上的提法经过 1929 年、1933 年、1936 年、1941 年多次修改，仍然大同小异，按 1941 年～1949 年解放前夕所执行的"重行修正课程标准"所载，初中数学教育目标规定为：

（一）使学生了解形与数之性质关系，并知运算理由与方法。

（二）供给学生日常生活中数学之知识及研究自然环境中数量问题之工具。

（三）训练学生关于计算作图之技能，养成精确准确迅速，作图精密整洁之习惯。

（四）培养学生分析能力、归纳方法、函数观念及探讨精神。

（五）使学生明了数学之功用，并欣赏其立法之精，应用之博，以启发向上探讨之兴趣。

这个提法较 1923 年的提法更为细致，但其基本精神未变。

解放以后，立即开始向苏联学习。苏联的一套想法和名词进入我国，但仍保留解放前的许多痕迹，可说是一种过渡性的数学教育目的。

1950 年的数学教学大纲规定教育目的是：

（一）形数知识：本科以讲授数量计算、空间形式及其相互关系之普通知识为主。

（二）科学习惯：本科教学须因数理之严谨以培养学生观察、分析、归纳、判断、推理等科学习惯及探讨的精神，系统的好风尚。

（三）辩证思想：本科教学须指示因某数量（或形式）之变化所引起之量变质变，藉以启发学生之辩证思想。

（四）应用技能：本科教学须训练学生熟悉工具（名词、记号、定理、公式、方法）并能准确计算、精密绘图，稳健地应用它们去解决（在日常生活、社会经济及自然环境所遇到的）有关形与数的实际问题。

这个提法是"英美式"和"苏联式"两种提法的混合体，既有日常生活、社会经济的应用，也有与函数概念有关的辩证思想，既讲明是"普通知识"，又强调"系统学习"。总的来看，还是相当不错的一种提法。

经过 20 世纪 50 年代的变迁，到了 1963 年，终于把中国数学教育的重点和盘托出："使学生牢固地掌握代数、平面几何、立体几何、三角和平面解析几何的基础知识，培养学生正确且迅速的计算能力，以适应参加生产劳动和进一步学习的需要。"

这个提法中，数学教育就是掌握知识，至于它的来源，与现实的关系，如何去运用，全被一刀砍掉，精力放在那著名的"三大能力"上就够了。至于适应参加生产劳动的需要，无非是一种幌子，谁也没有认真研究过这种需要究竟是什么。从此以后，我国数学教育目的就一直在数学本身里打转，和实用越来越远，与学生个性发展、社会需要逐步隔绝。"文革"十年，走到另一极端。"拨乱反正"之后，一种逆反心理使 1963 年的提法更加深入人心。与此同时，高考的激烈竞争使数学教育起着严密的筛子作用，终于走上了现在这种极不正常的道路。数学教育目的三要素结构的规范逐渐形成。三要素即指双基（基础知识、基本技能）、能力（三大基本能力及分析解决问题能力）、思想情感（兴趣、积极性、科学态度、唯物观），这在 1986 年大纲中得到最完整的表现："使学生学好从事社会主义现代化建设和进一步学习现代科学技术所必需的数学基础知识和基本技能，培养学生的运算能力、逻辑思维能力和空间想象能力，以逐步形成运用数学知识来分析和解决实际问题的能力，要培养学生对数学的兴趣，激励学生为实现四个现代化而学好数学的积极性，培养学生的科学态度和辩证唯物主义的观点。"

进入 20 世纪 90 年代，数学教育目的有了新的提法。1996 年 5 月国家教委新颁布的"高级中学数学教学大纲"指出："高中数学的教学目的是：使学生学好从事社会主义现代建设和进一步学习所必需的代数、几何的基础知识和概率统计、微积分的初步知识，并形成基本技能；进一步培养学生的思维能力、运算能力、空间想象能力，以逐步形成运用数学知识来分析和解决实际问题的能力；进一步培养良好的个性品质和辩证唯物主义观点。"其中：

高中数学的基础知识是指：高中数学中的概念、性质、法则、公式、公理、定理以及由其内容反映出来的数学思想和方法。

思维能力主要是指：会观察、比较、分析、综合、抽象和概括；会用归纳、演绎和类比进行推理；会合乎逻辑地、准确地阐述自己的思想和观点；能运用数学概念、思想和方法，辨明数学关系，形成良好的思维品质。

运算能力是指：会根据法则、公式正确地进行计算、处理数据，并理解算理；能够根据问题条件，寻求与设计合理、简捷的运算途径。

空间想象能力主要是指：能够由实物形状想象出几何图形，由几何图形想象出实物形状；能够想象几何图形的运动和变化；能够从复杂的图形中区分出基本图形，并能分析其中的基本元素及其关系；能够根据条件做出或画出图形，会形象地揭示问题本质。

解决实际问题的能力是指：会提出、分析和解决带有实际意义的或在相关学科、生产和日常生活中的数学问题；会使用数学语言表达问题、进行交流，形成运用数学的意识。

良好的个性品质主要是指：正确的学习目的，浓厚的学习兴趣，顽强的学习毅力，充分的学习信心，实事求是的科学态度，独立思考、勇于探索创新的精神。

高中数学中辩证唯物主义观点主要是指：数学来源于实践又反过来作用于实践的观点；数学中普遍存在的对立统一、运动变化、相互联系、相互转化等观点。

此外，关于数学教育的目的，近年来在我国数学教育界还进行了许多有益的探讨，形成了一些较为统一的看法。关于这些看法，我们将在本章第四节加以详细介绍。

二、中学数学教育目的的特点

为了使我国中学数学教育适应未来发展的趋势，我们认为数学教育目的应具有以下特点：

（一）数学教育目的应体现数学教学的新观念

当前，数学教学观念正在经历一个大的转变，即从"应试教育"向素质教育观念转变，这个转变形成了数学教学改革的一个基本指导思想，以全面提高学生的素质为核心，改变以升学为中心，以考试为模式的数学教学体系，使学生成为全面和谐发展的适应社会主义现代化事业需要的公民。素质教育应该是数学教育目的的主题，无论哪一层次、范围、类型的中学数学教学都应该无一例外地明确提出素质教育方面应该达到的目标。

（二）数学教育目的应反映数学教学的新趋势

数学教学的新趋势是数学教学实践的产物，它总是在一定的教育活动中孕育、生长的；另一方面，由于我们所处的是一个开放的时代，数学教育也是一个开放的系统，可以说，在当今的学科教育中，数学教育是最具有国际性的教育领域了，因此，数学教学的趋势也必然体现于数学教育的国际潮流中。

当前国际潮流中的许多问题都值得我们重视。如，大众数学，问题解决，数学应用，数学思想方法及态度，数学作为信息交流工具的交流作用，以及各种水平上对计算机（器）的使用等等，这些都应该结合我国的实际情况，作为数学教育目的的要素，在适当的教学层次上得到体现。

（三）数学教育目的应具有适当的趋前性

这里的趋前性是相对于当前的教学现状而言的。数学教育对人才的培养是具有一定年限的周期性活动，培养规格的形成仅在中学阶段就有一个长达6年的过程，加之在培养过程中，随着时代的前进和社会的发展，对数学教育的要求也在改变，因此，教育目的的着眼点不能局限于眼前，更应着眼于未来。我们现在所从事的是培养跨世纪人才的工作，教育目的应该责无旁贷地在面向新世纪的数学教育中发挥它应有的导向作用。

第三节　我国中学数学教育存在的问题

中国是一个数学教育大国，在长期的理论研究和教学实践中，我们形成了一套完整的中学数学教育体系和培养人才的方法。中国学生数学基础扎实，知识系统，有相当强的数学理解能力，在多次国际数学奥林匹克比赛中，成绩斐然。在国外留学的中国学生数学成绩相当突出。这些都说明中国的中学数学教育有许多可供他人借鉴和加以肯定的成功之处。但从总体上讲，我国的中学数学教育还处在一个自我封闭的状态，在教学思想、课程设置和教学方法等方面都存在不少问题，有的已经严重影响了我国人才（特别是数学人才）的培养。我们必须认真分析这些问题并致力于制定适合我国国情和民族文化特点的教育改革措施，以推进我国中学数学教育改革，使我们早日成为一个先进的数学教育大国。

当前我国中学数学教育存在的主要问题如下：

一、数学教育思想跟不上时代的要求

在我国中学数学教育存在的问题中，数学教育思想跟不上时代的要求是最突出的问题，主要表现在：

（一）中学数学教学被看成是提高升学率的手段，很少从提高民族素质的角度去考虑，"传授知识、发展智力、提高素质"的教学目的蜕变为片面追求高分。

（二）"数学为大众"的教育思想还未真正确立，数学教育依然摆脱不了旧传统的束缚，教学中所热衷追求的是数学的内在逻辑关系和形式体系，忽视大多数学生为适应未来生存与发展所需要的数学修养和知识。

（三）传授知识仍被看成教学的基本宗旨，忽视智力开发和智力培养，忽视数学观念、运用数学的意识和创造精神的培养。

（四）在教学关系上片面强调教师的主导作用。教学中教师经常把自己放在知识的源泉和公断人的位置上，不能主动依靠学生做出教学决定和调动学生参加教学，"学生是主体"和"教服从于学"的思想得不到确立。

（五）注重思维结果评价，忽视思维过程评价，因而不能及时肯定学生思维的正确部分，发现创造性思维的火花，培养学生的探索精神。

（六）受中国传统文化的影响．有些教师从工具的角度理解数学的功能，重视数量关系，强调其算法性质，注重计算和应用，忽视思维训练。

（七）把训练技能误认为培养创造能力。不少教师虽然时刻想着培养能力，实际上没有抓住培养能力的关键，而是在形成和熟练技能，就题论题，做大量单调重复性的习题，忽略培养创造能力和探索精神的关键工作，使学生处于模仿加记忆的状态。

（八）教师习惯于用自己过时的数学造诣来衡量现代学生的数学需要，过分追求抽象化、公理化、形式化，忽视现代数学思想方法和数学发展规律的教学。

（九）片面理解数学教育现代化，认为数学教育现代化仅仅是数学内容现代化，而没有认识到数学教育现代化主要是数学思想、方法、语言和教学手段的现代化。

（十）不少教师认为数学成绩的差别主要是由于天资的差别，而不是由于努力或者学习机会与方法所造成的，因而不注意对后进生进行学习方法的引导和热心做他们的思想工作。

二、教学方法存在的问题

（一）注入式教学方法仍占主要地位。在教学中"满堂灌"的情况十分普遍。我们所看到的也是最流行的教学方式是讲和听。课堂上教师们一遍又一遍地讲解数学的定义、性质、定理和逻辑证明，学生则认真地听和记，学生学习被动，很少有独立思考、质疑问题和发表不同意见的余地。有时虽也做一些教学方法上的改变，但仍把学生作为单纯传授知识的对象，有些所谓的"启发式"充其量也是要求学生按照教师的思路做出预期中的答案，学生的思维受到严重束缚。这种注入式的教学造成学生"上课抄笔记，下课对笔记，考前背笔记，考时默笔记，考试结束全忘记"。

（二）忽视教材中逻辑成分的讲解。在数学教学中，一般教师都就教材的数学成分反复讲解，举例说明，以求消除学生理解这些教材的困难。但在许多情况下，学生的困难是来自对数学知识逻辑成分的理解上，反复讲解教材的数学成分的方法，不能克服学生在逻辑成分理解上的困难。

（三）在教学方法的采用上很少采用有利于培养学生数学创造能力的"发现教学法"和"讨论教学法"，教学中很少鼓励学生进行数学猜想、数学想象和对现成结论进行推广和反驳，忽视数学直觉思维能力和形象思维能力的培养。

（四）忽视潜意识的开发。潜意识又称下意识、无意识。在数学认知活动中，潜意识常常对主体活动的指向性、能动性、和谐性等方面产生影响。

潜意识的开发与利用对提高学生的学习效率和创造能力有重要作用。但我们在教学中，往往忽视潜意识的开发只重视有意感知、有意注意、有意记忆、有意想象等有意识活动的作用，忽视无意感知、无意注意、无意记忆、无意想象等无意识活动的作用，因此，在教学方法应用上要注意通过热情、愉快、乐观的情绪和教师本人的权威、人格与成就动机对学生产生积极的暗示，从而增强学生的学习情感和动力。

（五）忽视课堂教学艺术的把握与运用。教学作为一门艺术，它的对象是学生，数学教学艺术的把握与运用有利于提高数学学习兴趣，减少教学信息损失，培养数学"审美"能力和创造力。但数学教学中，大多数教师只注重数学知识的严格性、系统性、逻辑性、科学性，忽视教学的艺术性，不重视课堂语言艺术的运用和教师的自身形象设计，使激动人心的数学教学成为枯燥的定义叙述和冗长乏味的定理证明。

（六）忽视学生的情绪生活。现代教学论十分重视学生的情绪生活在教学中的作用，主张教学中不仅要依靠和利用学生的情绪，而且要培养学生的情绪。苏联著名教育家赞可夫曾指出："教学法一旦触及学生的情绪和意志领域，触及学生的精神需要，这种教学法就能发挥高度有效的作用。"然而，我们在教学中忽视学生情绪生活的现象十分普遍：教学中只注意研究教材，不注意研究学生，特别不注意研究青少年学生的特殊心理需要、情感变化和意志倾向；不善于通过创设问题情境、构筑认知冲突去激发学生学习的好奇心；不善于通过"察言观色"了解学生在学习上的反映，并及时调整自己的教学进度和教学方法。

（七）不注意进行数学审美教育，没有充分认识到引导学生认识数学美、欣赏数学美对培养学生高尚的情操和激发他们的学习热情所具有的重要意义。因此，在教学中不研究数学美，不努力挖掘教材中的潜在美学因素，不努力为学生提供创造数学美的机会，只满足于阐明数学定理和实际应用价值。

三、教材在选材和内容处理上存在的问题

现行中学数学教材是从苏联 50 年代教材演化而来，其体系和内容的处理方法没有质的变化。虽然目前的教材有不少好的特点，例如：注重教材内容的思想性，重视数学的思想教育功能，重视基础知识的学习和基本技能的训练，强调基本数学能力的培养，教材体系严谨且数学符号规范，文字表达精练准确，几何演绎和代数计算要求严格等。但在选材和内容处理上还存在不少问题，这些问题有：

（一）部分内容的选取已经过时。例如尺规作图的理论与方法，指数、对数、三角函数的表算方法等内容在现代数学上已经价值不大但仍被保留。

（二）平面几何仍被视为培养中学生逻辑思维的唯一途径，忽视代数的逻辑性，后者与现代计算机的发展是密切相关的。

（三）教学要求偏高、偏难，理论要求与解题技巧要求是为学生今后升入理工科大学设计的，不仅超过许多不接受高等教育学生的实际需求，也超过许多今后学文科的学生的需求，使许多学生感到数学是最难学的科目。

（四）教材在内容处理上往往只介绍数学思维的结果，很少揭示思维的过程和方法，"只显示问题是如何解决的，却没有显示出问题是如何提出的，以及为什么提出的"。偏重演绎法，思路呆板，很少有观察、实验、类比和发现的方法。

（五）数学的广泛应用性没有很好地体现。教材中虽有不少应用题，且这些应用题大多也是来源于现实生活，但经过数学的加工，已经太形式化了，使学生无法形成应用数学的意识。特别是一些有极为广泛应用的内容，如概率（统计）是中学唯一培养学生从随机（统计）角度观察世界的数学内容，如今在许多国家中广泛使用，而我国仅列为选学或不学的内容，而且在结构和处理上实际是按照大学本科教材加以压缩和浅释，没有考虑中学阶段的应用和接受能力。

（六）教材的整体性体现得不太充分。采用代数、几何分科制，使学生得不到整体训练，解几何题往往想不到使用代数方法，或解代数题不善于转化成几何问题加以解决。

（七）可读性不强。教学内容窄而深，只注意抽象性、严密性，忽视趣味性、直观性，使学生把数学看成是"由精确、快速和死记硬背特征控制下，一些极其严格的规则所构成的僵硬系统"，使活生生的数学学习失去趣味性和生动性。

（八）教材统一在一个大纲下。这种情况不仅无法适应不同地区的不同经济发展水平和教育水平的要求，也无法适应同一地区的不同层次的人的要求，不利于因材施教和体现不同民族和不同地区的文化特点。

四、考试存在的问题

在我国数学教育存在的问题中，考试存在的问题是其中一个相当突出的问题。这些问题主要有以下几个方面：

（一）考试目的发生异化。数学考试的目的原本是为了正确评价、鉴定学生所学的数学知识和获得的能力是否达到了规定的标准和水平，发现他们在学习上存在的问题和进步情况，使教师与学生本人获得反馈信息，以便有针对性地改进教学与学习；激励学生的进取心和发现自己的学习潜能与智力发展情况。但这些考试目的在实际中常常异化为：

为升学做准备——于是出现猜题、押题和以升学考试内容决定教学内容的重点与取舍的倾向；

为检验解题技巧的熟练程度——教师反复讲题，学生反复做题，教师与学生都忙于提高解题的熟练程度，把学数学与解题混为一谈；

为获得好的名声——把考试作为获得好名声的机会，取得好成绩的学生可以获得表扬和荣誉，教师可以获得好的评价和职称晋升机会，学校则可以获得社会的认可及上级主管部门的嘉奖，从而获得巨大的潜在经济利益；

为强化教师的地位——教师把考试作为法宝，利用考试手段强化自己在学生心目中的地位，忽视通过认真备课、改进教学方法、提高授课水平来改善自己的形象，造成学生对考试的厌恶或惧怕。

（二）把考试成绩与教学评价等同起来。不少学校把考试成绩作为评价教师教学效果和学生学习效果的唯一方法，甚至作为评价学生优劣和教师教学水平的唯一标准。学生的态度、行为、解决问题的能力及创造精神方面的评价被忽视；教师的教学态度、教学方法、教学手段及个性品质的评价被忽视；学校的管理机制、校风、班风、卫生条件的评价被忽视。学校领导、教师、学生都把主要精力，甚至全部精力都集中到提高考试成绩上，"考服从于教"被颠倒为"教服从于考"。

（三）考试内容片面化。在数学考试内容上，着重考核对具体知识的掌握情况，忽视对与掌握知识相关的诸种能力的考核，尤其忽视对数学应用能力和创造能力的考核，结果考试成绩成为反映学生对传授的知识的占有情况，学生的数学综合能力得不到反映。这种考试内容的片面性，导致义务教育下的数学教育所强调的"使学生切实掌握现代社会中每一个公民适应日常生活、参加生产和进一步学习所必需的代数、几何的基础知识和基本技能"逐步转化成偏重解数学题所需的知识的积累和技能的熟练，忽略了运用数学的意识和能力的培养，限制了学生智力的发展和创造精神的培养。

（四）考试方法单一化。考试大多采用闭卷形式；试卷评阅总按照与某一种答案的一致程度来确定答卷的优劣；看解题结果多，看思维过程少；没有对解题的优美性加以区分，对有创见的解法没有加以鼓励。所有这些容易对学生的智力活动自由构成限制，造成学生解题思路的单一化，影响他们智力的主动发展和创造性火花的迸发。

五、学生课业负担过重

中国学生课业负担过重是举世闻名的。从初一到高三，不论哪一个年级的学生都有做不完的作业和复习不完的功课。造成这种情况主要有以下原因：

（一）不少教师育才心切，不顾及学生的知识、能力、发展水平和思维特点，不顾及学生之间数学能力的差异，不顾及教学大纲的要求，加大知识难度，拓宽知识界限，加快教学进度，试图把学生培养成数学专家，使学习数学成为学生的主要负担。

（二）有些教师不认真备课，教学效率低，课堂上不善于把注意力集中到主要的、本质的教学内容上，个别提问过多，对教材的讲解浮于表面，不善于进行引导，人为造成课下学生学习教材和复习教学内容的困难。

（三）有的教师不善于引导学生归纳解题经验，寻找一般的解题方法与技巧，不优选习题，只用增大练习数量的方法来提高解题能力，而没有设法从每道习题中挖掘其最大的训练价值，结果学生为完成规定的作业不得不加班加点。

（四）有的教师没有引导学生总结归纳一些行之有效的记忆数学知识的方法，使他们为了记忆众多的定理运算法则和计算程序耗费许多时间。

（五）为了追求高升学率，教师争相频繁测试，采用"题海战术"，使学生始终处于忙乱之中，形形色色的课外补习班和泛滥成灾的升学辅导材料占去学生所有的课余时间，使学生的青春活力和创造潜能都消磨在争"高分"的努力之中。

沉重的课业负担使众多学生"食不甘味、夜不安寐"，身心健康受到严重影响。

以上我们剖析了中国数学教育存在的五个问题。当然在我们的教育中还存在其他问题。例如，关于数学学习后进生的培养问题还缺乏深入研究，而且随着义务教育的实施，青少年的就学机会增加，对于数学这门被认为难学的学科，这个问题会变得更突出。又例如，如何正确处理好"英才教育"与

"教育面向大多数"的关系也是一个突出问题。目前我国许多地区是采用分流的办法（即分"重点中学"和"非重点中学"，或在一个学校里分"重点班"和"普通班"）进行教学，这虽有利于为优秀学生创造良好的学习环境，但对于非重点中学和普通班，如何大面积提高教学质量是一个亟待解决的问题，特别是如何提高教师教学积极性就是一个很大的问题。毕竟在一个把升学率作为衡量教学质量高低的主要（或唯一）尺度的国家里，自己辛苦培养的学生不能升学，这不能不使教师教学积极性受到严重影响。

我们在中学数学教育中存在的问题已经产生不良后果，它使我们培养的不少学生缺乏数学意识和创造精神，缺乏适应社会和未来所需的最基本的数学修养和知识。面对这种情况，中国数学教育界正在做出努力，积极探索中学数学教育改革的道路，所存在的问题正在逐步被克服。我们深信随着教育改革的深入，中国的中学数学教育一定会以一个崭新的面貌出现在我们面前。

第四节　我国数学教育改革动向

当今世界，各国都在关注着教育与教育改革。教育是生产力，教育是发展经济的最好投资，人类的未来取决于今天的教育已成为许多人的共识。为了使教育更好地为本国科技进步和发展生产服务，许多国家都在努力探索着本国教育改革的道路。数学教育作为国际教育最重要的组成部分，更为各国所关注，并为数学教育的改革倾注了大量人力、物力，在世界范围内掀起连续不断的数学教育改革浪潮。作为世界数学教育改革浪潮的一个重要组成部分，中国的中学数学教育改革也在积极开展，出现了许多新的思想与改革动向，这些新思想与新动向归纳起来主要有以下五个方面。

一、教学目的观发生了重要变化

数学教学目的是数学教育中的重要问题。它关系到教学大纲的确定、教学内容的选取、教学原则的掌握和教学方法的运用等诸多问题。因此，在研究数学教育改革问题时，总是首先集中在教学目的这个主要问题上。

关于数学教学目的观，几十年来我国经历了多次演变。如果说 20 世纪50 年代，数学教学的目的侧重于传授知识，教学的任务是使学生学习数学知识，60 年代开始强调基本技能的训练，70 年代则进一步提倡培养"三大能力"（逻辑思维能力、运算能力、空间想象能力），80 年代，人们开始注意非智力品质的培养问题，数学教学的目的包括了知识、技能、能力和个性品质四个方面的内容。到了 90 年代，数学教学的目的转到了培养具有数学文化素养的跨世纪人才。

众所周知，为了加快教育改革的步伐，1993 年 2 月，中共中央、国务院发布了《中国教育改革和发展纲要》，《纲要》明确提出："教育改革和发展的根本目的是提高民族素质，多出人才、出好人才。"同时提出："中小学要由'应试教育'转向全面提高国民素质的轨道。"1994 年 6 月，在全国教育工作会议上，李岚清副总理再一次强调"基础教育必须从'应试教育'转到素质教育的轨道上来。"素质教育成了中国教育改革的中心问题，也成了数学教育界热烈讨论的问题。

在探索素质教育的问题上，我国数学教育界的许多同仁提出，必须从根本上转变数学教学目的观，把数学教学从以传授知识、技能和培养"三大能力"为主要目的，转到以培养数学观念、培养运用数学的意识、培养创造精神和培养广泛的数学能力为主要教学目的。认为只有这种转变，才能使数学教育真正从"应试教育"转向素质教育，实现教育改革与发展的根本目标。

（一）关于培养数学观念

有人认为，从教育的功能看，数学教育的最终目的不在于传授几个知识点，讲解几种解题方法，而应有更深刻的内涵，即应当把培养学生的数学观念作为数学教育的目的，通过它们去实现对学生的培养与发展。这些观念包括：

优化的观念——考虑在某些特定条件下力求获得最优结果的意识；

整体的观念——从整体上把握事物的性质与特征的思想；

建模的观念——运用数学模型去描述、模拟、研究和解决客观世界所提出的问题；

运动和变化的观念——用辩证的眼光去看待静止和运动的变化，看待变与不变的关系，认识运动变化的规律。

许多人同意上述观点，认为这些观念的形成对学生认识数学的本质和掌握数学的基本思想方法具有重要意义。

（二）关于培养运用数学的意识

通常认为，学习数学有两层意义，一是作为修养，用以提高自己的文化精神层面；二是作为工具，为自己的生存与发展以及为社会服务。对于多数人而言，学习数学的主要目的是作为工具，要利用所学的知识去解决生产和生活中所遇到的问题。正因为如此，我国的许多数学教育家反复强调要注重对运用数学的意识的培养，譬如北京师范大学的严士健先生在《数学教育学报》1996 年第一期上发表文章，再次强调这个问题，他呼吁："要主动向学生宣传这种思想：学数学不是只为升学。要让他们认识到数学本身是有用的，让他们碰到问题能想一想：能否用数学解决问题，无应用本领也要有应用意识……"。

要重视培养学生运用数学意识的观点在我国数学教育界虽然取得了共识，但什么是运用数学的意识，目前还没有统一的提法。

例如，有人强调意识的心理特征，把运用数学的意识理解为运用数学知识的一种心理倾向性，认为所谓的"运用数学的意识"实际上是指当主体面临有待解决的问题时，能主动尝试着从数学的角度，运用数学的思想方法寻找解决问题的策略，以及当主体接受一个新的数学理论时，能主动地探索这种新知识的实际应用价值。

有人从数学思维的角度，把运用数学的意识理解为"推理意识、抽象意识、整体意识和化归意识"。

还有人从解决问题的角度，把运用数学的意识理解为"把实际问题转化成数学问题的意识，建立数学模型的意识，寻找解题策略的意识以及与他人进行数学交流的意识等"。

（三）关于培养创造精神

在探索数学教学目的的问题上，这几年有一个共同的特点，就是十分强调创造精神的培养，认为培养创造精神是教育的基本使命，教育不应当把学生束缚在过去与现在之中，而应引导学生去探索未来，教育不仅是保存和传递文化，而且具有创造文化的功能。

对于数学教育而言，教学过程不仅是传授知识、传授数学的现成方法和技巧的过程，而且还应当是一个培养创造意识和探索精神的过程，是一个引发学生发现与创造的过程。为了实现这个过程，有人提出必须就教学思想和教学方法做如下转变：数学教育要从传统上的强调"教"变为强调"学"，从强调教师的行为变成强调学生的行为；从强调体会创造成果变为体会创造过程和参与创造过程；从重点放在知识的传授和解题方法与技巧的学习，变为强调培养创造意识和主动探索精神，鼓励学生进行数学猜想、数学想象，在学习中增长才干和提高创造能力。

（四）关于培养广泛的数学能力

把培养广泛的数学能力作为教学的主要目的，也是这几年数学教育改革的一个新动向。教育界的许多人士认为：从培养人的角度看，社会对数学教育的主要期望是培养具有数学能力的人，尤其是具有广泛数学能力的人，即不仅具有逻辑思维能力、运算能力、空间想象力以及具有抽象能力、概括能力、记忆能力、自学能力这些基本的数学能力，还应当具有以下四种能力：

数据处理能力——初步具有使用图、表和统计技术、电子计算机等对大量数据和其他信息进行收集、整理、加工、解释和分析的能力。

解非常规问题的能力——能从实际问题情境中形成数学问题并加以分析的能力，能在自己的知识水平上确定有效的解题策略和方法并加以实施的能力，以及具有评价解题结果的能力。

数学社交能力——能正确使用数学的符号与语言或模型演示的方法表示数学概念，善于表达数学的逻辑成分，善于用分析、综合、比较、划分、抽象、概括和归纳、类比、演绎等方法描述数学问题．且语言简约、条理清楚、思想清晰；具有理解他人用数学语言和符号表达的数学概念、数学思想和解题过程的能力。

数学审美能力——能在数学学习中体验到数学概念的简单美、统一美，数学结构的协调美、完整美，数学模型的概括美、典型美，数学证明的新颖美、奇巧美和数学思想的深刻美、独特美，从而激发热爱数学、探求数学知识的愿望，产生发现数学真理的灵感和增强数学创造能力。

在数学教学目的方面，还有人强调要培养学生的数学思维习惯，即培养学生习惯于用抽象思维的方法、逻辑思维的方法、形象思维的方法、发散思维的方法、直觉思维的方法等去分析和研究自己所遇到的问题。

虽然关于教学目的的讨论已经引起数学教育界的广泛重视，并出现了一些理论研究成果，但如何在教学实践中具体实施还有待于进一步探索、研究。

二、积极进行考试改革

（一）升学考试改革

在我国中学数学教育改革中，议论最多、最热烈的莫过于升学考试的改革问题。今日的中国，每年的升学考试都牵动着考生、教师和千百万家长的心。升学考试影响着学校教学的方方面面，它的改革成为我国教育改革的重头戏，为全国人民所关注。

升学考试是一种文化现象。从社会学的角度看，通过考试选拔人才是社会人才流动与选拔的一种最温和、最平稳的方式，它具有合理性、科学性、可操作性和高透明性等特点，是一种相对合理的人才竞争机制。通过升学考试进入高一级学校的人，绝大多数是智商较高、潜能优于他人、有培养前途的人。在目前的考试制度下，虽然有"高分低能"之说，但从统计学的观点看，"高分低能"的人远比"低分高能"的人少得多。从这个意义上讲，升学考试（特别是高考）具有积极意义，它可以使社会把有限的教育投资做重点投入，从而取得最大的教育投资效益。因此升学考试制度将继续存在。即使将来国力强盛、经济发达，社会可以为每一位青年提供接受高等教育的机会，由于有专业的选择和为进入名牌大学的竞争，通过考试择优录取人才依然是不可避免的。鉴于此，目前我国关于升学考试的改革主要集中在考试的科目设置和试题的命题取向两个方面。

1.改革考试科目设置

关于考试的科目设置问题早在1983年8月，教育部在《关于进一步提高普通中学教育质量的几点意见》中，就提出试行高中毕业会考，区分毕业考试和升学考试。会考由省一级统一组织，是面向全体高中学生的水平测试，以考核、评价中学教学情况和检查一个高中毕业生是否达到了高中文化知识的基本要求。1985年，上海提出在本市范围内实行高中毕业生会考并在此基础上进行高考科目设置改革的设想。经教育部批准，上海于1987年起进行改革，高考科目里新设置为语文、数学、外语三门基础课必考，而后由高校从物理、化学、生物、政治、历史、地理六科中，按专业需要选一科，形成六组四科的考试科目设置方案，一般称为"3+1"方案。这项改革在上海实行多年，大学和中学的反映都比较好，社会上已基本认可。

1995年，全国除上海外，有29个省（自治区、直辖市）采用新的高考方案，即所谓"3+2"方案。该方案是把高考科目按高等学校招生专业的文理倾向，分文、理两类：文科类考语文、数学、外语加政治、历史，理科类考语文、数学、外语加物理、化学。高校招生录取时，在同等条件下，可参考高中所有九门文化课的会考成绩。

"3+2"方案在全国实行后，总的说来是好的。它比"3+1"方案具有较好的可操作性，适合目前高中的文、理科分班制。此外由于其他文化课成绩可作为高校录取新生的参考材料,因此在一定程度上可避免出现考生平时放弃对高考非考试科目的学习。

值得一提的是,在改革考试科目设置问题上,有人建议由高校根据各自专业特点自行从高中的所有文化课中选择要求考生考的科目,每个考生根据所报高校的要求参加有关科目的考试,考试不统一在一个时间内,这样一次考试失败了,还有其他考试的机会。当然,国家要规定少量基础文化课为必考科目,并限定最少的考试门数,以保证考试的质量,减弱高考对高中教学的消极影响,同时防止某些高校为争夺生源或出于别的原因而减少考试科目和降低考试要求的情况出现。上述建议有合理的一面,但在具体操作上还有许多问题要进一步研究探讨,毕竟我国幅员辽阔,有一千多所不同类别的高等院校,每年考生数以百万计,在众多的省份组织多种不同方向和不同层次要求的招生考试是十分困难的。

2.改变命题取向

在我国升学考试数学卷的命题中,存在着一种错误倾向:所出的考题是"纯数学题",往往是一个问题只对应一种解法和一类数学知识,缺少那些直接来源于理论研究或实际生活的应用题。考试变成考察学生的数学知识记忆能力和解题方法与技巧的掌握情况。这种情况导致中学数学教学严重忽视数学运用意识和应用能力的培养。教学中,重知识、轻智能,重书本、轻实际,重灌输、轻启发,重记忆、轻思考,重理论推演、轻实际应用的情况十分普遍,造成学生的实际数学应用能力低下。在一次有 21 个国家和地区参加的考察中学生数学应用能力的科学测试中,我国学生的成绩处于中下游,得分率低于韩国、瑞士、英国等国家。为了改变数学应用能力差的局面,我国广大数学教育工作者纷纷要求进行教学改革。由于升学考试具有强烈的诱导作用,于是教育改革的热点自然首先集中在升学试题的命题上。

1992 年秋,严士健先生和张奠宙先生针对数学教学存在的上述问题,建议:"在升学考试中,适当地、逐步地提出一些'问题',使'问题'进入数学教学改革阵地,使'问题'向培养学生应用能力方面倾斜。"为了推进改革,1993 年初,国家教委两次召开《数学内容改革研讨会》,会上,两位数学教育家更加明确地指出:"当前 100% 的纯数学考题是不正常的,它的一个直接后果是中国学生缺乏数学应用能力,应用数学意识失落,创造性能力被阉割,这是摆在中国数学教育界面前的严重问题。"为此他们再次建议:"应用数学题应在高考中占有一定的地位，让高考给数学教育改革开路。"他们的建议得到国家教委的重视和支持。从 1993 年起，高考试题增加了部分数学应用题。为了配合这项改革措施，还广泛开展了有关数学应用问题的研究，出版有关中学数学问题的论著，并对教师进行培训，让广大中学数学教师进一步了解实际的数学应用问题不同于传统的数学问题，它不是一个问题就对应着一种解法和一类数学知识，它的解决需要多种知识的综合，它是来自理论和生活中活生生的问题。对此类问题的解决是学生数学能力的真正体现。

关于高考的命题问题还有许多建议，例如，有人提出：减少考题容量，出一些鼓励学生创造的试题，增加试题的思考性，使考生有创造的余地。还有人建议：增加选学内容，把微积分、概率统计等内容纳入重点中学课程，所学内容部分进入试题，其成绩作为重点院校录取的参考。张奠宙先生甚至建议出一些略微超纲的问题，把考题搞活，使学生凭能力进行考试。但由于微积分和概率统计的内容以及其他超纲的内容进入试题，有可能引起教学上的大面积超纲，加重教师和学生的负担，因此在具体实施上还有许多问题需要加以斟酌和处理。

（二）其他考试改革

由于高考改革涉及面广，改革难度很大，预计近几年不可能有大的举措。相比之下，其他形式的考试改革，例如中学毕业会考和期中、期末考试等，影响面小，出了问题也容易纠正，因此这方面的改革步伐相对大一些。这方面的改革和建议有：

1. 在考试形式上，出现了用"目标参照测验"取代竞争选拔考试模式的做法

目前学校的考试，大部分属于竞争选拔考试模式，每次考试都排出名次。这种模式实际上强调了教育的选拔功能。该模式虽有利于公平竞争、严格训练和人才选拔，但不利于学生身心全面健康的发展，不利于学生个性的确立。而"目标参照测验"是一种只把考试成绩与确定了的目标相比较，不排名次、不列等级、不与他人做横向比较的考试形式。这种考试既可以了解学生的学习情况，又可以减轻由竞争选拔考试所带给多数学生的心理负担，有利于学生的全面发展。其缺点是使班集体的成员失去必要的、合理的竞争机制，从而降低了考试对学生的激励作用。

2.在考试内容上有人建议出一部分"开放式问题"

所谓"开放式问题",主要是指这样一些试题:所出的问题不仅有多种解法,而且可能有多个正确答案;或所提供的题设条件并非充分且必要,需要学生在解题过程中,根据证明的逻辑需要,自行追加或抛弃多余的题设条件;或对解题所需的知识与方法学生在课堂上并非完全学过。

"开放式问题"主要考察学生的应变能力、创造能力和知识广度,它为学生提供了施展才能的机会。

3.在评分方式上出现了把"绝对评分法"和"相对评分法"相结合的评分方式

"绝对评分法"通常是指"百分制记分法",以 100 分为满分,60 分为及格分数(也有以其他分数为满分的,如 120 分为满分,75 分为及格分)。"相对评分法"通常指五级记分法,成绩为 5、4、3、2、1(或 A、B、C、D、E)。20 世纪 50 年代我国曾广泛试用相对评分法,"文革"以后多采用绝对评分法。最近几年试行把两种评分结合起来。例如,浙江省在"高中毕业证书会考"中试行的评分法就是先采用百分制,然后依一定的方法与比例转换成 A、B、C、D、E 五个等级,其中 E 为不及格,使不合格的人数控制在某个合理的限度内。

4.出现由单纯用考试测验鉴定数学教学效果向数学教育质量的全面评价转化的倾向

评价的内容包括:

(1)学生学习活动评价,包括:学习态度、信念、行为、数学潜力、问题解决能力、信息交流能力、创造力和学习方法等。

(2)教学活动评价,包括:课内和课外的教学活动、教学方法、教学手段、教学态度等。

(3)教育环境和条件的评价,包括:学校管理机制、教学大纲、课程设计、教科书与参考书的质量与数量、教具和教室卫生条件等。

三、改革教学方法

传统的教学方法——讲解法具有如下三个明显的优点:

(一)能发挥教师讲课的主动性。教师可以根据教学需要对学生提出问题,并指出解决问题的关键和思路,有利于学生理解并获得系统的知识。

（二）课堂秩序和教学进度易于控制。

（三）教师可以在短时间内传输大量信息，时间利用比较经济。

由于讲解法具有这些优点，使它成为迄今为止全世界采用最为普遍的数学课堂教学方法。

但传统的讲解法有如下弊端：

（一）以传授知识为出发点，着重培养的是学生的复现力。

（二）研究教材多，研究学生少；强调教师"教"的一面，忽视学生"学"的一面。

（三）学生活动少，不利于培养学生独立获取知识的能力。

（四）"一刀切"影响因材施教和学生个性特点的发展。

（五）课堂内容往往安排过细、过多，容易导致满堂灌。

为了克服这些弊端，我国数学教育界进行了多年教学方法的改革试验，创造了许多新的教学方法，如中国科学院心理研究所的"自学辅导教学法"，上海育才中学的"议练讲教学法"，上海青浦县的"尝试指导效果回授教学法"，北京景山学校的"单元结构教学法"，辽宁实验中学的"研究教学法"等就是近年来新创造的教学方法。这些教学方法都是经过长期教学实验后总结出来的，例如上海青浦县的"尝试指导效果回授教学法"就是经过长达 14 年（1977～1991）的摸索试验总结出来的，因而是一些在教学中行之有效的方法。

这些教学方法虽然名称各异，但它们一般都具有如下特点：

（一）把问题作为教学的出发点，创设问题情境，激发学生求知欲，让他们在迫切要求之下带着问题学习；

（二）指导学生重温某些技能和概念，通过观察实验、类比联想、归纳、推演等方法，组织学生亲自探究、学习知识，提高学生的阅读能力和自学能力；

（三）教师精心设计一组由简到繁、由易到难的作业练习题，使每个学生都有成功的机会，提高学生学习的自信心，以期收到最大的解题练习效果；

（四）仔细观察学生思考作业的过程，及时发现他们思维中的障碍和创新成分，启发引导他们突破困难和培养他们的探索精神；

（五）引导学生体会解决问题的愉悦，进一步激发学生对知识的好奇心，推动他们的思维过程。

在教学方法的改革中，一个值得注意的动向是"发现教学法"又逐渐受到人们的重视。众所周知，20世纪六七十年代"新数学运动"时期，人们曾崇尚"发现教学法"，并在教学中广泛采用这种教学方法，以训练学生的数学创造性思维能力。但由于"发现法"存在难于保证教学进度、教材组织困难，并且实际试验的结果是基础知识被严重削弱，出现数学成绩下降，教学被引向培养数学家的道路，多数学生接受不了等情况，因此，后来在中学数学教学中用得很少。但因"发现法"能再现数学创造与发现的过程，可把呆板的、僵硬的知识传授变成活生生的数学创造与发现过程，有利于调动学生的思维积极性，并增加对所学知识的记忆和理解，有利于培养学生的创造意识与创造能力，因此，近年来人们主张不要完全排斥"发现法"，对合适的题材，应采用"发现法"作为讲解法的补充，以提高数学教学的效果。目前提倡的发现法有"追加条件法""猜想法""即兴推导法"和"归纳发现法"等。

除了发现法，人们还建议根据数学的实际情况，适当采用讨论法，如"学生问题"讨论法、"教师课题"讨论法、"教材内容"讨论法等，以发展学生的思辨能力和数学语言表达能力。最后值得一提的是，随着计算机辅助教学的兴起，人们正积极探索在教学中使用计算机辅助教学的新方法。可以预料，在21世纪，随着多媒体技术的开发，信息高速公路的实施，以及智能计算机辅助教学系统的广泛应用，关于教学方法的改革会出现一个全新的局面。

四、改革课程设置

在我国，传统的数学课程是为升学和学习后继课而设置的，没有真正体现教育的根本目的在于提高民族素质这个目标，教学中所重视的是数学体系的严格性和系统性、数学方法的逻辑性和精密性，以及如何体现出思维缜密、表达清楚、层次分明、论据正确和语言精确的逻辑要求，很少考虑数学课程的大众化、生活化、民族化和现代化，忽视创造精神、数学运用意识和数学应用能力的培养，教材内容比较陈旧。这种课程设置已经适应不了时代的发展和科学技术的进步，并在一定程度上束缚了我国数学教育事业的发展。为了改变这种状况，我国教育工作者进行了长时间深入的调查研究，提出了许多见解。这些见解归纳起来有以下几个方面：

（一）主张数学课程内容要以"大众化""生活化""民族化"的方式反映未来社会所必需的数学思想和方法。所谓"大众化"，就是数学教育要体现这样的信念："人人学数学，人人掌握数学"；所谓"生活化"，就是数学教育要满足学生未来生存这种基本需要，即应为他们提供离校后日常生活和参加生产的基本数学知识与技能，使他们能利用数学这个工具更好地为社会生活服务，为自己的生存与发展服务；所谓"民族化"，就是数学教育要充分发掘各民族文化中特有的数学内容和数学知识，研究不同文化所形成的不同数学体系，利用学生在各自不同的文化背景下所形成的不同数学思维方式进行教学，使数学教育既适合不同民族特点，又有利于公民本身数学文化修养的提高。

（二）主张在教材中渗透近代数学概念，如映射、集合、距离、范数、变换、测度都可以渗透。严士健先生认为这种渗透比做国际数学奥林匹克题有益，不过这种内容渗透要慎重，可以先搞课外读物，再逐步成为教材。

（三）要求增加数学教学的实践环节。以现实课题和学生兴趣为出发点，鼓励学生运用自己的数学知识去探求他们日常生活中所遇到问题的解决办法，通过解决实际问题，培养运用数学的意识和能力，使学生在掌握所要求的数学内容的同时，形成那些对人的素质有促进作用的基本的思想方法，如试验、猜测、类比、归纳、模型化、合情推理等，同时养成在接受一个新的数学理论时，能主动探索这项新知识的理论价值和实际应用价值的习惯。

（四）主张精简传统的必修课内容，加强现代数学中更具有广泛应用性的数学内容，如统计、概率、线性规则、系统分析与决策、估算等，让学生在学习期间有机会接触诸如统计思想、运筹思想、风险估计思想、数量级思想、系统分析方法、以及数据分析方法等现代和未来所需的数学思想和方法。

（五）增设选修课。使学生能在选修课中学到他们感兴趣的科目或他们自认为与未来就业和生活有关的知识与技能，使另一部分对数学有特殊兴趣或立志从事理论学习与研究的人，有机会在选修课中学到更多的数学专业知识。这一点很重要，因为未来总需要有少数人去学习那些大多数人不能理解，也不需要他们理解的数学，以保证数学学科的理论发展势头。但是增设选修课，不能改变以必修课为主的课程结构。增设选修课的目的主要是为扩大学生的知识面，改善学生的知识结构，培养学生的兴趣爱好，发展学生的个性特长。

（六）建议围绕"问题解决"组织数学教学。在数学课程改革中，有人借鉴英、美等国的经验，提出数学课程要围绕"问题解决"来组织教学，即围绕那些具有"接受性""障碍性""探究性"的数学问题组织教学，而不是围绕定义与概念组织教学,以发展学生形成数学问题和解决数学问题的能力。

这里,"接受性"是指问题对学生来说是可接受的,学生本人愿意解决并有解决它的知识和能力。"障碍性"是指问题有一定难度,学生不能直接看出问题的答案,需经过一定的思考过程。

"探究性"是指学生不能直接应用现成的数学模式,而需经过探究才能获得解决。

(七)提倡"非形式化"处理教材。有人借鉴英国著名的 SMP 教材(The School Mathematice Project 学校数学设计)的经验,提出在数学课程中,尤其是在低年级教学中,更多地采用"非形式化"处理教材的方法,即更多地用直观的方法介绍几何知识,对严格抽象的公理、定理体系和逻辑证明不做严格要求,用形象的方法介绍数学的概念,增加教材的新颖性和趣味性,以提高学生兴趣和使数学更易于为大多数学生所理解和接受。

在数学课程的改革中,我们近几年所做的一件最主要的工作是编写了许多不同形式的教材。过去我国实行的是"一个大纲,一套课本",即全国实行统一的一个数学教学大纲,采用全国统编教材。这种做法对于我们这个幅员如此辽阔,经济和文化教育发展水平区别较大的多民族国家显然是不适应的。为了使教材能适合不同地区的实际情况,1992 年国家教委对原来的数学教学大纲重新进行修订,并决定实行"一纲多本"制,根据统一大纲编写多种不同层次、各具特点的新教材,经过试验、审定,推荐全国各地选用。目前,广东省编写了适合沿海地区使用的沿海版教材,四川省编写了适合山区使用的山区版教材,上海则编写适合经济发达地区使用的教材。贵州省也曾在联合国教科文组织的帮助、支持下,编写过适合少数民族地区使用的教材。这些教材的出现对推动我国数学教育改革起到了巨大的促进作用。

五、"数学为大众"成为热门话题

自从 1984 年在澳大利亚召开的第五届国际数学教育会议上明确提出了"数学为大众"的口号以来,"数学为大众"很快成为中国数学教育界的热门话题。

在中国,传统的数学教育是以传授知识,追求完整的知识体系,培养"知识型"人才为格局的。在这里数学知识既作为工具,也作为修养,很少考虑普通公民的日常应用。这种"精英教育"造成如下矛盾:一方面许多学生学不好现行大纲和教材中所规定的内容;另一方面社会所必需的大量数学知识和数学思想、方法、修养在学校开设的数学课中学不到，并且这个矛盾随着社会发展和科学技术的进步变得越来越突出了。学校的数学教育不能为大多数学生提供适应社会和未来所需的数学修养和知识，使数学教育受到责难。"数学为大众"这个口号的提出正好适应了社会要求对数学教育进行变革的愿望。人们普遍认为"数学为大众"将成为未来数学教育的方向，并开始从文化的角度、生活的角度、数学的角度和教育的角度探索"大众数学"的内涵，特别研究了未来"大众数学"的基本特点。人们认为未来的"大众数学"将具有以下特点：

（一）大众数学将使培养目标发生根本变化

人才培养将从"知识型"培养模式转向知识、能力、素质并重的"文化素质型"培养模式。数学将不仅仅是一种工具，一种选择人才的"过滤器"和升学的"敲门砖"，而是一种使人终生受益的文化力量。这种面向所有学生的教育，将取代长期以来存在着的以培养数学英才为中心的教育模式，但同时期以英才教育的机制。

（二）大众数学将使未来的课程设计发生深刻变化

预计未来的课程设计将发生如下深刻变化：将不存在传统数学与现代数学、理论数学与应用数学、初等数学与高等数学的人为区别，而首先考虑每一个未来社会公民是否确实需要这样的数学。将不存在形式训练价值与实用价值谁轻谁重的争论，将设计出具有上述双重价值的数学课程。将不存在欧氏几何与推理训练的必然联系。代数中的运算算理、统计学中的推理、线性规划中的分析决策等各种学科中的天然素材，都可以用来训练学生的推理能力。对于几何课，将以培养、发展学生的空间观念，认识和解决大量生活中的几何现象和几何问题作为几何改革的重要目标。将不存在知识是否系统的疑虑。新的课程结构将以未来社会的需要为出发点，以人人掌握必要的数学知识和数学思想方法为目标去选择并编写教材。当然，大众数学将竭力避免将教材变成零散的、互相没有联系的、粗浅的、只有低层次实用价值的数学知识的堆积。大众数学意义下的数学课程将是一种注重应用和生活的开放体系。

（三）大众数学将会使数学能力的培养要求发生变化

数学教学将从热衷于无数的常规练习转到常规练习与运用各种数学方法去解决广泛的、多种多样的非常规问题。对计算能力的要求降低了，而对数据的收集、归纳、分析、解释和做出判断的要求提高了；对逻辑推理的要求降低了，而对归纳推理、类比推理、合情推理、风险估计的要求提高了；对问题解决过程中的逻辑演算的要求降低了，而对实际问题模型化以及应用模型解释生活现象、解决实际问题的要求提高了；数学能力的培养不再仅仅局限于两大数学能力，而会更多地强调多种数学能力的培养，强调数学运用意识、数学观念和数学创造能力的培养。

（四）大众数学将使教学的方式与方法发生变化

数学是一门充满生命力的学科，而不是公众所理解的"由随心所欲的法则所组成的不变教条"。因此，教师必须更加生动活泼地教数学，把数学看作一门科学，而不是教规；看作是关于模式的科学，而不是关于数的科学，从而更多地引导和鼓励学生在他们的学习过程中探索、争论和创造发明。教师会少讲多听，向学生提出一些真实而非人为的问题，帮助学生自己主动地获取知识，而不是仅仅学习教师告诉他们的那些知识与技能。因此教学中会有更多的讨论、探究和较少的讲解。

（五）大众数学的教材呈现形式将发生变化

将不存在教材的固定体裁，它可以是一部卡通片、一册漫画、一串故事、一本数学小说、一套以生活中若干领域为单元汇成的读物，甚至可以是一部电视连续剧。

（六）大众数学将使计算机知识及其应用进一步普及

计算机课程将大幅增加，与计算机科学有关的离散数学，以及与计算机操作有关的技能课程将作为数学教育的重要内容。多媒体技术在计算机辅助教学中的应用将日益深入，会出现许多用于个别化学习的多种高质量的多媒体教材和属于智能游戏类的学习辅助产品来帮助学生学习数学，由于有大量CAI软件出现在数学课堂上，数学课将变得更加生动有趣。

（七）大众数学下的数学教育将更加注重道德品质的培养

在数学教育所形成的道德品质中，主要有忠诚、正直、坚韧和勇敢。未来的数学教育将更加注重这些品质的培养，同时注意发展学生的个性和培养学生的群体精神，让学生学会认识自己、管理自己，学会自我评价、自我激励、自我调整，学会宽容、理解和尊重他人。

以上我们介绍了我国近几年关于数学改革的一些情况和动向。虽然改革取得了一些成效，但我国教育经过百年的发展已经形成了一个较为完整的体系，改革难度很大，不能急于求成。有许多问题必须具体分析，不能一说改革就全盘否定过去，否定自己优秀的教育传统。例如我们的中学生基础知识扎实、逻辑训练严格、计算能力强，这些优秀传统必须保持。在当前，教育改革的成败制约于高考这个至关重要的约束条件，任何改革措施的出台，都必须经过认真试验，并不断根据实践情况进行修改、完善，都必须保障高考的顺利进行，保障学校正常的教学秩序，并努力争取得到家长和社会的理解与支持。一句话，改革必须适合中国的国情和适应科学技术的发展，不能操之过急。我们相信，只要我们继续努力，中国的数学教育改革一定会取得成功。

第二章　中学数学教学原则与方法

第一节　中学数学教学的基本原则

本节从中学数学教学的特点和中学生学习数学的心理特征出发，讨论中学数学教学的一些基本原则。这些基本原则是数学教学工作中所必须遵循的基本要求和指导原理，既涉及基本的教学论原则在数学教学中的应用，更关系到数学教学特殊的规律性。

一、严谨性与量力性相结合的原则

（一）中学数学理论和逻辑的严谨性

严谨性是数学学科的基本特征之一。其含义主要是指数学逻辑的严密性及结论的确定性。在中学数学的理论中，它主要表现在以下两个方面：其一，概念（除原始概念外）必须定义；其二，命题（除公理外）都要证明。但是，数学的严谨性是相对的，是随着历史的发展而不断充实提高的。

（二）对中学生的量力性

根据中学生的知识水平与接受能力，数学教学必须循序渐进，量力而行。在掌握数学科学的严谨性这个方面，对中学生的量力性具有如下特点：对数学严谨性的要求，只能逐步提出，它随着学生认识能力的发展而提高；对数学严谨性的认识具有针对性。

（三）严谨性与量力性相结合

数学科学是严谨的，中学生认识数学科学又要受量力性的制约，因此，在数学教学中，既要体现数学科学的特征，又要符合学生的实际，这就是严谨性与量力性相结合的原则对数学教学的总要求。一方面对数学教学的各个阶段要提出恰当而又明确的目标任务，另一方面要循序渐进地培养学生的逻辑思维能力。

二、抽象与具体相结合的原则

从具体到抽象是人类认识发展的规律。个体认识的发展也遵循这个规律。由于数学这门学科的特点之一就是具有高度的抽象性，所以数学教学必须把发展学生的抽象思维作为一个主要目的。只有正确理解具体与抽象的相互关系，才能正确贯彻具体与抽象相结合的原则。

（一）数学的抽象性

数学具有高度的抽象性。数学的抽象性是撇开对象的具体内容，仅仅保留数量关系或空间形式。数学的抽象性有着丰富的层次，包括逐级抽象、逐次提高的抽象过程。数学的抽象性伴随着高度的概括性。抽象程度越高，其概括性越强。数学的抽象性还表现为广泛而系统地使用了数学符号，具有词语、词义、符号三位一体的特性，这是其他学科所无法比拟的。当然，数学的抽象性必须以具体素材为基础。数学的抽象性还有逐级抽象的特点。

（二）学生抽象思维的局限性

由于受年龄、理解问题的能力、认识问题的方法等特点的影响，学生抽象思维具有一定的局限性。这主要表现在：过分地依赖于具体素材；具体与抽象相割裂，不能将抽象理论应用到具体问题中去；对抽象的数学对象之间的关系不易掌握等方面。

（三）应用具体与抽象相结合的原则教学

贯彻具体与抽象相结合的原则，就是在教学中根据人的认识规律，从学生的感知出发，以客观事物为基础，从具体到抽象，形成抽象的概念，上升为理论，进行判断和推理，再由抽象到具体，用理论指导实践。这样才能掌握好数学基础知识，培养基本能力。

教师在贯彻抽象与具体相结合的原则时要注意以下问题：

（一）注意从实例引入，阐明数学概念

通过实物（包括教具）直观、图像直观或语言直观，形成直观形象，提供感性材料。数形结合的方法也可作为直观化的一种手段。通过数形结合使抽象的概念、关系得以直观化、形象化，有利于分割、发现和理解。

（二）注意"温故知新"

数学具有逐级抽象的特点，较高一级的抽象要依赖于较低一级的抽象。数学的这种逐级抽象性反映着数学的系统性。

（三）注意培养学生抓住数学实质的能力

学生产生具体与抽象脱节的现象，解决实际问题的能力差，这与他们抓不住数学实质有关。有些学生尽管可以背诵某些概念或定理的条文，但并没有真正理解问题的实质，因此不能把所学知识灵活运用。所以在教学中，要注意培养学生抓住数学实质的能力。

三、理论与实践相结合的原则

理论与实践相结合，这既是认识论与方法论的基本原则，又是教学论与学习论的基本原则。在数学教学中正确贯彻这个教学原则是实现教学目的的重要保证。它的重要意义在于不仅要学到书本上的理论知识，还要通过学习能运用这些知识来指导实践。在教学过程中要求教师在理论和实践结合中传授知识，训练技能，培养能力，学以致用，达到深刻理解理论实质、增长实践才干的目的。

应用理论与实践相结合的原则进行教学，应注意以下问题：

（一）大力加强中学数学与实际的联系

在教学过程中，要尽可能从学生所熟悉的生活、生产和其他学科的实际问题出发，进行分析、综合、抽象、概括和必要的逻辑推理，得出数学概念和规律，让学生受到把实际问题抽象成数学问题的训练。

（二）大力提高中学数学教学的理论水平

只有加深知识理解，提高中学数学教学的理论水平，才能牢固掌握有关的数学知识，使之应用到实践中去。提高理论水平，主要靠加强一般原理和一般方法的教学，其目的在于发挥理论的指导作用。当然，提高理论水平，也有利于学生联系实际能力的培养。

（三）对理论与实践相结合应有整体的构想

在数学教学中，让学生掌握哪些典型实际问题，怎样安排，达到什么程度与要求，如何有计划地培养学生的抽象能力、分析与综合能力、类比能力等各种能力，需要全面考虑。对学生进行从实际问题或数学模型等抽象出数学问题的训练，用数学知识来解决实际问题及解题的训练，要有计划、经常化。对实际问题引入要进行加工，不要太专业化。

（四）加强一般原理的教学，使学生能透彻理解，熟练掌握，灵活运用

理解本身就蕴涵着联系实际，理解可以促使知识系统化和认知结构合理化、深刻化。理解是一个过程，理解的过程伴随着各种能力的培养。从认识的角度考虑，理解一个理论就是要完成从感性到理性、由理论到实践这两个飞跃。

四、巩固与发展相结合的原则

巩固与发展相结合，是科学的教学原则之一，它是由中学数学的教学目的、教学特点与规律所决定的，是受人的记忆发展的心理规律所制约的。数

学教学目的在于让学生牢固掌握数学基础知识、基本技能，同时使他们的思维得到发展，能力得到提高。

（一）巩固所学知识

知识的掌握包括感知、领会、巩固和应用四个有联系的层次和过程。感知是由不知到知，领会是由浅知到深知，巩固是由遗忘到保持，应用是由认识到行动的过程。学习数学的目的在于应用，如果知识得不到巩固，应用也就落空。要巩固所学知识，记忆起着不可缺少的作用。只有提高记忆力，才能牢固掌握数学基础知识和基本技能。

（二）发展思维

数学教学的目的不仅要使学生深刻而又牢固地掌握系统的知识和技能，而且更要使他们的思维得到发展。只有发展了思维，才能更深刻地理解和掌握所学知识。"数学是人类思维的体操"，说明数学教学必须发展学生的思维，而且也有利于发展思维。所以在数学教学中必须注意：要明确思维的目标与方向；要为思维加工提供充足的原料；要发展抽象思维形式；要让学生掌握思维方法。

（三）巩固与发展相结合

巩固与发展相结合就是要把巩固掌握数学基础知识和发展提高思维能力结合起来。巩固知识需要复习和应用，发展思维需要训练。通过复习，温故知新，举一反三，触类旁通，使学生的知识深化，思维得到训练和发展，能力得到提高。要想搞好巩固与发展相结合，首先，要重视对学生所学知识、技能和方法进行复习巩固工作的研究。其次，复习题的选配要着眼于发展学生的思维和培养学生的能力。

五、数与形相结合的原则

著名数学家华罗庚教授关于数形结合问题有一段精辟的论述："数与形，本是相倚依，焉能分作两边飞；数缺形时少直觉，形少数时难入微，数形结合百般好，割裂分家万事非。"数与形是数学中两个最基本的概念。数学的内容和方法都是围绕对这两个概念的提炼、演变、发展而展开的。在数学科学的发展中，数与形常常是结合在一起的，内容上互相渗透，方法上互相联系，在一定的条件下互相转化。

以数与形相结合的原则进行教学，这就要求我们切实掌握数形相结合的思想与方法，以数形相结合的观点钻研教材，理解数学中的有关概念、公式和法则，掌握数形相结合进行分析问题与解决问题的方法，从而提高运算能力、逻辑思维能力、空间想象能力和解题能力。

六、传授知识与发展能力相结合的原则

知识是人们对客观事物认识的总和，是对客观事物的现象与本质的反映。能力是人们顺利完成某种活动的本领，属于个人的心理状态或心理特征。数学中的基本能力表现为运算能力、逻辑思维能力、空间想象能力，以及由此逐步形成的分析和解决问题的能力。智力是大脑机能在社会活动中认识和改造客观事物的心理特征，通常是指观察力、记忆力、想象力、思维力和注意力。智力与能力统称为智能或一般能力。

知识与能力既有区别，又是相互联系、相互制约的。其区别表现在各自有不同的内涵。知识是后天获得的，而能力与先天因素、后天环境、教育等因素有关。知识的获得是无止境的，发展相对要快一些。能力的发展是有限度的，发展相对要慢些。不能机械地用掌握知识的多少来衡量能力的大小或发展的程度。其联系表现在能力通常在掌握知识的过程中逐步形成与发展，已经形成的能力反过来又影响着掌握知识的速度、深度与广度。也就是说，掌握知识是发展能力的条件与基础，能力又是掌握知识的前提与结果。

传授知识与发展能力相结合，是辩证唯物主义的教学原则。这种结合有利于增长知识，发展智能。在中学数学教学中，贯彻传授知识与培养能力相结合的原则，是一个比较复杂且涉及面广的问题。

第二节 启发式教学

中学数学传统教学方法有讲解法、谈话法、练习法、讲练结合法等。当前国内外比较盛行的教学方法有目标教学法、发现式教学法、程序教学法、自学辅导教学法、"读读、议议、讲讲、练练"教学法等。无论哪种教学法都不能忽视启发式教学法。

启发式教学法，由于它不具有一套固定的教学模式或若干具体的教学环节，因此有人认为不应视为一种具体的教学方法，而应看成一种课堂教学原则。实际上，在具体教学中，只要是具备上述启发性基本特征的教学方法，我们都可泛称为启发式教学法。其反面是注入式，又称填鸭式教学法。

最早提出启发式教学的是我国古代的教育家孔子，他主张"不愤不启，不悱不发"。"愤"是指思考过了但没有彻底解决，"悱"是想说而又不能恰当地说出来，"启"是开导，"发"是揭开。"启发"两字也由此而来。继孔子以后，孟子也主张启发式教学。《学记》上说："导而弗牵，强而弗抑，开而弗达。"意思是说，要引导学生，不要抱着他们走；要提高他们的积极性，不要压抑他们；要启发开导他们，而不要代替他们做出结论。

启发式教学方法，由教学目的、教学内容、教学条件和学生实际等具体情况决定而有多种形式。归纳起来有以下几种：提问式启发，提示式启发，示范式启发，图示式启发，假设式启发等。

贯彻启发式原则，首先应注意吃透教材、了解学生，这是贯彻启发式原则的基础。所谓吃透教材，就是对所教内容的知识结构、来龙去脉、地位、作用、重点、难点、关键、内在联系等弄得清清楚楚，这样才能有针对性地开展启发式教学活动。了解学生，就是了解学生的知识水平和思维发展水平，这样才能有的放矢地进行启发。其次，应注意启发学生积极思维有个过程，不能急于求成。应注意以表扬鼓励为主，出现"启而不发"的现象时，不要对学生埋怨和挖苦，这样会挫伤学生的积极性。

第三节　中学数学教学模式

俗话说"教无定法"。研究数学教学模式，不是为了"套用模式"，而是为了"运用模式"，最终实现教师的教学从"有模式的"教学向"无固定模式的"教学转化。

一、几种基本教学模式

教学实践是数学教学模式理论生成的逻辑起点。数学教学模式作为教学模式在学科教学中的具体存在形式，是在一定的数学教育思想指导下，以实践为基础形成的。数学教学模式通常是将一些优秀教师的教学方法加以概括、规范，使之更为成熟、完善，并上升为一种行之有效的理论体系，体现了数学教学理论与实践的统一。这里，我们依照教师在课堂上所起作用的强弱、学生参与程度的大小分为以下五个教学模式。

（一）讲授式教学模式

讲授式教学模式也被称为"讲解—传授"模式，自 20 世纪 50 年代以来，一直在我国中小学数学课程教学中占有重要的位置。在这种教学模式中，教师的教学活动主要表现为对数学知识的系统讲解和数学基本技能的传授，学生则通过听讲理解新知识，掌握数学的基础知识和基本技能，发展数学能力。讲授模式的具体操作过程有五个教学环节：组织教学、引入新课，讲授新课，巩固练习，布置作业。

讲授式教学模式是一种以教师为中心的"传授知识"的教学模式，其主要特点是注重知识传授的系统性和教师的主导地位，最大的益处就是教师能在单位时间里向学生迅速传递较多的知识，通常适用于概念性强、综合性强，或者比较陌生的课题教学中。其最大的弊端就是学生容易处于被动的学习状态之中，对于年龄较小的学生来说，效果尤其不好。

（二）讨论式教学模式

讨论式教学模式自古就有，中国孔夫子与门徒讨论，古希腊的苏格拉底和学生对话，都是讨论。我国数学教学中，从 20 世纪 50 年代起，就有课堂上的问答讨论，曾经出现"讲讲、议议、练练"的教学校式。20 世纪 90 年代以来，为了减少"讲授法"的滥用，大力提倡师生谈话模式。它主要是通过师生之间问答式的谈话来完成教学任务。通常，谈话的主要方式是教师提问，学生回答，但有时也可以是教师指导下学生之间的相互问答。其主要步骤有四个方面：提出要谈的问题；将未数学化的问题数学化，并在需要时对问题进行解释；组织谈话，鼓励学生讨论与争辩，对学生在谈话中有突破性的建议及时认可；逐个考察全班学生初步认可的建议的可行性，圆满解决问题后，请学生总结经验和教训，并对曾提出的各种建议做评价，以积累发现的经验。

与讲授式教学模式相比，讨论式教学模式的特点主要表现为在教学中教师和学生的角色发生了转变，即教师由知识的"代言人"变成了教学活动的组织者，学生由知识的被动接受者变成了某种程度的知识的建构者。讨论式教学仍然以教师为主导。教师提出问题，决定解决问题的导向，归纳讨论的结果等等，还是教师起决定作用。但是，这种教学模式可能走向极端，把"满堂灌"变成"满堂问"，学生依然缺乏自主思考的时间，效果同样不好。

（三）学生活动教学模式

活动教学模式就是学生在教师的指导下，通过实验、游戏、参观、看电影和幻灯片等活动形式，用感官和肢体活动获取数学知识、培养数学能力的一种教学模式。其活动单位既可以是一个班的全体学生，也可以是部分学生，活动场所既可以是课堂教学，也可以是第二课堂。其活动方式主要有二，即数学实验和数学游戏。

数学实验包括量长度、数数目、称体重、画图、做模型、估计、听录音、看教学电影、比较、分类、处理数据、发现规律等。一种比较现代化的活动是使用计算机课件。除了数学实验形式以外，带有竞争性的游戏也是活动教学模式的一种主要活动形式。游戏活动的种类很多，有用于概念学习的，有用于训练推理的，有用于练习几何图形变式的，还有练习计算方法的。

（四）探究式教学模式

探究式模式也称为"引导—发现"模式，其主要目标是学习发现问题的方法，培养、提高创造性思维能力。它的主要操作步骤包括以下几个方面：

1. 教师精心设置问题链；

2. 学生基于对问题的分析，提出假设；

3. 在教师的引导下，学生对问题进行认证，形成确切概念；

4. 学生通过实例来证明或辨认所获得的概念；

5. 教师引导学生分析思维过程，形成新的认知结构。

教师在教学中运用探究式教学模式，不仅使学生体验数学再创造的思维过程，而且还培养了创新意识和科学精神。目前，这种教学模式在高中阶段的研究性学习和课题学习中广泛使用。由于"研究性学习"作为数学课程的一部分列入正式课表，探究式教学正在迅速发展。

（五）发现式教学模式

发现式教学模式是指学生在教师的指导下，通过阅读、观察、实验、思考、讨论等方式，像数学家那样去发现问题、研究问题，进而解决问题，总结规律，成为知识的发现者。其基本程序是创设情境，分析研究，猜测归纳，验证反思。其显著特点就是注重知识的发生、发展过程，让学生自己发现问题，主动获取知识。这种教学模式有利于体现学生的主体地位和解决问题的方法，一般适用于新课讲授、解题教学等课堂教学，也可用于课外教学活动。

教师在一些重要的定义、定理、公式、法则等新知识的教学中，让学生去揭露结论的探索过程，并积极为学生创设再发现的机会和条件，使学生在探索发现过程中得到思维能力和创新精神的培养。在课外活动中，可以让学生根据自己已有的知识经验去发现和探索现实生活中的数学问题。

二、当前我国数学教学模式的发展趋势

当前，我国广大数学教育工作者在教学实践中对教学模式进行了大量的探索和研究，呈现出以下趋势：

（一）教学模式的理论基础进一步加强

现代教学模式的心理学色彩越来越浓厚，特别是对建构主义的研究的兴起，以及现代教育心理学的研究成果相对数学哲学观、数学方法论的研究，使数学教学模式得到了很大的发展。这在小学阶段比较明显。对于中学阶段的"高级数学思维"来说，现代心理学研究还无法有效进入。

（二）数学教学模式由"以教师为中心"逐步转向更多的"学生参与"

这种发展趋势主要是由于建构主义学习理论特别是以人的发展为本的教育思想的影响，使得教师与学生在教学中的关系发生了许多变化。但是，学生如何真正参与，而不是只图表面热闹，还需要不断努力研究解决。

（三）现代教育技术成为改变传统教学模式的一个突破口

在现代技术下，不仅教学信息的显现呈现出多媒体化，学生对网络信息择录的个性化得到加强，而且学生面对丰富友好的人机交互界面，其主体性也得到充分的发挥。

（四）教学模式由单一化趋向多样化和综合化

新的数学教学模式与传统数学教学模式相比尽管有自身的优势，但却不能独占所有的数学教学活动，正如乔以斯所言，"在我们所研究过的教学模式中，没有一种教学模式在所有的教学模式中都优于其他，或者是达到特定教育目标的唯一途径"。因此，在数学教学中，提倡多种数学教学模式的互补融合，是实现数学新课程知识与技能、过程与方法、情感态度与价值观目标体系的需要。

（五）探究和发展的数学教学模式将会有一个大的发展

研究性学习列入课程之后，随着"创新教育"的倡导，探究和发展的数学教学模式将会加快发展，迅速推广。

第三章 中学数学教学基本技能

第一节 导入技能

一、导入技能的概念

导入与导言、引言相比，其性质、目的是基本相同的，但导入的内容更丰富，形式更多样。导入是教师在一次教学内容或教学活动开始时，引导学生进入学习的行为方式。

对一次数学课来说，正确、恰当、成功的导入，首先要能集中学生的注意力，引起学生对所学课程的关注，尽快进入学习情境；其次，要能激发学生的学习兴趣，明确学习任务和目的，产生强烈的求知欲望；第三，要能使学生在学习一开始就形成一种良好的学习氛围，为整个教学过程的有效进行创造条件。

二、数学课导入的类型

教学没有固定的形式，一堂课如何开头，也没有固定的方法。由于教育对象不同，教学内容不同，导入的形式可以多种多样。即使同一对象和内容，不同教师也有不同的处理方法。数学教学中导入的形式很多，主要有以下几种：

（一）直接导入

直接导入就是直接阐明学习目的和要求，纲要式地交代本节课的主要内容和重点的导入方法，也称"纲要迎新法"。这种方法的特点是能强化学习的意向性，提高学习的注意力。目标教学法、和谐教学法多用这种导入方法，由投影仪和小黑板等教具完成。

（二）旧知识导入

旧知识导入就是当新旧知识联系较紧密时，用回忆旧知识来自然地导入新知识的方法，亦称"忆旧迎新法"。这种方法既可巩固、复习旧知识，又可把新知识由浅到深、由简单到复杂、由低层到高层地建立在旧知识基础上，有利于新旧知识的联系，促进对新知识的理解。所以这种导入方法在数学教学中广泛应用。

（三）实例导入

实例导入就是通过分析具体实例揭示一般规律的导入方法。相对于"一般"而言，"特殊"的事物往往比较熟悉，简单且直观，更容易被接受和理解。

（四）直观演示导入

直观演示导入就是讲课之前，利用实物、教具（挂图、模型、投影片、幻灯片、电视等），引导学生直观观察、分析，引出新知识的导入方法。采用直观教学，可使抽象的知识具体化、形象化，为学生架起由形象向抽象过渡的桥梁。

（五）趣味导入

趣味导入就是在新课开始时选讲与本课内容联系密切的故事、新闻、游戏等导入新课的方法。在数学的发展史上，有许多和教学内容有关的动人故事，在日常生产和生活中，有许多和讲课内容相关的实例，还有许多有趣的数学游戏。用这种方法教师可以把学生的好奇心转化为浓厚的学习兴趣，使学生的思维活动活跃起来。

（六）问题导入

问题导入是教师在教学之始编拟一些必须学了新知识之后才能解决的问题，或对某些内容故意制造疑团而成为悬念，使学生产生想弄个水落石出的欲望的导入方法。这样的导入使教授内容添上一层神秘的色彩，诱导学生随时注意解开谜团。问题导入也称"设疑迎新法"。

（七）实验导入

实验导入就是通过师生动手实验来揭示某些规律的导入新课的方法。这种方法既可教师做，学生观察思考，也可师生共同做，共同议论。这是一种培养学生动手动脑的好办法。

三、数学课导入的程序和要求

数学课导入的程序为：集中注意——引起兴趣——激发思维——明确目的——进而学习课题。

数学课导入的要求是：

（一）导入要有明确的目的

导入是为了顺利、自然地进入新知识的学习，所以要根据本课内容选择导入类型和材料。无论是故事导入，还是实验导入，或是问题导入等，都要和本课内容有密切关系，确实能起到一石激起千层浪的效果。切不可只是为了引起学生兴趣和好奇而讲一些与本课内容无关的故事或问题等。

（二）导入要有趣味性

学习动机中最活跃的成分是认识兴趣，即求知欲，只有学生对学习内容产生了兴趣，才能产生学习的热情和积极性，学习效率自然会高。

（三）导入要有启发性

现代教学教育观认为，数学教学是数学思维活动的教学。数学课的主要任务之一是发展学生的思维能力，因此数学课的导入要通过教师提供的材料引起学生积极思考，即用富有启发性的导入，引导学生去发现问题，激发学生解决问题的强烈欲望，充分调动学生思维活动的积极性，促进他们更好地学习理解新授内容。

（四）导入要考虑语言的艺术性

要想一语惊人，像磁铁一样把学生牢牢地吸引住，使学生尽快进入"角色"，这就需要教师讲究导入的语言艺术。既要考虑到语言的科学性、准确性和思想性，还要考虑可接受性。教师创设情境时，语言应该富有感染力，既要条理清楚，又要娓娓动听，形象感人；直观演示时，语言应该通俗易懂，富有启发性；旧知识导入时，语言应该清楚明白，准确严密，逻辑性强。

总之，无论采用哪种导入方法，教学语言要求确切、精炼，有画龙点睛之妙；教学语言应该朴实，通俗易懂，实事求是；教学语言还要生动活泼，饶有风趣，富有幽默感。

第二节　讲解技能

一、讲解技能的概念

讲解也称讲授，是教师用语言向学生传授数学知识的教学方式，也是教师用语言启发学生数学思维、交流思想、表达情感的教学行为。

从两千多年前孔子的"私学"和柏拉图的"学园"至今，讲解都是教学的基本形式。讲解技能的运用，无论在中国，还是在外国，都是源远流长的，就是在教学改革呼声甚高的现代，讲解仍然是学校的主导教学方式，是教学中应用最普遍的方式，讲解技能仍然是教师必须掌握的基本教学技能。讲解实质上是教师把教材内容经过自己头脑加工处理，通过语言对知识进行剖析和揭示。剖析其组成要素和过程程序，揭示其内在联系，从而使学生把握其实质和规律。这种转换使书本知识得以活化，其中注入教师的情感、智慧，使得难以理解的词句变得通俗易懂，对学生具有感染力。正因如此，讲解技能成为其他教学技能无法代替的行为方式。

在教学中，对下面的一些问题适于使用讲解技能：事实性知识的传授，如：无理数发现的历史事实；某一数学知识和方法的综合、概括、总结；某一数学知识应用的引导、定向；对定义、定理的内涵，外延的引导性分析；对定理、例证的证前分析，证后总结；解题的揭示与指导；组织学生讨论自学的要求和最后总结；对数学问题的板书、投影、录像、计算机演示、实验等的讲解说明的揭示及分析；与其他教学技能相配合的说明等。数学课堂讲解有如下几方面的作用：

（一）传授知识

讲解的首要任务是传授知识，引导学生在原有的认知结构基础上，了解、理解并进一步掌握新知识。

（二）启发思维

通过讲解，引导学生进行数学思考，使学生明确、认识获得新知识的思维方法和探讨方法，提高学生对数学的认知能力。

（三）激发兴趣

结合数学教学内容，通过讲解技能培养学生良好的个性品质。学生正确的学习目的，浓厚的学习兴趣，顽强的学习毅力，实事求是的科学态度，独立思考、勇于创新的精神和良好的学习习惯，常常通过教师讲解技能的发挥而得到培养。

二、讲解的类型

数学课堂讲解大致可分为以下四种类型：

（一）解释型讲解

解释型讲解一般用于概念的定义、题目的分析、公式的说明、符号的翻译等，例如"∥""⊥""≌"的含义、读法等。

（二）描述型讲解

描述型讲解主要用于抽象概念的描述，例如点、线、面等的描述抽象结果的描述，例如数列的极限、无穷小、无穷大等的描述。

（三）归纳型讲解

这种讲解主要用于命题、定理、法则、公式的获得和定理的证明。这是数学课堂讲解的主要形式之一，它一般是从提供具体事例入手，对具体事例进行观察、比较、分析，然后归纳出一般结论。

（四）演绎型讲解

这种讲解主要用于根据一般原理，推出特殊结论的推理分析，是数学课堂讲解的主要形式。

三、讲解技能的构成要素

讲解技能的构成要素是一些典型的课堂讲解教学行为，这些典型的教学行为是在理论的指导下，经过实践验证概括提炼出来的，对于实现教学功能是有效的和充分必要的。讲解技能由"讲解结构""讲解语言""使用例证""进行强调""形成连接""获得反馈"六项典型教学行为要素构成。这六项技能要素反映了为圆满有效地完成讲解任务，实现教学功能而必须做好的关键成分。

（一）讲解结构

讲解的结构是教师在分析学生情况和教学内容的基础上，对讲解过程次序的安排。这个技能要素是整个讲解教学活动成功的基本保证。一个事物的结构由构成该事物的关键因素和这些因素之间的关系组成。讲解的结构是将讲解的总任务分解为若干个关键部分，每一部分都有一个明确的阶段性目标，并根据各部分讲解内容之间的逻辑意义和学生认识过程的规律，将各部分讲解内容安排成一个序列，并在讲解实施中正确清晰地表现这个序列。

（二）讲解语言

讲解的实质是通过语言对知识进行剖析和揭示，展示其成分和发展过程，揭示其成分的内在联系。语言技能是讲解的一个基本条件。语言是思维的"外衣"，数学课堂上这个"外衣"要美，要得体，要和谐。使用语言的质量和方法，直接关系到信息接收的质量，更重要的是关系到学生将接收到的信息在头脑中加工的速度和质量。在讲解过程中，要注意讲解的得体、停顿、讲解的吸引力等。

（三）使用例证

数学知识是抽象的，数学思维是一种高度抽象的思维。举例说明是进行学习迁移的重要手段，例证将熟悉的经验与新知识联系起来，是启发理解的有效方法。使用例证要注意以下几个问题。

1. 举例内容恰当。所举例证的内容要正确反映数学内容中的概念原理。

2. 例证要适合学生的认识水平。例证应是教学内容所涉及的一类事物中的典型事例，即概念规律的本质因素或稳定联系在例证中的表现形式是比较鲜明的，便于学生分析概括，符合学生的经验和兴趣。如果例证不易理解，例证所反映出来的问题不是单一的，就不易达到通过例证讲清数学事实的目的，甚至适得其反。

3. 要注重对例证进行分析。例证不在于多，而应对例证与原理之间的关系分析透彻，这样才能使学生举一反三。如果例证和所讲数学问题之间的关系，在学生思维中并不明确，那么这种讲解就不起作用。

4. 正确使用正面例证和反面例证。学生容易从正面例证中获得新概念、新规律，在没有形成正确理解之前，对反面例证的否定是比较困难的，所以在引入新知识时，正、反面例证交叉使用容易造成混乱。在初步理解了新知识后，再使用反面例证可使学生加深理解。

5. 其他例证与讲解

（1）相似的例证。这就是以熟悉例证的研究方法，引导出对新知识的研究方法。这也是一种类比推理的方法，它是创造、发现的重要手段，对学生创造性思维的培养很有帮助。

（2）能引起学生有意注意的例证。这样的例证很多，如：有关数学史的故事，数学家的贡献及勤奋学习的故事，我国数学界的成就，数学美，数学思想方法等。

（四）进行强调

强调是成功讲解的一个核心成分。强调将重要的关键信息从背景信息中突出出来，减少次要因素的干扰，有利于学生形成正确的认知结构。

新的数学知识结构中的主要因素及它们之间的关系，新知识与旧知识的关系，各种数学方法、数学思想，学生在学习中并不一定了解，数学教学中教师必须采用各种教学技能进行强调，也包括使用讲解语言进行强调。强调应注意：强调重点、强调关键、强调数学思想方法、强调数学学习方法等。

（五）形成连接

讲解结构中的系列化关键问题和相应的阶段性目标之间不是彼此孤立的，它们不仅有时间顺序，而且还有逻辑意义的联系。"形成连接"就是要将讲解中各部分之间逻辑意义的联系交代清楚。在讲解中，要仔细安排各种不同因素的先后次序，选择恰当的起连接作用的讲解说明词语，用以讲解、论证这些因素的关系，使讲解成为连贯、完整、系统的对某数学对象的阐述。

（六）获得反馈

讲解由于主要是教师讲学生听，讲解中新教师往往忽视学生的反应，只考虑按自己的感觉讲。结果很可能使讲解进程与学生的理解不同步，讲解缺乏针对性和交互性。教师的讲解应在学生认识水平的稍高处进行，对学生有引导作用。新知识的讲解，学生是否清楚，学生学得如何，教师时时刻刻都要清楚。教师及时了解学生的反馈，这对讲解技能的使用至关重要。反馈过程中要注意：通过眼光和表情、提问和发问的反馈进行调控。

四、讲解技能的程序和要求

解释型和描述型讲解的程序为：叙述内容——提示要点——核查理解。归纳型讲解的程序为：提供材料——指导分析——综合概括——巩固深化。演绎型讲解的程序为：提出问题——分析探求——提供证据——得出结论。

数学课程讲解有以下几点要求：

（一）恰当运用教学语言

讲解主要靠口头语言，因此要注意语言的运用。在进行讲解时要充分考虑教学语言技能的语速、词汇、语调、节奏等多方面要素。语言表达要清晰、准确、生动、幽默，具有吸引力和感染力。

（二）了解学生

教学中讲解的有效性，在很大程度上有赖于对学生思维水平、认知结构和思想准备状态的了解。在准备讲课时，应了解学生以下几方面的特点：年龄，性别，数学认知结构，认知能力和习惯，兴趣方向和水平，可能影响教学的其他背景和经历等。只有充分了解学生，讲解才能切合学生。

（三）讲解要有科学性

讲解的科学性包括三方面：一是内容科学，引用的定理、法则必须是经过检验的科学真理；二是态度科学，必须坚持实事求是的态度，引用的事实必须真实可靠，有典型性和代表性；三是方法科学，讲解的思路必须符合逻辑规则和运算规则。

（四）讲解要有针对性

讲解的详略、深浅要依教学对象的不同而有所区别。学生容易理解的可少讲或略讲，难以理解的就要详讲或反复强调。为了达到预定的教学目的，教师在讲解时必须仔细斟酌，突出重点、难点，遇到重点、难点，要注意讲解方法和效果，要加以揭示和停顿，有时还应分步骤展现层次性。

（五）注意与其他教学技能配合使用

为了达到最佳的教学效果，应将组织技能、板书版画技能、提问技能等灵活地穿插在讲解之中，并根据教学内容合理组合，适当调配，使学生加深理解和记忆，更牢固地掌握知识。

（六）讲解要机动灵活

课堂讲解要随学生的反应随时进行调整，不可死搬课堂教案。在整个教学过程中要注意不断变换讲解手法，实现多种讲解方式的最佳配合。

第三节 课堂组织技能

一、课堂组织的意义

为了保证课堂教学的顺利进行，教师在课堂教学中需要不断地维持学生的注意，指导学生学习，管理课堂纪律，建立和谐的教学环境。教师在这一系列的活动中所运用的技能，就是课堂组织技能。这个技能是课堂教学的"支点"，是使整个课堂教学得以顺利进行的重要保证。它不仅直接影响着整个课堂教学的效果，而且与学生思想、感情、智力的发展有密切的关系。具体来讲，课堂组织有以下五个方面的作用：

（一）维持学生的注意

中小学生注意的特点是，有意注意逐渐发展，无意注意仍起一定作用，情绪易兴奋，注意力不稳定，容易产生"分心"现象。为了有效地组织学生的学习，教师必须重视随时唤起学生的注意。正确地组织教学，严格地要求学生，对唤起有意注意，克服"分心"起着重要作用。

（二）引起学生的兴趣

课堂教学中学生是否有学习兴趣，将直接影响着学生的课堂学习。采用多种教学组织形式是激发学生兴趣的必要条件。在教学中，教师根据学科特点、知识特点和学生特点，采用不同的教学组织形式，能够调动学生学习的积极性，使他们情趣盎然地参与学习。

（三）增强学生的自信心和进取心

在课堂秩序的管理方面，不同的组织方法在学生的思想、情感等方面会产生不同的后果。当学生出现课堂纪律问题时，是斥责、罚站、加大作业量等给予惩罚，还是分析原因，启发诱导，实事求是、合情合理地进行解决，对学生的当前和长远发展都会产生不同的影响。如果惩罚不当，就会增加他们的失败感和自卑感，对教师产生反感，而挫伤他们的积极性。

（四）帮助学生形成良好的行为习惯

良好的课堂秩序，要靠师生的共同努力才能建立。但有时中小学生的行为不符合学校或社会对他们的要求，这时就需要教师在讲解道理的同时，用规章制度所确立的标准来指导和约束他们，使他们逐渐懂得什么是好的行为，为什么要有好的行为，以养成良好的习惯，形成自觉的纪律。帮助学生实现自我管理是课堂组织的重要方面之一。

（五）创造良好的课堂气氛

课堂气氛是整个班级在课堂上情绪和情感状态的表现，只有积极的课堂气氛才符合学生求知欲旺盛的心理特点。从教学的角度来看，生动活泼的课堂气氛，会使学生的大脑皮层处于兴奋状态，易于全身心地投入学习，更好地接受知识，并且能够使所学知识掌握牢固。

二、课堂组织的类型

我国课堂组织主要有下列类型：

（一）管理性组织

管理性组织是指课堂纪律的管理，其作用是使教学能在一种有秩序的环境中进行。课堂是学习场所，既要使学生生动活泼地进行学习，又要有纪律作为保障。因此，教师在进行课堂管理时，既要不断启发诱导，又要不断地纠正某些学生的不良行为，以保证课堂教学的顺利进行。

1.课堂秩序的管理

在课堂上可能会出现学生迟到、看课外书、做其他功课、交头接耳、东张西望、吃零食等行为。要解决这些问题，管理好课堂秩序，教师不能简单地进行批评和训斥，而是首先必须从关心、爱护学生出发，了解他们的问题，倾听他们的心声，和他们交朋友。然后对症下药地提出要求，用课堂纪律约束他们。只有这样，他们才能心悦诚服地听从教师的指导。

处理一般课堂秩序问题，教师可用暗示的方法。如用目光暗示，或在讲课的同时用语言提示："个别同学刚才恐怕没听见我说的话吧。"当这种暗示还不能起到作用的时候，教师也可以边讲边走向不专心的学生，停留在他的身边，或拍拍他的肩膀，或摸摸他的头，以非语言行为暗示或提示，减少对其他学生的影响。

2.个别学生问题的管理

无论课堂规则制定得多么切合实际，教师多么苦口婆心地诱导、教育，个别学生总会出现一些问题。我们应该认识到，个别学生的不良行为，大多数不是他们道德观念上的问题，一般是出于好奇，或不正常心理的表现。教师应当创造一种互相信任、亲切、自然的气氛，在没有抵触、厌恶的情况下，对他们施加教育影响。对个别学生的问题，教师可使他们不能从不良行为中得到奖赏，从而自行停止不良行为；奖励与不良行为相反的行为；教育与惩罚相结合。

（二）指导性组织

1. 对阅读、观察的指导组织

阅读、观察是学生进行学习的一种方法。如何使学生迅速投入这种学习并掌握这种学习方法，需要教师在课堂上不断地进行指导性组织。

阅读在文科教学中是经常出现的，近年来，在理科教学中也受到了重视。学生在没有掌握方法之前，常常是从头读到尾，把握不住重点。教师若利用阅读提纲或提出问题的方式加以指导，使学生学会读，读有所得，就能逐步提高阅读兴趣和能力。

2. 对课堂讨论的指导组织

讨论是一种有计划、有组织、学生积极参与的独特的教学方式。当一个数学问题具有争论性和有多种答案时，运用讨论的方法是最适合的。讨论的方式，可根据讨论目的、班级大小和学生能力等，采取多种形式，主要有全班讨论、小组讨论、专题讨论和辩论式讨论四种。

3. 诱导性组织

诱导性组织是在教学过程中，教师用充满感情的，亲切、热情的语言引导，鼓励学生参与教学过程，用生动有趣、富有启发性的语言引导学生积极思考，形成良好的课堂气氛，从而使学生顺利完成学习任务。良好的课堂气氛是提高课堂教学效率的重要条件之一，它能使学生产生积极的从众心理，投入到课堂的学习之中。良好的课堂气氛应具有以下特征：既恬静又活跃，既热烈又凝重。

要形成良好的课堂气氛，应做到以下几点：建立良好的师生关系；热情鼓励学生；设疑激发等。

三、课堂组织应遵循的原则

（一）明确目的，教书育人

教书育人是课堂组织的重要任务。课堂组织可以使教师的教学和学生的学习得以顺利进行；通过课堂组织，应使学生明确学习目的，热爱科学知识，形成良好的行为习惯。在教学中教师科学地进行课堂组织不仅会影响到学生的纪律行为，而且会影响到他们的学习态度。

（二）了解学生，尊重学生

每个学生都有自己的兴趣、爱好和个性特点，在课堂上只有了解学生，才能根据每个学生的不同特点，用不同的方法进行组织管理。如对于不善于控制自己的学生，要多督促与指导，帮助他们学会管理自己。在对学生进行管理时，要尊重他们的人格，坚持正面鼓励为主，激发积极因素，克服消极因素。

（三）灵活应变，因势利导

教学机智是指教师在教学活动中对发生的意外情况迅速做出反应，及时采取恰当措施的技能。这种技能主要体现在应变能力，即能因势利导，把不利于课堂教学的学生行为引导到有利于教学方面来，恰到好处地处理个别学生问题，或根据实际情况，灵活地运用多种形式和方法，有针对性地进行教学。

（四）不焦不躁，沉着冷静

遇事不焦不躁是教师应具备的一种心理品质。它是以对学生的热爱、尊重与理解及高度的责任感为基础的。只有这样，教师才能公正地对待每一个学生，尊重和维护学生的自尊心，耐心地引导他们进行学习。也只有这样，才能在遇到意外情况时，沉着冷静，不冲动。处理问题时，随时意识到自己对社会、对学生所承担的责任，考虑自己行为的后果，从教育的根本利益和目标出发，处理好面临的各种复杂问题。

四、怎样对待学生的课堂分心

在课堂上常常会出现学生分心的现象，分心直接影响学生的课堂学习，影响教学效果，教师应该把克服学生的分心作为课堂组织的一个重要方面。

（一）引起学生课堂分心的原因

1.学生自身的主观原因

注意的稳定性差；主体对群体的态度不明确；主体对客体的期待产生干扰；表象的干扰；身体不适等。

2.客观原因

来自外部的强烈刺激；来自教师方面的原因。

（二）克服学生课堂分心的对策

1.要避免和克服外部的干扰，努力创造一个安静舒适的学习环境。教室布置要适当，尤其是教室的前方不要过多地装饰；教师的服装应朴素、端庄、大方；教学挂图、教具要在适当的时机出示给学生，用后要收藏起来。

2.培养学生的学习兴趣和意志品质。只有学生对学习感兴趣，课堂上才有可能保持注意力的高度集中，为此要加强学习目的的教育。

3. 教师在教学中教学语言要有感染力，富有启发性，教学方法要灵活多样，教态要和蔼可亲，以吸引学生的注意力。

4. 教师要不断培养自己分配注意的能力。教师一方面讲课，一方面还要注意学生是否在听，不断组织教学，做到"眼观六路，耳听八方"。

5. 教师要善于组织、调动、控制学生的注意。

6. 教师要保持与学生的良好关系，做到心理相容，使学生感到亲切，成为知心朋友。

7. 教师要加强自身的业务素质，在学生中树立自己的威信。

五、怎样处理课堂上的偶发事件

课堂上的偶发事件是教师在课堂教学中经常遇到的，处理这种事件也是课堂组织的一个方面。

（一）处理偶发事件的基本要求

1. 充分认识并挖掘出偶发事件中的积极因素

偶发事件也有恶性和良性之分，并非全是坏的。良性的是指那些产生动机是良好的，能利用来为教学服务的。

2. 冷静沉着，理智耐心

偶发事件往往是出乎教师意料的，要处理好偶发事件，就要求教师在偶发事件发生时能冷静沉着，避免感情用事。任何感情冲动、随意发火、嘲笑责怪和武断压制都容易造成教学的失败。

（二）处理偶发事件的方法

总的来说，处理偶发事件要求教师要有教育机智。

1. 因势利导，调和情绪

我们知道，当思维朝着一定方向进行时，要它立即改变方向，那是不容易的，只有充分引导它才能向另一方向进行。处理偶发事件就应该从偶发事件本身的积极因素出发，调和好学生的注意力和兴奋情绪，因势利导，使学生"移情"于教学。

2. 巧设疑难，变退为进

偶发事件中有许多是这样的：课堂上，学生忽然提出一些难题或怪题，或教师忽然遗忘了某些问题该如何解答等等。遇到这类情况，教师可以不必急于回答，而是巧妙地反问学生，把问题抛给学生思考，最后再综合学生的解答而得出结论。

3. 幽默圆场，自嘲解脱

当偶发事件发生，课堂上出现僵局时，教师的幽默语言能起到很好的缓和气氛的作用。

4. 自然转移，巧妙回避

偶发事件中有这么一种情况：学生在课堂上会连续提出一些与教学联系不大或毫无联系的问题，教师如果对学生所提问题一一作答，往往影响正常教学。这时，教师应该掌握主动权，待机自然地转移话题，引发于教学上；有时学生提出的怪问题，正面回答很难讲清楚，或者没有必要讲清楚，这时可以巧妙地回避话锋，转移话题。

第四节　提问技能

我国古代的教学中已普遍运用了问答的方法和技能，尤其是孔子，最善提问与应答。到目前为止，提问仍然被广泛地运用在教学活动中。教学实践也表明，提问的运用与否及效果的好坏，往往直接影响着教学的效果。所以，作为中小学教师应该熟练地掌握提问的技能。

一、提问在教学中的作用

（一）提问是课堂教学中师生思想信息交流的重要手段

教学是一种双边活动过程，教学双方必须随时进行信息交流，才能对教学实行有效的控制，而提问就是最直接最主要的信息交流方式。从教师的角度讲，通过提问可以发现学生对教学内容的理解掌握程度，了解自己教学中存在的问题，以便使教学更有的放矢，从学生的角度讲，则可以从教师的提问中检查自己的学习活动。因此，提问是师生双方相互沟通、克服盲目性、协调教学活动的重要手段。

（二）提问能起到吸引学生注意力的提醒作用

在教学活动中，如果单纯运用讲授，时间长了，一些学生的注意力就容易分散，教师不能仅靠课堂纪律来维持学生的注意力，而可利用课堂提问来集中学生的注意力。

（三）通过提问可以充分观察和启发学生的思维

课堂上如果只有教师单方面的讲，学生只是单方面地听，那么他们的思维就不会被积极地调动起来。通过适当的提问，才可以充分观察学生的思维状况，启发学生的思维活动。

另外，通过提问，还可激发学习兴趣，活跃课堂气氛，培养学生的口头表达能力等。

二、提问的类型

在教学中，需要学生学习的知识是多种多样的，有事实、现象、过程、原理、概念等，对这些知识有的需要记忆，有的需要理解，有的又需要分析和综合。学生的思维方式也有不同的形式和水平。这就要求教学中所提问题不能千篇一律，应包括多种类型。

（一）回忆提问

1. 要求回答"是"与"否"的提问，或称二择一提问。这类问题比较简单，要求学生根据记忆，对教师的提问做出迅速的反应。

2. 要求回答单词、词组或系列句子的回忆问题。

（二）理解提问

1. 一般理解。要求学生用自己的话对概念、原理、方法、性质等进行描述。例如：你能说出椭圆的几何性质吗？

2. 深入理解。让学生用自己的话讲述问题的关键，以便了解他是否抓住了问题的实质。例如：你能根据公差的取值情况，对等差数列进行分类吗？

3. 对比理解。对事实、事件进行对比，区别其本质的不同，达到更深入的理解。例如：你能说出双曲线和抛物线的区别吗？

（三）运用提问

运用提问是建立一个简单的问题情境，让学生运用新获得的知识和回忆过去所学过的知识来解决新问题,许多数学问题和概念教学常用这类的提问。在数学教学中，提问还常被用来让学生正确分辨事物的形态与结构的不同。

（四）分析提问

分析提问是要求学生识别条件与原因，或者找出条件之间、原因与结果之间的关系。由于所有的高级认识提问不具有现成的答案，所以学生仅靠阅读课本或记住教师所提供的材料是无法回答的。这就要求学生能组织自己的思想，寻找根据，进行解释和鉴别，进行较高级的思维活动。

（五）综合提问

这类问题的作用是激发学生的想象力和创造力，要想对综合提问做出回答，学生需要在脑海中迅速地检索与问题有关的知识，对这些知识进行分析综合得出新的结论，这样有利于培养学生分析问题和解决问题的能力。

1. 分析综合。要求学生对已有材料进行分析，从分析中得出结论。

2. 推理想象。要求学生根据已有的事实进行推理，想象可能的结论。

（六）评价提问

评价提问主要包括以下几种：1. 评价他人观点；2. 判断方法优劣；3. 判断思维价值。比如，你认为数学归纳法就是单纯的归纳法吗？为什么？

三、提问的场合

（一）导入提问

导入提问就是在课堂教学开始时，从复习旧知识引入新知识的引导式提问，目的是集中学生的注意力，使学生的听和教师的讲保持一致。

（二）过渡提问

过渡提问是在变换讲授主题时，从旧主题转入新主题的过渡性的提问，目的是启发学生掌握知识及其内在的联系。

（三）步步深入提问

这种提问常用在课堂讨论中，教师围绕讨论主题，步步深入地提出问题，目的是使学生从局部的认识发展为完整的认识。

（四）纵横联系提问

讲授新知识时，为了启发学生的思维，常常从纵的联系和横的对比方面提问，其目的是使学生运用知识之间的联系，看到事物的本质，从而掌握解决问题的关键。

（五）总结提问

在课堂教学结束时，要进行巩固新知识的总结提问，目的是指导学生进行有效的练习，使学生自觉地、正确地运用知识去解决问题。

（六）辨析提问

在放映幻灯片、录像时，需要进行辨析声像的提问，目的是使学生将感性认识上升为理性认识。

四、提问的过程

在教学过程中，一个完整的提问过程一般包括设问引入、诱发介入和解答评核三个阶段。

（一）设问引入阶段

此阶段是教师用一定的方式，使学生在心理上对其提问有所准备，用清晰的语言提出问题，引导学生做最初的反应。在设问引入阶段应注意以下几点：问题的表达应清晰连贯，速度适当；提出问题后，要有必要的停顿等。

（二）诱发介入阶段

这个阶段主要是解决在提问过程中，教师如何组织学生积极地参与回答活动。这个阶段主要应注意以下方面的问题：

1. 指导与分配

为了调动每一个学生学习的积极性，让他们主动参与教学过程，首先，教师必须细心观察班级里谁在积极参与活动，谁对参与活动不感兴趣，对不愿参与的要调动其积极性。其次，对于不善于表达思想的学生要给予锻炼的机会；对于学习不好的学生让他们先回答比较简单的问题，不断地给予鼓励和帮助，使他们逐渐地赶上去。最后，要特别注意坐在教室后面和两边的学生，这些区域常被教师忽视。

要想使问题得到合理的分配，教师还必须学会控制学生的回答。对于不愿意参加交流的学生，在提问时应将注意力对准他们，即有所指向地望着某个学生，但并不一定让他回答问题，主要是促使其对问题进行思考。另外，还要注意不要随便接受乱喊出来的回答。

指导是针对不愿参加交流的学生进行的。在进行课堂提问时，总有一些学生不愿参加讨论，这时教师可以提出一些没有困难的指导性问题，引导他们参加活动。

2. 提示

提示是由为帮助学生而给出的一系列暗示所组成的。当回答不完整或有错误时，为了使回答完整和正确，就需要提示。提示的目的主要是使学生的回答有重点，指示回答问题的方向，帮助表达困难的学生。提示是为了引起学生的思考，更好地回答问题，但处理不好会变成一问一答的僵硬提问，这是应该避免的。

（三）解答评核阶段

这个阶段是教师以不同的方法处理学生的答案，包括检查学生的答案是否正确，重复学生答案的要点，对学生所答内容加以评论，更正学生的错误回答等。这个阶段，教师应注意以下几点：

1. 及时性。即教师对每一位学生的回答要进行及时的评价，以便学生迅速纠正自己的错误。

2. 准确性。教师应针对不同的反馈信息，提供正确答案，切忌评价笼统。

3. 启发性。在学生总是不正确时不可操之过急，应帮助学生分析错在哪里，启发学生寻找答案，养成良好的思维习惯。

4. 艺术性。即当学生对所提问题不能回答或十分窘迫时，教师应善于消除学生的恐惧心理，引导学生打开思路。

五、提问的基本形式

（一）独答式

独答式提问即由一个学生一答到底或教师自问自答。这种形式可通过"一对一"的回答转化为"一对几十"的效果，节约教学的时间。但由于绝大部分学生没有回答的机会，而容易松懈思维活动。

（二）群答式

群答式提问即教师让学生齐声回答一些较简单的问题，教师凭自己对回答声音的响度、杂度等来判断学生对知识的掌握情况。这种形式操作较简单方便，但教师不易准确地获得反馈的信息。

（三）补充式

补充式提问即一个学生回答之后，由另一学生补充回答前一学生的遗漏部分或指出其失误之处。这种形式比较紧凑，思维定向，时间利用率高，有利于学生思维的扩展和深化。不足是有时学生的语言来不及整理，出现语言零乱、不完整的现象。

（四）追问式

追问式提问即教师紧迫着学生去寻根究底，引导学生拓展思路。这种提问方式，使教师可以比较准确地把握学生的思路，培养学生应变能力和良好的思维品质。

（五）争辩式

争辩式提问即教师提出问题后由学生进行分组讨论或小组辩论，通过争辩深化对某一问题的理解，加深对问题的巩固掌握。

（六）发散式

发散式提问即教师提出的问题没有确定的答案或有多种答案，这就可使学生在回答时思维不受约束，可从不同侧面，多层次、多角度地对问题进行思考，提高学生发散思维的能力。

六、提问的基本要求

为了正确使用课堂提问技能，应注意以下问题：

（一）提问要有明确的目的

教师在实施课堂提问时，首先应明确，提问的目的是为了激发学生的学习兴趣，调动学生积极的思维活动，帮助学生深入理解教材内容等。所以，提问不能太多太滥，力求少而精。凡是没有意义的问题，一律不问。要力戒形式主义的盲目性提问。

（二）提问的内容要有价值

并不是所有的教学内容都需要设计成问题来提问学生。提问的内容一定要根据教学的需要，要紧紧围绕着教学目的，从教材内容的重点、难点、关键点出发，抓住主要矛盾，有针对性地提出一些过渡性问题，引发学生思考。

（三）提问的难易应适度

提问要从学生的认识实际与知识水平出发，所提问题要适合学生的程度。所提问题过难，超越了学生的实际水平，学生无法思索，不能思索，不能回答，起不到调动学生积极思维、激发学生兴趣的作用，还会延误时间，影响进度，最终还得教师"唱独角戏"。所提问题过易，学生不需努力思考就能回答，也无助于锻炼学生的思维能力，还会把教材内容搞得支离破碎，课堂上形成师生间的简单问答，久而久之，学生会养成对知识浅尝辄止、懒于动脑的不良习惯。衡量难易是否适中的标志是，所提问题要使多数学生能"跳一跳，摘到桃子"，即多数学生经过思考或在教师的启发引导下能够回答得出来。

（四）提问的方式应灵活

由于每堂课的类型不同，教学内容和目的要求不同，教学对象不同，提问的方式也应各异。就是同类型、同内容、学生程度也相似的教学，由不同教师执教，由于教学风格的差异，提问的方式也会有区别。比如从类型看，有检查预习性的提问，多根据布置的预习思考题进行简要的提问，目的仅仅在于了解学生的预习效果，使教师讲授时心中有数，不必一一求得正确完整的答案；有复习、巩固性的问题，目的在于引导学生回忆、整理已学的旧知识，加深理解，牢固记忆。在日常教学中，教师用得最经常的还是讲授新课的提问。这类课堂提问，要依据教材内容和学生特点设计。在这方面，各地优秀教师已摸索出了多种行之有效的方式。如牵引式、层次式、寻疑式、变换式等。

（五）发问的时机应得当

孔子"不愤不启，不悱不发"，就是讲启发的时机。他主张只在学生心求通而未得、口欲言而不能的时候，教师才用巧妙的提问，给学生指出思维的方向和寻找答案的途径。实践证明，在学生注意力集中，积极开展思维活动时进行提问效果最好。

（六）提问中要认真听答

由于学生的情况千差万别，所以回答也必然五花八门。但不论学生回答状况如何，教师都必须以耐心、诚恳的态度听取学生的回答，给以公正恰当的评价。特别是对学习较差和不善于讲话的学生应该给以鼓励，决不应在学生回答问题时，漫不经心，对学生讽刺挖苦等。

（七）提问中应注意的几个问题

1. 提问中应避免先点人，后提问题，问题应面向全体学生提出；

2. 要避免惩罚性提问；

3. 提问时的态度应亲切、和蔼，尤其是对学习差的和不善于发言的学生；

4. 应尽量少用满堂提问、齐声回答的方式。

第五节　教学语言技能

一、什么是教学语言

人们一般认为教师在课堂上使用的语言就是教学语言。虽然这样说并不错，但是，如果我们把教学语言作为一个科学的概念加以考察，仅仅这样认识就很不够了。准确地说，教学语言是教师在课堂上为了达到预定的教学目的，依据规定的材料，在限定的时间内，引导学生学习知识，提高道德修养，掌握技能技巧的过程中所使用的职业性语言。

二、教学语言在教学中的作用

（一）教学语言是教师进行教学的最主要的工具

在教学过程中教师要使用多种手段来进行教学。现代科学的发展，为教学提供了多种设备，如投影仪、幻灯机、录音机、电视机等。但是，不论利用什么现代化的教学设备，教学语言始终是教师进行教学的最重要、最基本的工具。教师在课堂上组织教学，阐述观点，说明原理，提出问题，启发学生讨论、研究，以及分析、综合、总结，都要凭借语言进行，无论什么现代化的设备都不能完全代替教学语言的作用。教学语言永远是教师传递知识信息，引导学生观察、思维、想象的主要媒介。

（二）教学语言的使用水平影响着教学效果

教学实践证明，教师的知识修养达到了通晓教材并具有相应的知识储备的高度，他就能掌握教材的重点、难点，他就有了从事教学工作的基本条件。但是要获得理想的教学效果，他还必须具有良好的口头表达能力，也就是一定的运用教学语言的能力。有的教师知识相当渊博，但教学的效果一般，甚至很差，而有的教师知识水平并不见得多高，但是教学效果却比较好，原因往往在于他们使用教学语言的水平不一样。

教学语言怎样影响着教学效果呢，在下面我们还将具体介绍。这里只简单地谈三个主要方面。

1. 教学语言的清晰度影响着教学效果

教学语言是否清晰、正确，明白易懂，直接影响着教学效果。教学语言清晰明白，它输送给学生的信息就很容易被接受；反之，学生就不可能顺利地接受信息。不清晰的语言是学生学习新知识的障碍。如果教学语言是明白晓畅的，教学过程进行就会顺利得多。

2. 教学语言的严密度影响着教学效果

知识本身是具有严密科学体系的，阐述知识的教学语言也必须具有严密的逻辑性，才能帮助学生掌握系统的科学知识，也才能起到训练学生的思维能力的作用。

3. 教学语言的动听度影响着教学效果

有的教师的教学语言虽然能够达到正确、明白的要求，但是词汇贫乏，语调缺乏变化，叙述过于平淡，听起来味同嚼蜡，时间长了学生就会产生抑制反应，进入睡眠状态，同样影响学习效果。反之，如果教师能够根据不同的教学内容，使教学语言具有不同的节奏和感情色彩，就会使学生振奋起来。

教师的教学语言，不是单纯的口头语言，也不是单纯的书面语言，而是一种以口头语言为主、多种语言形式并用的特殊的语言形式。有人提出其形成大体经过以下三个阶段：

1. 从教材语言向教案语言转化

教学语言的主要来源是教材语言，即课程标准、教科书以及教学参考书中的语言。把教材语言转化为教案语言，是教师教学语言转化的第一阶段。

从教材语言到教案语言的转化绝不是教材内容的简单"搬家",而是要在充分钻研教材的基础上,真正把教材语言加以同化,纳入自己的语言系统,并在此基础上加工组合形成教案语言。这个过程大体要做三方面的工作:一是寻找语言的吻合口径,使教案语言既适应于教学内容的要求,又适应于学生的特点;二是对教材语言进行增、减、删、改;三是进一步对文字进行加工,形成教案语言。

2. 从教案语言向预备性教学语言转化

在这个阶段,教师要对教案语言进行默讲(熟悉教案)和修改补充,实际上是对教案语言进行深刻理解和语言转换的过程。教师要以想象中的学生为对象,以内部语言活动为主要形式,以逻辑推理为主要方法,对教案语言进行转化,从而在教师大脑中形成和巩固起一种具有自己独特风格的新的语言形式。我们把这种在大脑中形成而又未向学生正式讲授的语言形式,称作预备性教学语言。这个阶段主要应解决的问题有:排除障碍,形成语势;调整语序;语言的延伸和扩充。

3. 从预备性教学语言向课堂教学语言转化

这个阶段的主要矛盾是课堂实际情境与预备性教学语言之间的矛盾。因为课堂教学中有些情况往往是在教师预料之外的,所以,这个阶段主要应注意准确反馈,及时调整;把握教学语言的"度",保证教学语言的有效性,运用多种语言形式,提高教学语言的效果。

三、教学语言的课堂运用技巧

(一)发音的技巧

有一些教师不注意运用发音技巧,结果有的吐字不清、鼻音太浓,有的声如雷鸣,有的声如蚊吟……结果影响了教学的效果。教师在教学中,运用语言一定要注意研究一些发音的基本技巧。

1. 用好呼吸

人们说话的声音是由呼出的气流通过声带,引起声带的振动并和喉腔、口腔、鼻腔、胸腔等发生共鸣而产生的。科学的呼吸、充足的气流对音色的改善起着关键的作用。平时呼吸,一般只扩展胸部,为了吸入更多的气流,可以采用胸腹呼吸法。这样既可以节约气流,又可以减轻嗓子的疲劳。

2. 正确使用"共鸣腔"

要使声音集中、圆润、动听,除了用好呼吸外,还要正确使用"共鸣腔"

——胸腔、口腔、鼻腔、咽腔。圆润动听的声音是这些共鸣腔协调作用的结果。讲课的声音一般要求洪亮，这就必须做到胸部端正，口腔张圆，使声音达到口腔上部的中间，鼻孔微微张开，使声音集中到一个点上。只有这样，发出的声音才能动听、响亮、纯正。

3. 确定最适宜的发音区

生活语言的音域通常在一个八度左右。在这个适宜的发音区内说话，我们会感到舒适自然。如果超出这个范围，我们就会感到吃力。所以教师上课时，既不能把调子定得太高，使人产生声嘶力竭的感觉，也不能定得太低，使学生听不清楚。教师要找到最适宜自己的发音区。

（二）调整语调的技巧

1. 音量和语速应适当

音量指声音的大小。课堂语音的音量，最好是在教室里安静的情况下，坐在最后一排的学生也能够听清楚。语速是指讲话的速度。课堂口语的速度以每分钟 180 字左右为宜，过快过慢都会影响听课的效果。

2. 音量、音速要高低变化，快慢交错

音量和音速应适当，并不是说一堂课音速和音量自始至终一成不变，而应根据需要在一定的范围内适当变化。讲课的音量、音速只有高低变化，错落有致，才能使学生声声入耳，提高听课的精神。

四、教学语言技能的要求

（一）科学性

教学语言的科学性是指教学语言要做到规范、准确、清晰、合乎逻辑。要求教师在教学时首先要运用普通话，普通话是教师教学语言的最基本要求，它也是保证语言清晰的一个重要条件。教学语言必须准确表述教学中的概念、原理等，不能似是而非，更不能出现错误。

（二）教育性

教学活动永远具有教育性，教师的教学语言也应该具有教育性。教学语言的教育性首先要求教师在运用语言时要文雅、纯洁，不应说粗话、野话、脏话；对学生教育时应尊重学生，不用语言讽刺、挖苦，更不能谩骂学生。其次，要使教学语言富有哲理性，通过哲理性的语言，启发学生思考，引起学生反思，从而教育学生。

（三）针对性

教学语言的针对性主要指两个方面。一是教学语言要针对教学内容的实际，不同的教学内容，教学语言的运用是有差别的。比如一般的教学内容，教学语言为叙述性的语言，语速就可以适当地快一些；如果讲的是重要的概念、原理，教学语言就应是解释、说明性的语言，语速就应当慢一些。二是教学语言要针对学生的实际，所运用的语言要适应学生的年龄特点和知识水平。

（四）生动性

生动性的语言首先要求语言的形式要做到抑扬顿挫，富有节奏。教师可根据教学的需要，语言有高有低，有快有慢，抑扬起伏，错落有致。教师还要善于使自己的语言形象化，以帮助学生理解、记忆。

（五）启发性

教学语言的启发性是指教师在运用教学语言时要能够调动学生思维的积极性，启发学生积极的思考。教学中要尽量把抽象的概念具体化，把深奥的道理形象化，激发学生丰富的联想、想象，从而发挥学生的思维能力。

（六）自控性

所谓自控性是指教师在课堂上对自己的语言要有一种自我监控的能力，能够及时自觉地控制语言的表达。一般情况下，失控的语言多缺乏准备，不可能收到好的效果。所以，教师在教学中，语言要充分准备，按计划进行教学，可有可无的话坚决不说，不搞东拉西扯式的谈天教学。

（七）简洁性

课堂教学是在限定的时间内进行的，每一分每一秒都是非常宝贵的，教师的任何活动都不能浪费教学的时间。这就要求教师在运用课堂教学语言时要简洁明了。具体来说，教师在教学中要多用短句，少用长句，能用一句话说明白的就不要用两句去说；课堂中除了必要的重复外，一般情况下不要随便重复。总之，力争用最简洁的语言达到最佳的教学效果。

（八）激励性

教师的教学语言不仅要传授知识，而且要激发学生的学习动力和兴趣。一位教育家曾说过：教学的艺术不在于传授本领，而在于激励、唤醒、鼓励。教师的教学语言如果缺乏激励性，学生听起来就会感到索然寡味，就会缺乏学习的热情。

（九）情感性

情感性是指教师的教学语言要饱含对学生的深厚感情。教学语言的情感性具有很强的教育感染作用，直接影响课堂的学生情绪，影响学生对教学内容的理解和掌握。富有情感性的语言不但作用于学生的感官，而且还作用于学生的心灵；不但使学生从情感上服从教师，而且更有助于他们热爱知识。教学语言的情感必须是教师真实情感的流露，而不是装腔作势。因此，教师在教学中，必须深刻体会教学内容中包含的丰富情感，在教学中用自己富有情感的语言去感染学生，教育学生。

（十）选择性

数学语言通常包括文字语言、符号语言和图形语言。一般来说，文字语言通俗易懂，符号语言简单明了，图形语言形象直观。各种语言互有利弊，在课堂教学中一定要灵活选择，灵活转换，这样才有利于提高教学效果。

五、教师教学语言素养的提高

（一）扩大知识面，提高文学素养

教师的语言功底是与他的知识的广博程度相关的。教师要提高语言素养，就不仅要掌握所教学科的知识，而且要掌握相关学科的知识，尤其是要提高自己的文学素养。

（二）刻苦学习语言技巧

语言的运用有很大的技巧性，而教学语言的运用技巧性就更大。要提高教学语言素养，首先要做一个有心人，要在平时的教学中，多听、多看，尤其是对优秀教师的教学语言运用要注意观察、体会，为自己所用。同时，语言技巧的训练是必须进行的，并且这种训练又必须要下一定的苦功夫。

（三）在教学实践中锻炼良好的心理素质

教师要掌握教学语言技能，必须要有良好的心理素质，要能够沉着冷静，处变不惊，要能够科学地根据教学对象、教学内容，机智灵活地运用教学语言。

（四）认真备课，达到"背课"水平

数学语言比其他学科语言更要求准确精练，这也是衡量一个数学教师教学基本功的重要标志之一。语言不准确，就失去了科学性。比如，在讲特殊数列时随口说道"常数列既是等差数列又是等比数列"。这个结论看似正确，实际上是错误的，因为由 0 构成的常数列虽是等差数列，但不是等比数列，所以，数学课堂语言必须特别慎重，最好备好课再说。另外，随讲随说还容易造成语序混乱，重复啰嗦，久而久之，会造成学生的厌学情绪。

第六节　体态语言技能

一、体态语言概述

（一）什么是体态语言

体态语言是指人们通过身体的动作、姿势和表情等行为信号来表情达意、传递信息的语言，它与口头语言、书面语言相对应，称为体态语言，也称为态势语、人体语等。

体态语言的产生早于有声语言。在成熟的口头语言形成之前，人类的祖先就借助自身的体态变化交流各种信息。在漫长的岁月中，人类的一些体态形成固定的含义和规则，人们可以按照这种统一的含义和规则进行表达和理解。

（二）体态语言的特点

体态语言与口头语言、书面语言有着共同的属性，都是人们传递信息的手段、进行交际的工具，但体态语言又有其自身的特殊性。体态语言的特点有三：直观性、丰富性和模糊性。

二、体态语言在教学中的作用

体态语言和口头语言一样，都是传递信息的工具。美国心理学家艾伯特·梅拉宾研究指出，人们之间信息交流的总效果，7%来自言词，38%来自语调，55%来自表情。这组数据说明了体态在表达与理解过程中的重要性。体态语具有信号功能和强调指示功能，从而使沟通思想、交流感情更为有效。

（一）可用体态语帮助组织教学

有些教学常规是靠体态语表现出来的。比如，教师步入课堂在讲台中央站定，目光扫视全班同学，常表示上课，学生即可安定下来。在组织教学时，有时不宜用有声语言，而适宜用体态语。

（二）可用体态语激发学生的学习兴趣

教师的一举一动都对学生有潜移默化的影响。教师表情和蔼可亲，学生就愿意接近；教师态度不好，就会引起学生反感。当学生回答问题时，教师轻轻点头，即有肯定答案正确，鼓励学生继续讲下去的作用，加上微笑，更能够鼓励学生畅所欲言。轻轻摇头表示"不对，想一想"，比直接说出来委婉，学生易于接受。如果教师讲课像背书一样，毫无表情，不借助体态语，势必枯燥乏味，学生学习也就缺乏兴趣。

（三）可用体态语突出教学重点

有经验的教师在课堂上往往能紧紧抓住教学中的重点和难点，言简意赅、有的放矢地进行讲授。在一般叙述时教态自然大方、平静而安详。当讲到重点时，差不多一反常态，或离开讲桌向前跨步，或配合恰当的手势，或慷慨激昂，这样能以教师的情绪感染学生，给学生更加深刻的印象。我们都有这样的体会，中小学教师每堂课讲的内容是无法完全记住的，可是最精彩的课堂场面，教师讲课的神情常常是记忆犹新的。

（四）体态语言能扩大教师教学信息的发射量，增加学生对有用信息的接受

实践告诉我们，课堂教学效果与学生所接受的有用信息量成正比。教师在教学中除了让学生从听觉接受信息外，还应恰当地运用体态表达作用于学生的视觉系统，这不仅能扩大教师教学信息的发射量，尤其能扩大对学生感官的刺激量，从而有效地提高课堂教学效果。

三、常用的体态表达技能

（一）目光

在人类历史上，眼睛一直对人的行为有很大的影响，它是人与人交际中最清楚、最正确的信号。目光是眼睛发出的非语言信息，它能表达许多口头语言所不易表达的复杂而微妙的意思，是体态表达中运用得最多的一种。教学中的眼神表达，对教师来说是"此时无声胜有声"，对学生来说是"心有灵犀一点通"。

1. 正确使用目光，消除初上讲台的紧张情绪。

2. 正确运用目光，使每个学生不至于产生被忽视感，加强师生间的情感交流和信息沟通，保持良好的课堂纪律。

3. 提问和课堂讨论时，对不同的情形采用不同的目光交流。

教师在教学中要正确、充分地使用自己的目光表达，还要注意以下几个方面：第一，要注意用目光充分表达自己的情感。教师的喜、怒、哀、乐等情感，都要用自己的目光传递出来，让学生从教师的眼神中直观地体验到思想情感的变化，受到教育和启迪。第二，要注意视线的变化与分配。视角要不断变化，扫视不能太快，环视不能太虚，凝神不能太长，斜视不能太多。

第三，目光变化要有针对性、目的性。教师的目光变化要从传递教学信息和组织教学出发，不能无目的的变化，反对故弄玄虚、神秘莫测的目光变化。第四，要和口语、手势、表情、姿态等密切配合。

（二）面部表情

面部表情是由脸的颜色、光泽，肌肉的收与展，以及脸面的纹路和脸部各器官的动作组成的。它以最灵敏的特点，把具有复杂变化的内心世界最迅速、最敏捷、最充分地表现出来。

教师在教学中面部表情应做到以下几点：一要自然。要让自己的内心活动与外在表情相一致，使学生看到表里如一的坦诚、自然的真实形象，从而赢得学生的充分信任；不可造作伪装，那样会失去学生的信任，从而干扰学生对信息的接纳。二要适度。主要是脸色脸形的变化不可过分、过频，要恰如其分，做到嬉笑而不失态，哀痛而不失控。三要温和。教师的面孔如同一面荧光屏，各种情绪，心态都可以从这里无保留地透露出来。一般地说，表情应和有声语言和动作姿势同时产生，并同时结束。四要鲜明。脸上的表情要鲜明，喜就是喜，怒就是怒，每一微小变化都可被学生感觉出来，切忌呆板僵化、似是而非、模糊不清的表情。

（三）动作姿势

动作是指身体的动态变化，姿势是指身体的静态造型。动作姿势在信息交流中有十分重要的作用。教学中常运用的动作姿势有走动、站立、局部动作、手势等。

1. 在课堂上的走动

走动是教师传递信息的一种体态语。如果一个教师一节课只一个姿势地站在那里一动也不动，课堂就会显得单调而沉闷。相反，教师适时地在学生面前走动，而又没有分散学生注意力，课堂就会变得有生气，还能激发学生的兴趣，引起注意，调动学生的积极情绪。

教师在课堂上的走动大体有两种：一种是教师在讲课时并不总站在一个位置上，而是适当地在讲台周围走动；另一种是在学生做练习、讨论、实验时，教师在学生中间走动。从讲台上下来走到学生中间，这种空间距离的缩小，能带给学生直接的影响与心理上的接受。因此，教师走到学生中间可以使师生之间的关系更加密切，可以加强课堂上师生间的感情交流。同时，在走动中教师可进行个别辅导，解答疑难，了解情况，检查和督促学生完成学习任务。教师在课堂上走动时应注意以下问题：

走动要有控制，不能分散学生的注意力。为了做到这一点，一要控制走动的次数，不能一节课不停地走；二要控制走动的速度，身体突然地运动或停止都能引起学生的注意，所以在课堂上教师应该是缓慢地、轻轻地走动，而不是快速地、脚步很重地走动；三是走动姿势要自然大方，不能有分散学生注意力的动作。

走动或停留的位置要方便教学，当组织学生进行问答练习时，以在讲台周围走动为宜。停留时要离开黑板一点，以便变换在黑板上写字的位置。在学生中间边讲边走动时，不要停留在教室的后端，因为这样对学生来说教师的声音是从后面传来的，对学生听课有一定的心理影响。

教师的走动时间要符合学生心理。一般来说，学生在做练习或答试卷的时候，不喜欢教师在他们中间走来走去，更不喜欢教师在自己的身后或身边停下来。教师在学生中间走动进行个别辅导、解答疑难的时候，要注意关心每一个学生，对所有的学生给予同样的热情。

走动时要处理好局部与全局的关系。在让学生进行小组讨论时，如果发现某个小组有问题，需要对一个小组学生讲话，教师应轻轻向他们走去，然后再回答问题或讲解，以免影响其他学生。如果这一组提出的问题具有普遍意义，需要全班明白或注意，可以快速走到讲台前，拍手请全班注意，面对全班进行解答。假如在学生讨论时教师要观察整个课堂的情况，最好站在教室的两端。

2. 身体的局部动作

教师教学中经常要用局部动作去传情达意，例如，头部动作就起着重要作用。在学生回答问题或提出问题时，教师使劲地点头则表示："我知道了，你快讲吧！"如果你将眉头抬高，则表示："我太惊奇了！"假使你慢慢地抬起眉头并轻轻地点头，表示你正在注意听，而且对他的回答进行思索，这样会使学生更愿意谈自己的意见或见解。

3. 站立

站，是教师的基本功。没有特殊的原因，我们都不主张坐着讲课，特别是青年教师，更应学会站，学好站。站着讲课，有助于教师的动作、表情和阐述，让学生感知到更多的内容，也使教学更富有感染力。但是，站也不能像根木桩，当需要阐述、描述、分析时，应稍离讲桌，或轻松自然地走动，或微微分开双脚，保证动作姿势的灵活施展，在微量运动中求得休息，使学生既感到教师的端庄严肃，又感到教师的亲切自然。

（四）手势

手是人体强有力的表达器官。由手的指、掌、拳、腕等不同造型及伸、抓、握、摇、摆、挥、推、按、劈、摊、举等动作节拍形成的手势，可以描摹复杂的事物状貌，传递人的心声，表达特定的含义。教师的手势应像指挥家的指挥棒，撩拨着学生的感情之弦，激发着学生的想象与思维，加深着学生的感受与理解。教师准确恰当的手势不仅能提高教学效率，还能给人以美的享受。

1. 手势的类别与作用

①教学手势按其传递信息的功能可以分为以下几类：情感性手势、象征性手势、会意性手势、指示性手势、强调性手势、描述性手势和评价性手势。②按手势的活动范围，可以分为以下几类：上区手势，手势动作在肩部以上的区域；中区手势，手势动作在胸部与腰部之间；下区手势，在腰部以下的区域。③按使用的活动部位，可以分为以下几类：手掌的动作、手指的运用和拳的运用。④按使用一只手还是两只手，分为单式手势和复式手势。

2. 运用手势的要求

运用手势要使它充分地传情达意，我们要注意以下几点：①适合。一是手势与表达的内容要适合。教师讲课时的手势，应服从教学内容的需要，该快则快，该慢则慢，该刚则刚，该柔则柔。②自然。手势贵在自然，只有自然才是感情的真实流露。③简练。每做一个手势，都力求简单、精练、清楚、明了，要做到干净利索，切不可拖泥带水。④协调。教学手势从来都不是单独进行的，它总是和声音、姿态、表情等密切配合进行，这就要求协调。

四、运用体态语言的一般原则

教师在教学中使用体态语言，必须遵循以下的原则：

（一）目的性原则

体态语言是表达的手段，它必须为教学目的服务。教师必须明确为什么要用体态表达，体态表达要达到什么目的。

（二）适应性原则

体态表达的具体形式，必须与具体教学内容、具体教学情境和学生实际相适应。教师要选择那些最能表达教学内容，学生又易理解的体态语言。

（三）协调性原则

教师要把目光、表情、动作、姿态等体态表达形式统一起来，发挥协同作用，同时要把体态表达与口语、板书、教具密切结合，使之构成一个多通道协调一致的信息传递网络。

（四）精练性原则

体态语言要少而精，在表达中起到画龙点睛的作用。体态语言是随人体变化而产生的，具有模糊性，用得过多时，会互相干扰，反而不易达到表达的目的。

（五）自然性原则

教师的一个手势、一个眼神、一俯一仰都应是表达教学内容所使然，都应是教师内心情感的自然流露。切忌表达失度，矫揉造作，形神不合，言行不一。

第七节　结束技能

一、结束技能的概念

结束技能是教师结束教学任务的行为方式。在课堂教学的最后阶段，教师通常都要用精练准确的语言，对教学内容进行归纳，概括所讲授的主要内容，明确学习要求，总结解题思路、方法、规律以及要注意的问题，使学生把所学的知识纳入自己原有的知识系统，从而完成教学活动。结束技能的作用主要有以下几点：

（一）重申所学知识的重要性和注意点；

（二）概括本节课的知识结构，强调概念、定理、公式以及解题的关键；

（三）引导学生总结分析自己探求解决问题的思维过程和所使用的思想方法；

（四）布置思考题、练习题、作业题，对所学知识及时复习、巩固和运用。

二、结束技能的类型

（一）概括式

这种结束方式是指在课堂结束前，利用较短的时间把教学内容、知识结构、思想方法采用转述、罗列、表格、图示等方法加以浓缩、概括，强调重点，使学生对整节课有一个清晰的整体印象。它多用于新授课的结尾，可以教师讲，也可以在教师引导下让学生讲，也可以教师说纲，学生讲内容等。概括式结束的特点是简明扼要，主线分明，产生提纲挈领的作用；配之以板书，便于清晰记忆。

（二）悬念式

悬念是指那些悬而未解的问题，可以起到刺激思维、引起注意的作用。学生在学习中产生悬念心理具有很强的潜在激励作用。课堂结尾时可以通过结尾一席话将现有教学内容与下一个教学过程要讲的内容发生联系，使学生产生悬念，也可在结束时，有意不把问题讲透，而设置若干悬念，让学生去思考、讨论，从中悟出道理。但要注意，悬念的设置要有思考价值，不要使学生普遍费解，要把握一个度的问题。

（三）消化吸收式

新课结束时，教师提出启发性的问题，让学生通过研究，做出解答，达到融会贯通、消化吸收的目的。其特点是简单易行，操作方便、自然，起到巩固深化作用。关键是问题的设计要有明确的目的和要求。

（四）点破疑团式

在新课的导入和讲解过程中，教师经常会设置一些悬念用来激发学生的学习兴趣，或启发思维，或引发探求的欲望，而这些悬念在讲解过程中不宜点破，那么在结尾时留下几分钟点破疑团，让学生弄清谜底就显得这节课完整、自然、艺术。

（五）串联式

这种结尾方式是在一个单元或一章学习即将结束时，对章节的前后内容进行串联、整理、比较、归类，使所学知识系统化、条理化、网络化。它的主要作用是为学生提供良好的知识结构，使其进一步加深理解和巩固。

（六）趣味式

新课讲完，下课前留几分钟的时间，针对新课内容，安排一些有利于激发学生兴趣的活动，对活跃课堂气氛，鼓舞情绪大有好处。这种结束方式使新课在轻松愉快的气氛中结束，能够提高学生的学习兴趣，增强信心。

（七）预告新课式

在新课结束时，对下节课的内容做出预告，目的在于引起对下节课的好感，做好课下预习，引起学生进一步学习的欲望和动力。

一般情况采用投影仪或小黑板，来预告下节内容。引导预习工作，也可出现在思考题中,这种思考题本节知识不能解决或不能全部解决,诱使学生去思考,去探索,为上好下次课做准备。

总之,数学课的结束方法是多种多样的,和导入一样,只要灵活运用,认真选用,一定能起到事半功倍的效果。

三、结束技能的程序和要求

结束技能的一般程序为:简单回忆——提示要点——总结规律或拓展延伸。结束技能的要求有以下几点:

(一)及时巩固,强化记忆

心理学研究表明,记忆是一个不断巩固的过程,由瞬时记忆到长期记忆,有一个转化过程,实现这个转化过程最基本的手段是及时小结,周期性的复习。因此,在讲授新知识接近结束时,要及时小结和复习巩固。尤其是数学学科的特点是逻辑性强,前后连贯有序,要把所学知识及时纳入学生已有的知识结构中去,更应及时巩固强化。

(二)语言精练,突出重点

对一堂课的内容进行概括总结一般需要 3~5 分钟左右,所以教师的语言必须精练、准确、简明扼要,内容不必面面俱到,要突出重点。

(三)建立联系,形成知识系统

在某一段教学内容结束时,应该归纳本阶段的知识结构,深化重要的概念、定义、定理。经精心加工而得出的系统化、简约化的知识网络,能帮助学生把零散的孤立的知识"串联"和"并联"起来,了解概念、定理的来龙去脉,揭示内在联系,这样,才能把所学的知识融会贯通。

(四)形式多样,引导探索

一节课的结束,可以是封闭型的,也可以是开放型的。封闭型的结束,结论明确。开放型的结束,可以留下问题供学生去思考,鼓励学生继续探索,培养学生的发散思维能力和数学探究能力。

第八节　其他课堂教学基本技能

一、如何吸引学生

随着现代生活水平的提高,在学生的生活中高强度的诱因刺激也在增加,加之应试教育的负面影响,数学课堂教学常常被认为是单调、呆板、缺乏生机的。如何吸引学生,变"要我学习数学"为"我要学习数学",是数学教师面临的艰巨任务和有待深入研究的课题。为了达到教学目的,教师除了要调动学生学习的外部动机,教育学生树立远大的理想,勇于战胜学习道路上的各种困难外,还必须想方设法使自己的教学能够最大限度地吸引学生。

吸引学生的主要方式归纳起来有这样几个关键词:联系、挑战、变化和魅力。所谓联系是指教学设计要联系学生的客观现实和数学现实,与他们已有的生活经验和知识结构相联系。挑战是指教学任务对学生具有挑战性,平庸拖沓的教学安排不可能吸引学生,教师应该尽可能地提高课堂教学效率,让学生感到学习充实,收获大。变化是教师在学生注意力涣散或情绪低落时,改变教学的形式、讲授的语速语调等,重新将学生的注意力拉回到教学上来的手段。增加教师自身的魅力也能达到吸引学生的目的,比如精彩幽默的语言,挥洒自如的教态,简练漂亮的板书版画,得体的仪表,亲切的话语,热情的鼓励,信任的目光,敏捷的思维,熟练的解题技巧等,都有助于建立良好的师生关系,这就叫做"亲其师而信其道"。教师如果能够调动学生的情感和意志这些精神需要,那效果将会是持久而巨大的。

二、如何启发学生

启发学生数学学习的关键有以下几个词:定向、架桥、置疑、揭晓。首先教师要明确希望学生解决什么问题,目标不确定难以完成教学任务。

教师要考虑:希望学生解决的问题与学生的现实之间有多大距离,应该设计哪些问题或进行哪些活动架桥铺路化解困难。

有时教师可以设置一些疑难问题引起学生思想的交锋和深层次的思考,有助于深入理解某些重要的概念和定理的实质。最后教师要将学生原先想做而不会做的正确做法,想说而说不出的正确想法,用精练明了的语言重述一遍。

三、如何与学生交流

教学对话不仅是教师的提问与学生的回答,它还包含语言交流对话和非语言交流对话；在语言交流中除了传统课堂上常常采用的"教师提问—学生回答"的形式外，还包括学生的发问。怎样鼓励学生发问也很值得教师关注，为此，教师首先要经常地鼓励发问的学生，还要教给学生发现问题的方法。另外，师生板演是数学课堂教学对话中书面语言常用的交流形式，教师的板演除了合理布局外，板演内容要高度概括精练，不宜一段一段地抄写教案上的内容，使学生注意力分散，又抓不住要领。对学生的板演，不能只看答案的正确与否，培养学生的数学书面语言表达也是数学教学的重要方面。

非语言交流对话包括课堂倾听、面部语、体态语以及服饰语等等。课堂倾听由注意、理解和评价三个部分组成。第一是注意学生在对话中说出的信息是否适当、正确，包括强度、传递时间和情境等；第二是对接收的信息进行心智加工的理解，包括理解说话人呈现的思想、说话人的动机等；第三就是对信息进行权衡评价，归纳说话人的主题思想，获知省略的内容，思考怎样完善信息等。

教师提问技能的几个关键词是：设计、含蓄、等待和开明。

首先，提问需要设计。在教学中加入设计好的问题，可以增加实现教学对话的可能性，可以将问题集中于教学的主要目标。其次，提问应当含蓄，不能太直白。由于简单的问题不具有多少思考性，因此，在课堂提问中简单问题所占的比例很小，尤其是在程度较高的班级和学习内容有相当难度的课上。再次，对学生的回答要认真倾听，予以中肯而明确的评价，肯定合理的成分，指出还需改进的地方。

第四章 中学数学教学工作

第一节 数学课的基本知识

一、数学课的任务

（一）学习新知识

中学数学课的任务是由中学数学教学的总目标和教学过程的客观规律确定的。数学教学的主要目标之一就是使学生掌握必要的数学基础知识，所以数学课的一项首要任务就是学习数学新知识，新知识的内容主要是指新的数学概念、数学命题、数学思想和数学方法，培养、发展分析和解决问题的能力，这种工作通常叫做授新课。

（二）复习巩固已学知识

在学习新知识的过程中，鉴于中学生的生理、心理特点和接受能力，一定要辅之以必要的复习巩固工作。其中讲授新知识前的复习，有的是为检查上一节课学习情况而安排的；有的是为当堂将要学习的新知识而安排的；有的是在学习一个章节、一个单元后安排的，以便将所学的知识进行归纳、整理、系统化，并使知识转化为能力。

（三）布置、检查、指导学生作业

为了培养和形成学生的数学能力，尤其是逻辑思维能力和创造能力，学生必须完成适当的课内作业，以便教师在巡视中了解教学效果，进行个别辅导，或发现带有共同性的问题进行集体订正。有时对一些比较困难的习题，教师可予以适当的提示，让学生展开讨论，为学生课后独立完成作业减少困难。

二、数学课的基本要求

（一）每堂课要有主要的教学目标

每堂课都要围绕所制定的教学目标，完成一个主要任务。这项任务应从课堂教学的整个体系中去分析。一般情况下，每一章、每一节的头几节课，大多是以学习新知识为主要任务，而培养和形成技能、技巧，复习、巩固、检查等任务则是为实现上述任务服务的；每一章学习的结尾，往往以复习、巩固或形成技能、技巧，或考查学生掌握知识的情况为主要任务，其他任务则是从属的；而培养和发展学生能力的任务，应贯穿在每一堂课的始终。

（二）每堂课要在完成智能教育的同时，还要完成一定的情感、态度和价值观的教育任务

最现实的要求，就是要能最大限度地激发和保持学生对数学的兴趣，培养学生对数学学习认真负责的态度，培养学生的参与意识和合作交流的良好习惯，培养学生专心致志，不停地向新的学习目标追求的顽强精神。

（三）每堂课的教学材料的选择要有根据

一般来说，选择一节课的教学材料时，至少要满足如下要求：材料的内容符合本节课的教学目标；材料的分量恰到好处，即保证能完成这节课的教学目标而时间上又十分紧凑；材料的安排符合学生的认识规律，即从具体到抽象再到具体，理论与实践相结合。

（四）每堂课的教学方法要应用恰当

为了确保学生积极、主动地学习，教师要采用恰当的教学方法，不论采用哪种教学方法，一般应满足如下要求：在本节课的学习过程中，凡是学生自己通过努力能够达到的事情，都应尽可能让他们自己去做；体现学生的主体作用。

（五）每堂课的教学过程要组织得周密

在一节数学课里，师生进行双边活动通常是划分为若干环节的，各环节应衔接自然，联系紧凑，层层展开，脉络清楚。课上的教学活动要安排得紧凑但不匆忙；要使学生的思维十分活跃但不混乱；要力争完成预定的教学计划但又要及时反馈，根据实际情况进行必要的灵活调整。目标是使得每节课的四十五分钟得到充分合理的使用，使得全班学生的学习积极性、主动性得到最大限度发挥。

三、数学课的类型与结构

根据课堂教学的目的和任务，中学数学课可分为若干类型，主要有新知课、练习课、复习课、讲评课。此外，还有讨论课、实地测量课、考查课、课题研究课等。现将四种课型的结构和特征介绍如下。

（一）新知课

新知课的主要任务是学习新的数学知识。它是数学课中最常见也是最重要的一种课型。由于所学新知识与已有的知识紧密联系，而且接受新知识还

有一个逐步消化的过程，因此，这种课型的基本结构一般有复习已有知识、认知新知识、巩固新知识、小结、布置作业等环节。

新课必须以认知新知识一环为主，复习和巩固以及作业都是围绕掌握新知识这个中心而进行的，不能搞得过多而喧宾夺主，也不能简单重复和让学生死记硬背。应着重于基础知识的理解、方法的运用以及对学生辨析能力、概括能力的培养。

（二）练习课

练习课的主要目的是巩固所学的知识，培养技能技巧，主要任务是解答数学习题。由于在练习前，学生必须先阅读教材，复习有关知识或教师做必要的提示、归纳，在练习后又必须完成一定的作业，因此，这种课型的基本结构一般有复习、练习、小结、布置作业等环节。在练习过程中，要使学生重视基本理论在解题中的指导作用。

（三）复习课

复习课的主要目的是巩固和加深学过的知识，使之系统化。通过归纳、整理，查漏、补缺，解决疑难，使学生将所学知识纳入自己的知识体系。复习课有阶段复习、期末复习、新学年开始复习和毕业复习等类型。其基本结构一般有复习（提供提纲）、重点讲解、总结、布置作业等环节。

（四）讲评课

讲评课的主要任务是对某一阶段的课内外作业情况或对某一次考试结果进行分析讲评，以便纠正缺点错误，发扬成绩，促进今后的学习。通过讲评，不仅要使学生了解自己解答的正误，而且要使成绩较差的学生找出错误的原因，成绩较好的学生明确自己的努力方向，使大家通过讲评都有所提高。其基本结构一般有情况介绍、重点讲解、总结、布置作业四个环节。

第二节　中学数学课的备课

备课指教师在上课前进行的一系列准备工作。备课是上课的基础,它对课堂教学质量起决定性作用。备课的主要工作有四项:(1)钻研教材和熟悉课程标准,阅读参考资料;(2)深入了解和研究学生情况;(3)制定教学计划(学期计划、单元教学计划);(4)写好教案。备课是教师学习、分析、研究和处理教材的过程,是教学全过程的基础。备课是否充分,对课堂教学的质量与效率起着决定性的作用。

一、制定教学工作计划

课程标准中虽然对教学进度、内容和要求做了规定,但如何结合具体情况实现标准的要求,还要由教师针对教育对象切合实际地制定出一学期的教学工作计划。只有这样,教师才能有条不紊地进行教学,并在规定的时间内完成教学任务,达到教学要求;同时也有利于在学期结束时根据计划对自己的教学工作进行检查,总结经验教训。教学计划一般有下列五个方面的内容:(1)本学期的教学目标;(2)所任班级学生的情况分析;(3)提高教学质量的措施;(4)教学进度表;(5)活动课以及研究性学习的时间安排。

教学进度表可按下列式样印制填写:

周次	日期	课时	章节	教学内容	重点、难点	执行情况	备注

二、备课

(一)学习课程标准

课程标准是教材编写、教学、评估和考试命题的依据,是国家管理和评价课程的基础。课程标准是一个"最低标准",是一个绝大多数学生都能达到的标准。它对教学目标、教学内容、教学实施、评价等做出了一些指导和建议。教师只有了解了课程标准的最低要求,才能根据自己学生的实际情况,使每个学生确实掌握教材所指定的数学基础知识、基本技能和基本思想。

(二)钻研、分析教材

教材是根据课程标准编写的,是进行教学工作的主要依据。钻研教材是提高课堂教学质量的关键。钻研教材首先要分析学科的基本结构。中学数学教材包括代数、平面几何、立体几何、解析几何、统计、微积分初步等不同分支，还有选修内容中的不同分支，它们各有不同的基本结构。

（三）查阅资料

有重点地查阅有关资料、文献和理论书籍，不仅可以加深对教材的理解，充实教学内容，而且可以吸取别人的教学经验，使教学少走或不走弯路；同时，也为自己进行教学改革探索提供借鉴，积累经验。

（四）确定教学目标

教学目标是教学任务的具体化指标，是师生双方在教学活动中预期达到的教学结果、标准。它作为指标体系具有可操作性，给师生双方的思想和行为提供指南。教学目标是选定课型和教学方法的依据，是检查教学效果的标尺。

确定教学目标的深度、广度要适当。教学目标不要过于抽象化、概括化，否则师生检测评价教学效果时就会遇到困难。确定教学目标，通常是在分析教学内容知识要点与能力要求的基础上，用概括、简练的语言将知识与技能、过程与方法、情感态度与价值观等方面的教学要求加以叙述。

（五）确定重点、难点、关键

所谓重点，就是教材中贯穿全局、带动全面、起核心作用的内容。它由教据本身在知识结构中所处的地位和作用来确定。一般说来，教材中的定义、定理、公式、法则以及它们的推导和重要应用，各种技能技巧的培养和训练，解题的要领和方法，图形的制作和描绘等都可确定为重点。

所谓难点，就是教材中学生在理解、掌握或运用上会产生困难的内容。难点具有相对性，且是针对学生而言的。一般说来，教材中内容比较抽象，结构比较复杂，本质属性比较隐蔽，需要应用新的观点和方法或学生缺乏必要的感性认识的内容，均可确定为难点。

所谓关键，就是理解、掌握某部分知识或解决某一问题的突破口，它还是攻克难点、突出重点的转折点。一旦掌握好关键，其他部分的学习就迎刃而解了。

（六）演算习题，精选题目

对教材中的习题，教师必须都演算过，熟悉每一道题目的解法。不仅要掌握一题多解的方法和简捷解法，还要了解各个题目的作用和难易程度，分清哪些是主要的，哪些是次要的；哪些是单一的，哪些是综合的。还应分析学生解题中可能出现的错误。同时，还应在有关参考书中选择或自编一定数量的习题，供学生做针对性练习时选用。

（七）确定课型和教法

依据教材的内容、教学目标和学生的年龄特征，应确定好课型和相应的教学方法。课型有多种，方法有多样，而所有的教学方法都应贯彻以学生为主体、让学生积极参与的教学思想。

（八）了解学生情况

如果教师不了解学生情况，讲课就不可能因材施教，有的放矢，深浅度就失去了根据，很可能会失败。因此，教师必须在课前进行调查研究，对学生的思想状况、学习态度、兴趣爱好、基础知识、接受能力、生活经验和健康状况等有清楚的了解。了解学生可通过课堂提问、练习、板演、讨论、考查、完成作业的情况提供信息，也可以通过座谈会或与学生个别交谈得到反馈，以及向有经验的教师请教得到启发。

（九）准备教具

准备或制作有关教具，特别是尽可能利用多媒体、网络等现代教学手段，这对增强学生的感性认识，提高教学效果很重要。

（十）编写教案

教案可以说是一堂课的教学计划，也可以说是课堂教学的设计图。它是教师按照预定的教学目标、计划，经过充分准备和缜密考虑所写出的关于课堂教学的一切具体措施的方案。教案是备课工作最为具体化、深入化、系统化的重要结果，是钻研教材、把握学生情况和选择教学方法的总体现。一份好的教案不是教学内容的堆砌，更不是教科书的"拓印"，而是反映课堂教学全过程的概貌。由于各节课的课型不一，方法不同，教案书写详简不同，因此，教案也很难有统一的格式。

编写教案可以提高教师对教材的处理能力。教师将备课中所考虑、计划的多种教学活动的设想，经过进一步的推敲、斟酌，使之条理化、科学化，明确地写在教案文字之中。特别是数学概念和原理是如何从客观实际和系统知识中抽象或推导出来的，其中包括了哪些数学思想和方法，怎样安排学生去发现，使用教学设备（教具）的时机、方式等都要写在教案上。

（十一）组织试教

将准备好的教案进行熟悉、预讲的过程叫做试教。试教时要注意搞好板书布局，对课题、图形、公式、定理、例题、练习题等什么时间书写，板书在什么位置，彩色粉笔如何使用等，都要统筹安排。个人试教可以纸代黑板，边想边讲，边写边画，自问自答。通过试教，可估计课堂教学时间和检查各个环节之间的衔接关系，以便进一步修改、完善教案。

第三节　中学数学课堂教学

课堂教学是在教师的组织和主持下，按照课程标准和教材的要求，有目的、有计划地为完成既定任务而由师生共同参加的教学活动。数学课堂教学要使学生掌握必要的数学基础知识，培养和形成他们的数学基本技能，培养和发展他们的数学能力，同时还要使学生受到思想品德教育。

一、课堂教学的三项基本原则

（一）课堂教学生活化

课堂教学生活化，即把课堂教学的过程当作学生日常生活的重要组成部分，而不是日常生活的简单重复。课堂教学从科学世界到生活世界，并不意味着教学内容就是个体日常生活经验的重现。完整的生活世界既包括日常生活中的具体事物，也包括科学经验、科学理论和科学逻辑。所以，课堂教学需要从科学世界回到生活世界，需要重视学生完整的生活经验，实现书本知识与人类生活世界的沟通，使知识恢复到鲜活的状态，唤醒学生学习的内在需要、兴趣、信心，提升他们主动探索的欲望及能力，让课堂焕发生命的活力。

（二）师生交往有效化

课堂上的师生交往与日常生活中所发生的交往行为不同，它是为了促进学生的全面发展，在课堂上进行的教与学的两类活动。这两类活动同时展开，相互作用，使得课堂教学活动具有双边、共时、交互作用性以及主客体的复合性。

（三）学生学习主动化

学习的主动化是学生对学习的一种由衷的喜爱，是一种发自内心的自动、自觉的学习行为和良好的学习习惯，是从"要我学"向"我要学""我会学"的一种学习态度和学习技能的根本转变。要使学生学习主动化，教师就要使教学过程情趣盎然，让学生成为学习的主人，师生在课堂中共同生活，共同成长。

二、教科书的使用

学生获得数学知识，除了通过听讲和完成一定的练习外，主要依靠阅读教科书。在教学过程中，教师要注意教科书的使用，教会学生会读教科书，从而掌握使用教材的本领，提高自学能力。

重视教科书的作用，决不意味着教师照本宣科，而是应有目的、有计划、有步骤地指导与培养学生的阅读能力。课堂上，可有选择地阅读，边读边讲，课后再复习。此外，教师还应指导学生学会课外阅读，学会利用教学参考书，以便从课外阅读中吸取知识，提高能力。还要根据学生的情况，适当增加一些适合本地区社会环境的数学内容，使学生了解数学知识在社会生活中的用途，更加热爱学习数学。

三、正确处理几个关系

（一）处理好新与旧的关系

中学数学的系统性很强，新的知识都是从旧知识发展而来的，因此，讲解新课时，一般都是从复习旧知识入手，通过比较、联想，引入新课题，讲解新知识。同时，在讲解新知识的过程中，又应尽可能地联系到旧知识，这就是"联旧引新，讲新带旧"。但旧知识何时复习、联系，其深度和广度如何，应根据一节课的教学目标、新旧知识之间的关系、学生对旧知识的掌握程度以及当时教学进程的情况而灵活确定。

（二）处理好深与浅的关系

中学数学教学必须从学生的实践经验和旧知识出发，符合从感性到理性、从具体到抽象、从特殊到一般、从外部联系到内部联系的认识规律。其中由浅入深尤为重要，教学中应妥善处理好深与浅的关系，做到由浅入深，深入浅出。

浅是深的基础，深是浅的发展，只有着手于浅，才能立足于深，两者不可偏废。至于深浅的程度和比例，这要根据班级实际灵活掌握。首先要立足于基本要求，立足于浅，面向全体学生，争取大面积提高数学教学质量，然后才往深处发展，开拓学生眼界，让学有余力的学生得以提高。

（三）处理好多与少的关系

有些中学教师对学生加班加点，讲得多，练得多，考得多，搞题海战术，结果学生生吞活剥，浅尝辄止，既抓不住重点，又缺乏能力。有经验的教师在钻研教材、精选例题及习题的基础上，注意突出重点，抓住关键，改进教学方法，充分利用课堂教学时间，使学生学得生动活泼，具有举一反三的能力。这样，表面上看来讲得少，练得少，但实际上收到了事半功倍的效果。所以，在数学教学中一定要少而精，才能以少胜多，切不可多而杂，追求以多取胜。

（四）处理好宽与严的关系

数学教学中，要求必须严格。首先，教师应有严肃认真的教态，使用准确、严密的数学语言，进行正确、合理的推理、论证与板书。然后要求学生作业要严肃认真、计算准确、绘图标准、书写工整。教师说到的一定要做到，还要及时检查。同时对学习有困难的学生不能操之过急，而要多关心、鼓励，切实解决他们的疑难，使其有信心迎头赶上。

（五）处理好讲与练的关系

数学教学中，在学习新知识的同时，必须进行适量的练习，这种练习包括阅读教科书，展开课堂交流与讨论，动手实践，解题等。有时先讲后练，通过练习加深对所学知识的理解和巩固；有时先练后讲，通过练习，发现规律，上升为理论，再指导实践。

四、充分暴露数学思维过程

数学课程应注重提高学生的数学思维能力，这是数学教育的基本目标之一。学生的智力结构以思维能力为核心，因此，数学教学的过程，不能仅仅理解为向学生传授知识，而应培养学生的数学思维能力，数学教学的实质是数学思维活动过程的教学。

数学教学中存在着三种思维活动，这就是数学家的思维活动（它或隐或显地存在于课本之中）、数学教师的思维活动和学生的思维活动。数学教师就要致力于暴露数学的思维过程，要通过自己创造性的思维活动，在数学家的思维活动（体现在课本中）与学生的数学思维活动之间架设桥梁。

第四节　中学数学课外工作

数学教师的大量工作其实是在课外进行的，这里所说的课外工作是指批改作业、课外辅导、指导学生开展实践活动等。

一、批改作业

在中学各个科目的教学中，作业的地位在数学科目中显得最为突出。数学作业理所当然的是中学生学习生活中最经常的伴随者之一，于是批改作业就成了数学教学工作中必要而且重要的环节，是数学教师责无旁贷的任务。

批改作业的目的是了解学生掌握知识和技能的情况、能力发展的状况及对待数学学习的态度和学习习惯等，是师生间的一种心理对话。通过批改作业，教师可获得关于教学效果的反馈信息，以便及时调整教学内容和教学方法；对批改中发现的问题进行分析研究，帮助学生改正错误，认识发生错误的原因，肯定或揭示解决问题的正确方法或途径。通过对作业质量与规范的严格要求，培养学生严格的科学态度与良好的学习习惯。

（一）像作文眉批一样批改数学作业

语文老师常在作文本的天头地脚处写下阅读感想，形式不拘一格，言语可长可短，能起到很好地与学生交流的作用。而数学老师批改作业给人的印象就是画钩打叉。眉批，无非是用来鼓励好的，批评坏的。对于学生所表现出来的不同的解题思路、解题方法给予鼓励，当学生拿到手中时，脸上会露出成功的喜悦。若只打上普通的对号，学生印象不深，久而久之，会削弱学生的积极性。

（二）用特殊符号批改作业

批改数学作业往往只是用"√"和"×"两种符号表示正确与错误，有一位老师创立的特殊符号批改法，设计了许多含义丰富、别具特色的批阅符号，对鼓励学生大有好处。

二、课外辅导

全面关心学生是教师的神圣职责。每个学生的学习方式本质上都有独特的个性，对某些学生有效的方式，对他人却未必如此。学生的学习客观上存在着个体差异，不同的学生在学习同一内容时，实际具备的认知基础和情感准备以及学习能力倾向不同，决定了他们对同样的内容和任务的学习速度和掌握它所需要的时间及所需的帮助不同。为弥补课堂教学统一要求之不足，做到因材施教，教师在课外还应做一系列的辅导工作。

教学过程是一个教学相长的过程，加强课外辅导，也有利于教师了解学生的学习情况，以便获得信息，及时调整教学计划，改进教学方法，提高教学质量。

三、开展数学实践活动

基础教育改革纲要规定：从小学至高中设置综合实践活动并作为必修课程，其内容主要包括：信息技术教育、研究性学习、社区服务、社会实践以及劳动与技术教育；强调学生通过实践，增强学校与社会的密切联系，培养学生的社会责任感。

数学实践活动可以开展数学建模、数学实验、数学探究、数学主题阅读等。这些活动并没有严格的界限，只是特点有所不同。事实上，它们之间是可以相互渗透的。通过数学实践活动，培养学生的应用意识、创新精神、科学态度、科学意识、责任心、使命感以及团队意识等人文精神，提高他们发现问题与解决问题的能力，使学生体验数学带来的自信和成就感，促进学生的全面发展。

第五节　中学数学的说课

一、说课及其意义

所谓"说课"是指教师就一节课或一个专题，演示课堂教学技能，展示知识水平、教学水平和理论水平的一种教研活动形式。

说课能全面衡量一个教师的业务素质，能检查，考核教师对课程标准、教材的熟悉与理解程度，能促进教师之间相互合作交流，能提高教育学、心理学、教材教法理论水平，能促进教师合理地选择教法、学法的能力以及教学语言表达能力和逻辑思维能力。因此，说课已成为近几年来被教师、学校、教育教学管理部门普遍关注的一种教学研究和教师教学基本功训练展示、考核的重要内容。

二、说课的类型

说课的类型从说课的内容分，可分为整体性说课和专题性说课。整体性说课，是对完整的一堂课的教学内容，按照说课的内容要求的每个项目，逐一做系统全面的讲述。专题性说课，是对某一教学内容中的某一角度、某一方面的内容，根据说课要求进行局部讲述。专题性说课通常被运用于检查考核中。

从说课的目的分，说课可分为教研型、汇报型、示范观摩型、考核竞赛型等。教研型说课是指备课组、教研组内部的小范围的说课，其形式比较自由，内容比较宽泛，气氛比较宽松，有利于同行间的交流、切磋。汇报型说课是向前来听课的领导或同行进行说课的实际操作，显示说课活动开展的状况和水平，求得批评指导。示范观摩型说课则是说课说得比较好的教师做出样板，供大家研究学习。考核竞赛型说课是检验教师水平、选拔优秀教师的说课。这种类型的说课面对的是正襟危坐的评委，说课的内容和时间都有严格的限制，并制定一些规则和评分标准，以保证公平公正。

三、数学整体性说课的内容

（一）说教材

教材是教学的基本要素，深入细致地分析教材、把握教材是设计好每一节课的基础，是教师能够驾驭教学过程取得最佳教学效果的基本前提。因此教师必须钻研教材，领会教材编写意图，分析教材逻辑系统，把握教材知识结构，并侧重分析本节课内容在教材知识体系中所处的地位和作用，教材编写的意图，前后知识的相互联系，教学目标、重点、难点、能力点、情感教育点和课时安排等，还要分析教学内容包含哪些知识点，如何展示教学内容，教材叙述语言与例题怎么搭配，按什么顺序展开。

教学目标制约着教学设计的方向，对教学活动起着指导作用，因此教师要确定好教学目标，以充分的理论依据和实践经验说明实现教学目标的进程、步骤、组织以及教学目标向学习目标转化、目标实现程度的检测等方面的基本思路。

教学重点是教材知识结构中带有共性的知识和概括性、理论性强的知识，教学重点除知识重点外，还包括能力和情感的重点。教学难点，是那些比较抽象、离生活较远或过程比较复杂，使学生难以理解和掌握的知识。教师高超的教学技艺体现在突出重点、突破难点上，这是教师在教学活动中投入精力最大、付出劳动最多的方面，也是教师的教学深度和教学水平的标志。

（二）说教法

教学方法是师生为达到一定教学目标而采取的相互关联的动作体系。它有多样性、综合性、发展性、可补偿性等特点。教师在说课时要说明选择某种教学方法或综合运用几种教学方法的根据、作用、适用度等，阐明其价值。

教学手段是师生相互传递教学信息的工具、媒体或设备。在当前新的科学技术不断涌入教学领域的情况下，传递信息的工具、媒体，从传统的手段发展到了电化教育。在教学手段上，由单一媒体的教学转变为采用现代化手段的多媒体教学。教师在说课时要从教学内容、教学环节、学生特点出发，说明使用教学媒体的有机性、适度性以及电教软件编制的构想等基本想法和这些媒体的使用价值。

（三）说学法

因为教学过程是教与学的统一过程，这个过程必须是教法和学法同步的过程，因此教师在说课时还要说明怎样教会学生学习的方法和规律。

指导学法方面，有指导学生阅读数学教材的方法，有组织学生按顺序有重点地观察的方法，有分析数量关系的方法，有安排学生操作、演示的方法等。叙述学法，要注意坚持使学法有利于突出教材重点，突破难点，符合学生认识规律和年龄特征，不是为了翻新花样，图形式花哨。要说出通过教学内容教给学生什么样的学习方法，培养学生哪些能力，如何调动学生的积极性，怎样激发后进生学习兴趣，使学生既学会知识，又掌握学习方法。

（四）说教学程序

说课者要说出所授内容的教学思路、教学过程。

所谓教学思路，即打算怎样教，分几步完成，每步怎样做，以及为什么这样教，理论根据是什么。教学思路没有固定的模式，但一定要符合课程标准的要求，可根据不同教材、不同年级学生特点和教师的教学风格设计。

所谓教学过程，就是那些引起教学活动系统状态变化的诸因素之间的相互联系、相互作用的过程。在这里教师、学生、教材、教学条件是教学系统本身比较稳定的基本要素，而教学目标、教学内容、教学方法、教学组织形式、教学结果等是教学过程的基本要素。因此在说课时，首先要说明教学过程运行中怎样处理好教师、学生、教材的关系，在哪些关键性问题和环节上体现以学生为主体，做到师生双边的最佳结合，知识结构的内在规律和学生认识规律的最佳结合，掌握知识和发展思维能力的最佳结合，同时做到最佳状态的情感交流和情感调控等。其次，教师要说明怎样组织好教学过程，通过导入、反馈强化、组织教学、结束等控制手段和语言、提问、演示、讲解、探究等基本技能，促进教学过程有序地发展即按规律运行。还要说明练习题、作业题的设计以及设计意图。

（五）说教学效果的预测

教学效果是教学目标的归宿和体现。教学效果的预测，既是教师实现教学目标的期望，又是实现教学目标的自我把握程度。教师在说课时，要对学生的认知、智力开发、能力发展、情感意志的养成、身心发展等方面做出具体的、可能的预测。

（六）说板书设计

板书是课堂教学中必不可少的工作，配合教学内容的特点及其中的数学思想方法进行巧妙的板书设计，在课堂教学中是非常重要的。设计得当，不但有助于学生对所学知识内容的理解、掌握，而且重点突出，对学生富有启发性和便于学生记忆。概念教学中的板书应该突出概念的内涵以及概念的应用；定理教学中的板书应有助于定理结论的发现和证明。

四、竞赛型说课的各项评价指标及其含义

（一）教材分析

1. 教材的地位及作用

阐明本节内容在整个知识系统或本册、本章教材中的地位；学生是在刚刚学到的哪些知识的基础上讲解的这段内容，前后知识的联系；对于发展学生思维、培养能力方面有什么重要作用等。

2. 教学目标及确立目标的依据

确立教学目标应包括三个方面，即知识与技能目标、方法与过程目标及情感态度与价值观目标。教学目标的确立应充分尊重课程标准及教材对学生的基本要求。目标要切合实际，要具体、明确，具有可操作性，确定目标的依据要具体阐述。

3. 重点、难点和关键的确定及其依据

重点、难点和关键要确定准确。确定重点要联系教学目标，确定难点要符合教材内容和学生的实际，阐述解决重点、难点的目的意义，指出解决问题的关键所在。

（二）教材处理

1. 学生状况分析及对策

针对本节内容，阐明学生已有的知识基础、思维结构、能力层次，对掌握本节内容有哪些不利因素，重点应考虑哪些问题，采取哪些对策。

2. 教学内容的组织与安排

针对学生的实际情况，阐述在处理本节内容时，为完成教学目标，突出重点，分散难点，对教学材料的挖掘，教学内容的安排，顺序的调整，材料的补充等方面做了哪些具体工作。针对学生的认知能力结构的协调发展以及思想教育与素质教育的体现做了哪些具体工作。特别是对材料的安排，内容结构上能提出一些创造性的意见，并说明设计意图。

（三）教学方法

1. 教学方法及选择的依据

阐明本节课所用的教学方法，所选择的教学方法的依据，要达到什么目的。

2. 教学方法的灵活性、实用性

所选用的教学方法在整个教学过程中，针对具体内容、学生实际，要灵活、实用。所选择的教学方法，要立足面向全体学生，要充分调动学生的积极性，正确处理主导与主体的关系，不脱离教学实际，体现实用性特点。

3. 学法指导

通过教学，将指导学生学会什么样的学习方法，培养哪些能力，科学的学法指导是智能发展目标得以实现的重要途径。

（四）教学手段

1. 教学手段新颖

教学手段一般包括图表、模型、投影、录像、计算机等。提倡教师充分运用现代化教学手段。阐明本节课上课时所用教学手段和意图。

2. 实验教具、电化等教学手段的应用、演示

恰当地应用这些手段，明确这些手段的作用及见解。

（五）教学程序

1. 新课导入

能够提出恰当的问题，激发学生的学习兴趣，使学生尽快进入状态，并能积极思维，配合教师在热烈的气氛中进行教学。

2. 新课展开

阐明教师怎样运用有效的教学方法，充分调动学生的学习积极性，对所讲的内容按怎样的程序进行处理，采取什么方法、手段，重点培养学生的哪

些能力，怎样充分暴露学生的思维过程，使教师的任务重在"导"字上，让学生真正参与到教学过程中；如何创造一种宽松的环境，切实让学生充分动手、动口、动脑，做到教师会教，学生会学；例题如何安排以及设计意图。

3. 反馈练习

练习可贯穿于整个课堂之中，阐述练习题的来源、功能、操作、变化，练习要有目的、有成效，量要适中，难度要适当。所选练习题要体现出层次性、系统性、联系性、针对性、说明设计意图。

4. 归纳总结

一节课结束后，要总结哪些内容，其目的是什么，如何总结，如何将本节内容纳入已有的知识系统中，发挥承上启下的作用，说明设计意图。

5. 板书设计

这里是指就这节内容，如果是在上课时，你的板书是如何设计的。板书设计布局要合理，能反映一堂课的梗概，说明设计意图。

（六）说课基本功

1. 语言

语言要清晰、简练、确切，讲话的速度要适中。

2. 板书

这里的板书是指教师在说课时所写的板书，字数少于 30 个字。板书要醒目，字迹要工整、美观、大方，设计要合理。

3. 教态

教师在说课时态度要自然、亲切、大方，衣着朴素、整洁，动作协调。

4. 教案

这里是指说课的教案，说课的教案要体现说课的原则，集说课内容、上课内容于一体，项目要全，重点要突出，说理要简明扼要，设计要合理。

第六节　中学数学教学案例分析

案例 1　直线与平面垂直的定义及判定

一、教案描述

教学目标

（一）从熟知的生活中的事物提炼、概括出直线与平面垂直的定义和判定定理，进而结合图形用抽象化的数学语言总结、表述出这些内容；

（二）培养学生的抽象概括、思辨论证的理性精神和迅速认识事物本质的直观能力；

（三）通过数学知识的形成与实际应用，使学生认识到数学来源于实践并应用于实践的这个哲学理念；

（四）培养学生的数学观念，能自觉地运用"数学的"思维方式观察世界，分析事物，解决问题，并在此过程中提高学习数学的兴趣。

教学目标是教师预期的、在教学过程中自然实现的内容，掩盖教育意图是实现教育意图最好的途径，也是科学加艺术的教育技艺的体现，所以我们一向不采用在进行新课前将这些内容展示给学生的做法，而是在教学过程中于不知不觉间实现这些目标。

教学过程

（一）引言

我们生活在三维空间中，对直线和平面是非常熟悉的。就拿学校旗坛中的旗杆来说，它与地面的关系给我们的印象是"互相垂直"的。请大家再列举一些生活中"直线与平面垂直"的具体事例……

不过我们现在要用数学的眼光来观察、分析、研究这些事物，将旗杆（是许多事物的代表）看成直线 l，将地面（也是许多事物的代表）看成平面 α，今天就来研究直线 l 与平面 α 垂直的有关知识。

（二）进行新课

直线 l 代表旗杆，平面 α 代表地面，那么你认为直线 l 与平面 α 内的直线有什么关系？

学生利用生活经验和以前的知识完全可以判断是"互相垂直"关系。在引言部分指出将"旗杆看成直线 l，将地面看成平面 α"，但现在面对抽象图形，反过来又将直线 *l* 看成旗杆，将平面 *α* 看成地面，意图是运用抽象与具体的结合，引导学生平稳而迅速地完成抽象与具体之间的相互转换。在教学中，教者试图用三角板来度量，从而判断直线 *l* 与平面 *α* 内的直线是否垂直，学生往往会发出会意的笑声。教者说："是的，立体几何中直线的互相垂直在大多数情况下是'看'不出来的，也是度量不出来的，而是用心'想'出来的。"这既复习了直线与直线互相垂直（特别是异面垂直）的观察、想象、判断、识别和论证，又为后继的学习准备了条件。

反过来，如果 *l*（旗杆）与 *α*（地面）内的直线都垂直，那么 *l* 与 *α* 是什么关系？

要求学生在不看课本的前提下总结出直线与平面垂直的定义，尽管总结的语言很可能不太理想，教者也不要"着急地"去照本宣科或越俎代庖，相信学生在经历了一番"挫折"后会逐步完善他们的表述语言，这样形成的知识也就能形成更加牢固的记忆。

麻烦大了，要判断直线 *l* 与平面 *α* 垂直，必须确定直线 *l* 与平面 *α* 内的所有（或任意一条）直线垂直，人们在研究和解决问题的过程中总想采取简便的方式，现在我们追求的就是找到一种简易而可行的判断直线与平面垂直的方法。

下面我们来模拟植树的活动，请一名学生上来演示，其他学生在课桌上同时演示，观察判断如何确定"树"是否与地面垂直，既充分又逐步体验简化了的判断直线与平面垂直的方法的形成过程。

提出下面的系列问题：

1. 直线与平面内的一条直线垂直，能判定这条直线与这个平面垂直吗？
2. 直线与平面内的两条直线垂直，能判定这条直线与这个平面垂直吗？
3. 直线与平面内的一万条直线垂直，能判定这条直线与这个平面垂直吗？
4. 直线与平面内的无数条直线垂直，能判定这条直线与这个平面垂直吗？
5. 要想让直线与平面垂直，这条直线要与平面内的两条什么样的直线垂直？

在上述研究的基础上提出猜想：如果直线与一个平面内的两条相交直线垂直，那么这条直线垂直于这个平面。

通过演示和上述系列问题的研讨，学生会慢慢领悟判定直线与平面垂直的本质：即使直线垂直于平面内无数条直线，也不能判定这条直线与这个平面垂直。因为这无数条直线有可能是互相平行的，这时这无数条直线只代表着一个方向，它们只"相当于一条直线"。但是如果与平面内两条相交直线垂直，情况就完全不同了。虽然只有两条，而它们是相交的，它们代表着不同的两个方向。

猜想不能代替证明，我们还要用严密的逻辑推理来证明这个结论。通过转化问题归结为：若直线 l 与平面 α 内的两条相交直线垂直，证明直线 l 与平面 α 内的任意直线垂直，进而转化为如图 4-1。

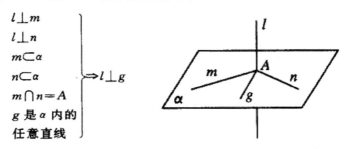

$$\left.\begin{array}{l} l \perp m \\ l \perp n \\ m \subset \alpha \\ n \subset \alpha \\ m \cap n = A \\ \textbf{g 是 } \alpha \textbf{ 内的} \\ \textbf{任意直线} \end{array}\right\} \Rightarrow l \perp g$$

图 4-1

这样处理的意图是：抓住本质，排除干扰，使下面的目标能集中浓缩于证明（具体过程略）。在教学时必须指出，这时应用的是构造全等三角形法和最简单的平面几何知识，消除学生的神秘感。

（三）小结

1. 直线与平面垂直的定义；

2. 直线与平面垂直的判定定理（编成诙谐的口诀："线不在多，相交就行"，传神地点出问题的实质），（3）将（1）与（2）综合起来，得下边方框中的重要数学模式。

> 若 $l \perp m$，$l \perp n$，相交直线 m，n 确定平面 α，则 $l \perp \alpha$；
> 又 g 是 α 内的任意直线，则 $l \perp g$。

所谓数学模式，就是揭示事物本质的具有相对固定格式的数学形式。模式由于它形式的简洁性和内容的深刻性，所以十分有利于理解、记忆、掌握、组装、检索、提取和运用。上述模式在以后的教学中，还要多次重复、强化，并与有关知识融合组装成有机的知识系统。该模式成为立体几何中最重要、应用最频繁的得力"武器"。用方框围起来意在突出它的重要地位，再结合三种外显语言和大脑中的内部语言努力使该模式成为学生"直觉上显然"，以便运用时更加灵活自如、游刃有余。

（四）练习

A.组练习

1.将一本书掀开一点，直立在桌上，那么书脊与桌面是什么关系？为什么？

2.屋面是由两个矩形组成的，那么屋脊与地面所在的平面是什么关系？为什么？

3.做一个三角架，使三条腿中的任意两条腿都互相垂直（如图4-2），那么 PA 与 BC、PB 与 CA、PC 与 AB 分别是什么关系？为什么？

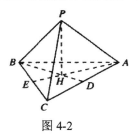

图 4-2

B 组练习

4.如图4-2，若 $PA\perp BC$，$PB\perp CA$，则 PC 与 AB 是什么关系？为什么？

5.如图4-2，若 $PA\perp BC$，$PB\perp CA$，作 $PH\perp$ 平面 ABC 于 H，则 H 是△ ABC 的什么心？为什么？

二、教案分析

《普通高中数学课程标准（实验稿）》（以下简称《课程标准》）在立体几何部分有独特的要求："采用直观感知、操作确认、思辨论证、度量计算等方法认识和探索几何图形及其性质。"特别指出："在几何和其他内容的教学中，都应借助几何直观，指示研究的性质和关系。"这是确定这部分教学理念、内容、方法和程序的重要指导原则。直线与平面垂直是人们在生活中司空见惯的事实，充分利用学生在生活中已有的经验和感悟，经过提炼、概括形成抽象化的教学语言，并准确运用这些语言进行逻辑推理或计算，以解决数学和现实中的问题，是这节课的教学目的。这部分内容中，既有严密的、理性的思辨论证，又需要利用数学悟性实现直观判断、猜想，所以这部分内容是理性与悟性完美结合的交汇点，是培养学生数学素养、发展学生数学综合能力的大好时机。学生开始学习立体几何时往往有各种障碍，尤其是空间想象能力，画图、识图、辨图能力，三种数学语言（自然语言、图形语言、符号语言）的运用转化能力的不理想，严重地阻碍着前进的脚步。而学习直线与平面垂直应该是扫除这些障碍，从根本上提高这些能力的转折点。从这个意义上说，科学地设计并合理地实施这节课的教学程序，是学生从此走上立体几何学习的阳光大道的关键。

依据上述原则与精神，设计和实施了如上教学方案，并在有关之处做必要的剖析和说明。下面就这一节课再提出一些个人见解，供大家参考。

（一）理性与悟性

数学文化最光辉灿烂的就是其理性精神，但这种理性精神应该与悟性思维方式融合，才能全方位地提高学生的数学素养。在《课程标准》中，除了上面所引外，还在许多地方提到"领悟、内化""猜想""几何直观能力"等词语，可见新教学理念绝不排斥悟性。这里所说的"悟性"应该是指"数学悟性"，直线与平面垂直的定义及判定，如果没有数学悟性的参与就不可能使学生形成"直觉上的显然"（德国数学家克莱因语）。

（二）模式与创新

提到"模式"，很可能使人联想到"思维定势"，认为它是创造性思维的障碍。这种认识是不全面的。《课程标准》说："形式化是数学的基本特征之一。在数学教学中，学习形式化的表达是一项基本要求。"当然"全盘形式化是不可能的"，也是不可取的。数学模式就是揭示数学对象的本质特征和普通规律的，具有相对固定样式的形式。

（三）课堂容量

课堂容量大好还是小好？其实这是不言而喻的，在学生基础较好、教案设计科学合理、教师启发引导得法、师生关系融洽、课堂气氛活跃、学生的潜智得到充分开掘、现代化教学技术的加盟等条件下，课堂容量就是越大越好。上述教学内容，在过去是用两个课时完成的，但现在只用一个课时，从知识的发生、发展到应用，一切都显得十分自然、流畅与和谐，学生感到学得轻松、学得愉快、学得实在。

（四）例题练习

例题的讲解与练习的训练，教师尽量让学生活动，所以没有必要将两者截然分开，而是实行例题与练习的一体化。这样也可使教案在层次和结构上显得简洁明快。

（五）现代化教学技术的应用

计算机走进课堂是大势所趋，它在许多方面为取得良好教学效果起到了其他教学方式不可替代的作用。但必须认识到，多媒体课件永远是教学的辅助手段，它永远也不能取代黑板和粉笔。这一节课在一些地方也运用了课件，取得了超乎寻常的效果，但在其他地方除了利用实物外，灵活机动地利用黑板和粉笔的特长也是取得教学效果的不可或缺的条件。

案例 2　双曲线的简单几何性质

一、教案描述

这是关于双曲线的简单几何性质的一节课，采用的是对比法与讲解法相结合的方法。教学过程如下：

（一）复习椭圆 $\dfrac{x^2}{a^2}+\dfrac{y^2}{b^2}=1$ 的几何性质（多媒体显示）

（二）研究双曲线 $\dfrac{x^2}{a^2}+\dfrac{y^2}{b^2}=1$ 的几何性质

通过对方程的研究，得出双曲线的范围、对称性与顶点，对双曲线的状况有初步的了解。（多媒体对比显示）

（三）解决双曲线渐近线问题（重点）

1. 从方程的角度得 $y=\dfrac{b}{a}\sqrt{x^2-a^2}\,(x\ge a)$，得 $y<\dfrac{b}{a}x(x\ge a)$，当 $x\to\infty$，$y\to\dfrac{b}{a}x$，提出双曲线渐近线的概念及几何特征（与双曲线"愈来愈近""无限接近""却永不相交"）。（多媒体演示）

2. 证明直线 $y=\pm\dfrac{b}{a}x$ 是双曲线的渐近线（采用与书本完全相同的方法）。（多媒体显示证明过程）

（四）课堂例题与练习

（五）小结与布置作业

二、教案分析

本节教学内容与椭圆平行，教师采用对比讲解法，一般情况下学生能接受，多数都是会选择这种方法。但笔者认为，在学生接受的表面下实际隐藏着许多问题，诸如：

（一）本节是继双曲线及其标准方程的后续内容，学习方程后讨论曲线的几何性质似乎顺理成章，但为什么一定要讨论？不讨论行吗？

（二）双曲线的渐近线是如何被发现的？都是怎么一下子就能从方程中看出来的？

（三）渐近线的证明中，怎么会想到用 $|MN| \to 0$，去证 $|MQ| \to 0$? 直接证 $|MQ| \to 0$ 可以吗？

现代数学教育要从过去以教师为中心、以教材为载体去传授知识，转向以学生为中心、以问题为载体，教学生会学习，提高能力。在教学过程中，应让学生参与对知识的发现、发展、形成以及应用的全过程。

1. 设置问题情境，引入课题

本节的教学目标是掌握双曲线的几何性质，能运用几何性质画出双曲线的草图并简单应用。针对这个教学目标，可首先提出中心问题："如何做出双曲线 $\frac{x^2}{4} - y^2 = 1$ 的图像"，让学生动手操作、讨论，使其充分感受到单纯利用描点法画图有困难（因为对曲线状况一无所知），怎么办？回顾画椭圆的草图是利用椭圆的几何性质，自然使学生想到为了更好地完成画图任务，必须研究双曲线的几何性质。接下来就让学生探究（可类比椭圆的研究方法，同时可用多媒体直观演示，数形结合），不难得出双曲线的范围、对称性、顶点等几何性质，并注意让学生及时与椭圆的相应性质做比较，指出区别与联系。

2. 双曲线渐近线的发现

本课的一个难点是对双曲线渐近线的发现和理解，与椭圆相比较这是双曲线特有的性质。教学实践证明，学生学习这个内容存在很大困难，单凭案例中从方程角度说明是不够的。为此，教学中可设计让学生亲自发现渐近线，并从数与形两个方面结合进行猜想与证明。具体可在学生得出了双曲线的范围、对称性、顶点后，再去画开始的 $\frac{x^2}{4} - y^2 = 1$ 的图像，再继续讨论，让学生体会到仅凭上面的几何性质，还不能画出图像，原因是对图像走势缺乏了解（强调这与椭圆不同）。于是可继续让学生动手，利用上述性质结合列表描点，可考察第一象限内的曲线上的点伸展时的走势。同时在同一坐标系中，

画出 $\dfrac{x^2}{4^2} - \dfrac{y^2}{3^2} = 1$ 的图像，并观察两图像的异同（有相同的顶点，但张口大小不一样），说明两曲线的变化趋势不一样，这与什么有关？继续讨论观察后不难发现，这同由实轴与虚轴确定的辅助矩形的边长有关。再继续讨论，教师适时点拨得出：跟矩形对角线所在直线的倾斜程度有关。那么双曲线的张口是否跟这条直线有关呢？（引导学生画出这条直线进行观察并写出其方程）直观的猜想是否正确？如何从数的角度加以印证？（学生讨论、教师引导）从方程的角度考察（学生尝试，利用对称性可只考虑第一象限的情形）得：

$y = \dfrac{1}{2}\sqrt{x^2 - 4}\,(x \geq 2)$。显然有：

（1）$y = \dfrac{1}{2}\sqrt{x^2 - 4} < \dfrac{1}{2}x\,(x \geq 2)$。

（2）$x \to \infty$，$y \to \dfrac{1}{2}x$ 恰为矩形的其中一条对角线方程（可以想象，学生发现问题的激动与兴奋，惊叹于数与形的和谐统一）。

由（1）和（2）说明：双曲线在第一象限部分在直线 $y = \dfrac{1}{2}x\,(x \geq 0)$ 下方且无限趋近于直线 $y = \dfrac{1}{2}x\,(x \geq 0)$，进而提出双曲线的渐近线及几何特征，并可讨论哪些内容里有过这种情况。

3. 双曲线渐近线的证明

上述案例采用与课本相同的方法证明渐近线，这里有几个问题值得探讨：

（1）学生能理解从目标"$|MQ| \to 0$"改证"$|MN| \to 0$"的等价性，但想不到；

（2）直接证明"$|MQ| \to 0$"可以吗？

教学实践证明：学生首先想到的是求出 $|MQ|$ 并证明 $|MQ| \to 0$，经过讨论也是能够证出的。在此基础上引导学生计算 $|MQ|$，运算相对繁琐了一些，探求能否构造某一线段，使它同时具备：

①其长度计算相对容易；

②$|MQ| < |MN|$。

这样，若能证出 $|MN| \to 0$，则必有 $|MN| \to 0$。可让学生充分讨论，教师适时点拨，不难想出过 M 点做 y 轴（或 x 轴）的平行线，至此，书本上的渐近线的证明也就水到渠成了。接着让学生继续完成上面的做图并小结做双曲线草图的方法步骤，课后让学生继续探究渐近线方程与双曲线方程的关系。

4. 对研究本节教学内容所运用的方法及数学思想方法的归纳

数学思想方法是数学知识的有机组成部分，是学生应掌握的重要数学内容，但由于数学思想方法的呈现形式是隐蔽的，是学生难以从书本中直接获取的，这就要求我们在教学过程中立足教材，从方法论的高度提炼数学思想方法。事实上，本节的教学内容是体现数学思想方法的良好素材（类比、数形结合、等价变换、函数与方程等），应让学生好好琢磨与反思。

第五章　新课程理念下中学数学教学模式与课堂教学的有效性

第一节　新课程理念下的中学数学教学模式

教学模式是指在一定的教学理论指导下，围绕教学目的，形成相对稳定的教学程序及其实施方法的简述。它是教学理论在教学过程中的具体化，又是教学经验的总结。目前，中学数学教学主要有以下几种模式：

一、讲授模式

它属于传统模式，以赫尔巴特教学理论为基础，突出的是教师的主导作用，有利于学生在较短时间内系统地学习基础知识与基本技能，其基本操作程序是：复习讲授→理解记忆→练习巩固→检测反馈。它是当前数学教学中采用的主要模式，凯洛夫的五环节教学，即：组织教学→复习提问→讲授新课→巩固练习→布置作业，就是这种模式。

讲授模式将教师的主导作用和组织教学的作用发挥到最大限度，但忽视了学生的主动性和创造性；它重视知识的准确性却忽视了知识的形成过程和不确定性；它扩大了课堂教学的知识容量却忽视了数学知识的质量；它强调了学生对知识的接受，却忽视了学生自己对建构知识的能力培养。因此，长期以来，讲授模式在课堂教学的舞台上尽管占据了统治地位，但其中部分思维方法与新教材、新课程的理念相左，遭到了越来越多的指责。若能对其加以改造，则它仍有巨大的生命力，仍不失为一种与时俱进的好的教学模式。

二、发现模式

按照美国教育家布鲁纳的教学理论以及教育心理学、自然科学方法论的有关理论，为了培养学生的探究精神、实践性能力和创造性能力，教师们经常在一些思维价值较高的课例上，运用发现模式进行教学，这种模式注重了知识的形成过程，有利于体现学生的主体地位及研究问题的方法，有助于"创新精神与实践能力"的培养。现从以下几个方面对其加以研究探讨：

（一）发现模式的理论框架

1.在一定的问题情境背景下，学生可利用必要的学习资料，借助教师和同伴的帮助，主动建构获得知识。

2.发现能力的培养为学生学习数学知识提供动力，而系统的数学知识体系为能力的培养提供保障。

3.学生和教师是教学活动中能动的角色和要素，师生互为主体互相依存互相配合，双方主体性在教学过程中都应得到发展和发挥。

4.学生主体作用主要体现在学生的学习活动过程中，如开展合作学习，自主学习，探究学习等。

5.教师的主体作用主要体现在对教学活动进行科学认识的过程中，教学过程中教师的主导是发挥主体作用的具体表现形式。

（二）发现模式的功能目标

1.学习发现问题的方法，挖掘创造性思维与直觉思维，培养学生对学科的探究精神。

2.增进师生、同伴间的情感交流，形成自觉运用数学基础知识、基本技能和数学思想方法提出问题、解决问题的能力和意识。

（三）发现模式能力目标

1.会审题——能对问题情境进行分析、综合，找出已知与未知。

2.会建模——能实际问题数学化，建立数学模型。

3.会转化——能对数学问题进行从复杂向简单，从陌生向熟悉，从抽象向具体的变化化归。

4.会总结——能灵活运用各种数学思想方法进行一题多解或多题一解，并进行总结、反思、写出解题心得。

5.会发现——能在学习新知识后，在模仿基础上编制问题、发现问题、猜测问题，最终解决新的问题。

（四）发现模式的运用策略

1.教学内容上表现为：新概念、新定理、公式、法则以及新的解题方法的教学，或是知识的形成引申阶段。

2.教学对象上表现为：学习基础和习惯较好的小班（不超过 40 人），且不论年龄大小，年级高低均可适当采用。

发现模式注重贯彻新课程的理念，在这种教学模式下的学生的学习应是探究式的学习，既可进行合作学习，也可进行自主探究学习，在教学活动中，创设的问题情境要能激发学生的求知欲，引起的认知冲突才能吸引学生的注意力，通过探索取得成功的喜悦，在发现模式中，师生间、生生间能适时进行情感交流，增强团结合作，培养学生的学习兴趣，此外，发现模式教学一改过去把知识过分的严格化、程序化、系统化的特点，揭开了知识的僵硬的逻辑外壳，而重视知识的形成和发展过程，重视直觉思维能力的培养，而这正是科学研究所必不可少的思维品质，因此这种模式整体或部分地运用在教学实践中，越来越受到教师们的重视。

三、自学模式

为了培养学生的自学能力和良好的学习习惯，提高学生对语言的阅读、理解、交流与运用能力，在创新教育、主体教育理论以及以杜威为代表的实践教学论的基础上，形成了自学模式，这种模式的核心思想是在学生自主探索，共同研究的活动中，发展学生的创新精神和实践能力。

（一）自学模式的特点

1.注重学生通过自学而获得知识的能力，从而发展学生良好的个性品质习惯。

2.学生在教师的引导下提出目标，在目标指导下，自觉主动获得新知识，这种能力是学生终身受益的能力。

3.师生关系是尊重主体、尊重差异的平等、民主、合作的交流关系。

4.师生活动强调教师少讲，学生有充分的实践活动的时间与空间。

（二）自学模式的操作程序

自学模式下的学生的学习形式通常是自主学习与合作学习相结合，其操作程序为：布置提纲——自学教材——讨论交流——练习巩固——自评反馈。这种教学模式有利于提高对语言的阅读、理解、交流、运用能力。对于阅读性比较强的教学内容，采用自学模式十分有利。

（三）自学模式的运用策略

自学模式也并非完美无缺，放之四海而皆准，其操作过程一般适用于下面几种学情：

1.教学内容上，一般要求阅读性较强的内容，才便于操作而且内容不是太深奥，是学生自学能力所能及的内容。

2.教学对象上，一般要求学生的学习基础与学习习惯较好，有一定的自学能力，而且年龄越大的学生越便于使用这种模式，因此，可在高年级的优秀班级中试验推广。

3.一堂课的小结，归纳阶段中由于学生已有一定的知识基础，可适时引导学生自主小结，共同归纳。

4.在试卷讲评或作业讲评中，对于试卷中出现的一些隐性错误（教师未发现的，或没有大范围出错的地方）也可通过学生自主学习，合作研究的自学模式得到有的放矢，对症下药的讲评。

四、综合、灵活、发展地运用多种教学模式，立足整体，优化课堂教学过程

我们常说："教学有法，教无定法，因材施教，贵在得法"，对于教学模式来说也是这样，教学作为一门科学，应当有规可循，但是教学作为一门艺术，不应当也不能仅依靠某一种教学模式来实现它的全部功能。重要的是针对具体情况，选择、设计最能体现教学规律，达到教学目的的教学过程。

为了发挥教学过程的整体功能，保持教学系统的最大活力，在教学中综合应用多种教学模式，相互补充，形成良好的整体结构。教学模式的多样性，有利于激发学生的认知能力，为能力的全面发展创造条件。当然，教学模式的综合应用，要从教学目的、教材要求、课型内容、学生水平、教师能力、教学条件等多方面考虑。

从教学改革的角度看，教学模式的综合应用，本身就是创新和发展，我们要在原来熟悉的教学模式基础上，吸收其他教学模式的优势，开拓创新，逐渐形成自己的教学风格。

灵活地运用教学模式，是指在对比各种教学模式的理论、优点和局限性的情况下，针对教学实际，吸收几种教学模式的特点，重新进行组合，使教学过程得到优化。

学生的认知水平是不断发展的，一般来说，不同的教学模式适应不同层次的认知水平。比如发现模式比讲授模式在认知水平上要求更高。我们的教学模式要结合学生的生理、心理特征，相应地不断变化，促进学生认知水平向高层次发展。另外，从引导学生参与程度，发挥学习的主动性来看，采用的教学模式也要逐渐由封闭走向开放，体现"教学是为了发展"这个规律。青岛市黄岛区第九中学的数学教师在青岛市教科所的率领下，共同探讨，历时数年，综合上述各种教学模式的特点，在实践中形成"四环递进教学模式"。这种教学模式根据教学内容的特点，要求教师将教学过程分为若干层次，每层次又分为四个环节，如此逐层递进，逐步展开，从而使学生通过自主探索学习到合作互动学习，最后构建知识以形成能动的知识体系。

（一）四环递进教学模式简介

所谓"四环"就是将动态的教学过程提炼为"提出问题—自主练习—反馈辅导—评议小结"四个基本环节。"递进'，就是课堂教学中的问题与练习设计要有层次性，要分层教学，让各个层次的学生都有事可做，一堂课后让他们都各有所获。因此问题设计要由易到难，由浅入深，由单一到综合，逐步深化，逐层递进。一般体现在练习题上分为一层练习，即基础题，全体学生要做；二层练习为技能题，中等层次以上学生要做；三层练习为能力提高题，只要求基础上等的学生做；最后是达标练习，同样分层，供不同层次学生使用。其中每一层次既是一个完整的教学过程，又是下一步前进的阶梯。每层通过上述四环节加以完成，这样通过逐层深入，逐层展开，培养学生的创新精神，提高其分析解决问题等方面的实践能力。

四环递进教学模式的基本模式是：一环，出示本层练习，提出问题，或提示阅读内容；二环，学生看书，尝试练习（有解题过程的可请部分学生上黑板演练）。此环练习是主体，当思维受阻时可再看课本，或与周围的同学相互讨论；三环，教师利用学生自学练习的时间进行行间巡视，了解学情，收集解题信息，小声地进行个别辅导；四环，学生解完本层练习后，老师组织评议小结。"评"主要是评论解题中答案及推导过程的对错、格式的正误、表述的繁简、解法的优劣。"议"主要是针对知识的难点与易错点组织学生分组讨论。

"小结"一般为"归纳知识、揭示规律、解决疑难、提醒注意"。小结要文字精练，便于记忆，并写在黑板上让学生做好记录。本层练习讲评结束后，转入下一层练习，重复以上"四环"操作。四环操作要生动、灵活。四环递进教学模式的核心是培养学生的数学素质，即学生的数学知识、数学技能、数学能力与数学品质的总和。

（二）四环递进教学模式所贯彻的新课程理念

笔者认为四环递进教学模式至少从以下几个方面贯彻了新课程理念：

1."三个为主"的人本主义理念

（1）以学生为主体。在教学中要充分调动学生学数学的积极性、主动性，发挥学生的主体作用。在学、练、评、议中尽量让学生多主动参与，分层设问，让多层次的学生都有事可做，都有所收获，体现了面向全体、因材施教、"以人为本"的理念。

（2）以教师为主导。教学中，教师既要做好导演的工作，又要当好演员的角色，在练习设计中，在适时提问、启发诱导、组织探究、培优辅差、作业讲评、反馈矫正、依情教学上充分发挥了主导作用，同样体现了"以人为本"的思想理念。

（3）以训练为主线。四环递进教学法要求将知识、技能、能力融化在试题中，以试题为知识的载体，编成题组，通过解题训练，让学生掌握知识，培养技能，提高能力，体现了"解题是数学的核心"的理念，反对将抽象、枯燥的概念，知识直接灌输给学生，还是体现了"以人为本"的思想。

2."四个结合"的新数学课程理念

数学新课程理念，要求学生学会学习，学会思考，学会实践，学会创新，倡导学生自主学习，合作学习，探究学习，而四环递进教学法恰好完整地将这些理念贯彻到具体的课堂教学实践中来。主要表现在：练习与讲评相结合、解题与小结相结合、充分准备与依情教学相结合、面向全体与因材施教相结合。

3.注重数学思维能力的培养，突出新"双基"的重要地位

高中数学课程应注重提高学生的数学思维能力，包括直觉思维、形象思维与逻辑思维等方面的能力，这是数学教育的基本目标之一。"四环递进教学模式"在操作过程中重视学生的主动参与思维，自主发现，自主归纳总结，自我探讨，这些方式都能积极训练学生的数学思维，提高他们的数学素质。同时，"四环递进模式"能及时将新"双基"内容渗透到教学内容中去。这种模式继承了注重"双基"的传统，同时又与时俱进地把握住了新"双基"的内容。它将问题分成若干层次，其中第一、二层次都是基础知识的展现，而对问题的"评议"环节又是对基本技能、方法的归纳与总结，这充分说明了"四环递进教学模式"能与时俱进，发展地对待与认识"双基"。

（三）四环递进教学法所综合运用的各种教学模式

纵观四环递进教学法的全过程，我们不难发现：每层教学的开始第一环

节即展示问题，创设问题情境，以激发学生的学习兴趣与求知欲望；其次是学生自主练习，即在一定的问题情境驱使下，通过自主探索，阅读教材来获得问题的解决，充分体现了新课程理念下，学生自主学习与探究学习的特点；再次是反馈辅导，这个环节与自学练习同步进行，是指教师在学生自学时，充分利用时间，发挥教师资源的作用，教师通过学生在问题解决的过程中所获得的信息，对其加以分析、整合后再反馈给学生，体现了合作学习中，师生互动互学，平等和谐的教学氛围。最后在评议小结中教师通过自主学习和探究学习，在教师的反馈辅导下，对问题解决的规律性和方法加以评议小结，是一种从知识向能力的升华，是从特殊到一般，从具体到抽象的飞跃。

（四）"四环递进教学法"有待完善的地方

"四环递进教学模式"是一种与时俱进的教学模式，自从它产生之日起就在逐年不断完善，尽管通过多年的发展，有很多方面能贯彻新课程的理念，但有些地方还有明显不足，主要表现在：

1.没有充分注意发展学生的数学应用意识。

2.未充分注重现代信息技术与数学课程的整合。

3.体现数学的人文价值也还显不足："四环递进教学模式"重视基础知识、基本技能及基本思想方法的训练，但很少注意到数学史、数学家、数学美的教育，同时对数学在推动其他科学发展的重要性上也缺乏关注，为此数学课程要体现数学的文化价值，最好设立"数学史选讲"专题，以完善"四环递进教学模式"。

第二节　中学数学课堂教学有效性策略

一、课堂教学有效性策略的理论基础

（一）教学策略的含义

目前教育理论界对教学策略（teaching strategy）含义的理解仁者见仁，智者见智，如"教学策略是教师在教学过程中，为达到一定的教学目标而采取的相对系统的行为"。美国学者埃金认为，教学策略就是"根据教学任务的特点选择适当的方法"等等。

首先，教育学中使用的策略一词则源自英文 strategy，策略一词的中文意义源于军事术语，意指为实现战略任务而采取的手段，策略是战略的一部分且具有较大的灵活性，它们之间反映了全局和局部、长远利益和当前利益的辩证关系，策略被定义为：根据活动目标和形式的特点及其变化需要而制定的行动方针和活动方式。简言之，教学策略是实施教学过程的教学思想、方法模式、技术手段这三方面动因的简单集成，是教学思维对其三方面动因进行思维策略加工而形成的方法模式。

（二）教学策略的有效性

教学策略是教学设计的有机组成部分，是在特定教学情境中为实现教学目标和适应学生认知需要而制定的教学程序及实施措施，它包含了三层基本意思：教学策略从属于教学设计；教学策略的制定依据特定的教学目标和教学对象；策略既具有观念驱动功能，更有实践操作功能。教学策略作为教学设计的重要有机组成部分，是将教学思想或模式转化为教学行为的桥梁。有效教学策略的选择和执行是有效教学实施的一个重要步骤，对提高学科课堂教学效率具有不可忽视的作用。

学与教的策略能否通过专门的教学像知识技能一样传授给学生，是一个尚有争议的问题。争论焦点有两个：一是能否用有目的的传授方式教给学生策略；二是独立的策略教学是否必要。策略教学能够促进学习者对知识的掌握和能力的增强，对策略知识的传授不但必要并且必需。

二、中学数学课堂教学有效性策略

（一）教学策略

1.有效的讲授

讲授作为最古老、最传统的教学行为，时至今日仍然是普遍使用的一种教学行为。研究有效教学必须要有一个科学、合理、有效的课堂讲授策略。

首先，创设合理有效的教学情境。创设合理有效的教学情境不仅能够激发学生的学习兴趣，帮助学生理解教材内容，提高教学效率，而且还能唤醒全体学生的认知系统，拓展思维，使其成为学习的主人。其次，讲授要有组织条理性；要清晰明了地讲授，不能含糊其辞，使学生清楚感知教学目的，掌握教学内容。最后，有效讲授还要求教师在教学中不仅要研究分析学生的理解水平和理解能力以及他们对当前教学内容的理解情况，还要做到：以戏剧化、吸引人或其他富有感染力的方式进行讲授；得体而适当地运用体态语言如表情、眼神、手势等；适当的笑话或幽默、趣闻穿插在讲授中，从而确保讲授时的热情，提高讲授的生动性。

2.有效的课堂讨论

课堂讨论是在课堂上学生与学生或学生与教师就教学内容通过互相交流，以期达到教学目的的过程。教师有必要掌握和运用组织一个有效的课堂讨论。

首先，精心选取体现教学目标的、有价值的、学生感兴趣的和难度适宜的主题。即教师既要研究教学内容，从教学内容中精心选择确定讨论主题；也要研究学生的学习需要、兴趣、学习潜力，选择和确定他们感兴趣、有能力参与讨论的主题。其次，创建适宜的讨论环境，是开展课堂讨论的背景。适宜的课堂讨论环境对于促进课堂讨论卓有成效有着至关重要的作用。再次，让学生参与讨论，培养合作技能，使他们学会既善于积极主动地表现自己的意见，敢于说出不同的看法，又善于倾听别人的意见，相互启迪，并能够综合吸收各种不同的观点，共同寻找解决问题的思路，从而更有效地解决问题。最后，归纳或小结课堂讨论。让学生在实践操练的过程中，反思小结，自我监控找到适合自己的学习方法。

3.有效的提问

数学课堂提问是由教学目标决定的有计划的教学手段，是激发学生积极思考的动力，也是沟通师生思想认识和产生情感共鸣的纽带。高质量的课堂提问，是一门教育艺术，作为教师创造性劳动的中心环节，是决定课堂教学成败的重要因素。这里我们给出几个重要的数学课堂教学中有效的提问策略：提问要有目的性；问题难度要适中，具有层次性；灵活设问，把握时机；提问要有趣味性；合理的叫答和有效反馈。

（二）辅助教学策略

1.建构协调的数学课堂氛围

现代教育学认为，学生是学习的主体，教师是组织者、引导者，因此课堂活动应树立民主平等的师生关系，要积极营造一种活泼生动的课堂氛围，消除学生的心理隔阂，促进学生主动地进入最佳的学习状态。

2.运用非语言沟通

在课堂教学中，主要以师生双方语言交流为基础。为了更好地实施教学，他们也用非语言的沟通方式来配合和辅助教学。对教师来说，了解并掌握丰富多样的非语言沟通形式，并且能在教学中得体恰当地运用，对提高课堂教学的有效性是有很大帮助的。

3.利用现代信息技术

课标教材中有许多值得关注的变化和特点。其中，注重信息技术与数学课程的整合是新课标课程的基本理念之一。随着教育现代化进程的加快，现代信息技术对数学课程内容、数学教学和数学学习产生了越来越深刻的影响。

4.教学反思

教学反思是指教师以自己的教学活动为思考对象，对自己所做出的行为、决策以及由此所产生的结果进行审视和分析，努力提升教学实践科学性、合理性的活动过程。

（三）课堂管理与作业管理策略

1.优化课堂调控策略

课堂教学活动是一种控制活动，教学系统是一个可控系统，一个反复运用反馈原理、黑箱原理的系统，提高课堂教学效率离不开优化的控制策略。参与机制、竞争机制、尝试机制、暗示机制、协同机制等在课堂控制中扮演着重要的角色，如能够适时、合理地利用这些策略，将会极大地调动学生学习的积极性，从而最大限度地提高课堂教学效率。

2.优化教学时间策略

提高教学效率的实质是在单位时间内获得最大的教学成效，为此，必须优化课堂教学时间管理，充分发挥教学时间的综合效用。

（1）制度化学习时间与自主性学习时间相结合。传统课堂教学是以固定的时间单位组织教学的制度化体系，在教学时间分配上存在着教师支配一切的单向性，学生缺乏自我选择、自主学习的机会，从而影响了教学的效率和质量。

（2）提高课堂实用时间和学术学习时间比率，综合达成各项课堂学习目标。现代教学理论按照递进嵌套的层级关系把课堂教学时间区分为分配时间、教学时间、实用时间和学术学习时间等不同类型，后一变量较之前一变量其时间范围逐渐由宽变窄，其与学习结果间的关系也愈加密切。

3.优化课堂练习与作业策略

课堂练习作为适应学生智能发展和课堂教学规律的一种活动，一方面可以让学生现学现用，有成就感，及时了解自己本节课的学习效果；另一方面，可以让教师了解本节课学习的情况，以便决定下节课的学习内容，同时也缩短了知识反馈的周期。如何巩固学生所学课堂知识，关键还得在如何"优化练习"上下功夫：内容要有目标与层次性；内容要有趣味性，与生活联系在一起；要有合理的标准和引导；要及时反馈与反思。

另外，数学作业的精髓是"精练"与"反思"，而且反思愈深刻，练习就可以愈精巧，因此，能否使全体学生对每次的数学作业都进行深刻的反思，逐渐养成自查、自省的良好思维习惯，是数学作业是否有效的关键。

第三节　新课程理念下中学数学教学有效性实例研究

课标课程实施中如何有效的教学，是我们每一个教师的责任。要教好数学，就要考虑如何提高数学课堂教学的有效性，尤其在新课改下，我们每一位教师更应该不断地给自己"充电"，通过实践不断向四十五分钟要效率，真正做到有效教学。下面将从一节课来谈谈笔者如何尝试有效教学，努力提高教学效率。

教材：人教版高中数学必修3

课题：3.1.2 概率的意义——第二课时

一、确定正确、合理、清晰的教学目标

教材内容的呈现，既要减轻学生过重的课业负担，给学生留有充分的时间和空间，又要培养和提升学生的数学意识和数学能力。根据新课标对教学要求的层次划分、学生的实际情况以及多年教学经验，将本节课要达到的教学目标分成以下几种：

（一）知识与技能

1.正确理解概率的含义

（1）通过试验解释"事件 A 发生的概率"的含义；

（2）区别一次或少次试验结果的随机性和多次试验结果的规律性。

2.了解概率在实际问题中的应用

（1）概率与公平性的关系；

（2）概率与决策的关系——利用"极大似然法"解决"风险与决策"的问题；

（3）概率与预报的关系；

（4）概率在遗传学方面的应用。

（二）过程与方法

1.通过合理的分组游戏，统计并解释结果，培养学生的动手、动口和动脑的习惯；

2.学会用数据说话，用事实说话，用理论说话。

（三）情感、态度与价值观

1.渗透"知识来源于生活又服务于生活"的思想，认识实践与理论的辩证关系；

2.培养团结协作的精神，学会质疑现象，寻求本质；

3.学会用特殊例子探索一般规律的科学方法，提高数学素养。

其中对概率的正确理解及其在实际中的应用是本节课的教学重点，而概率与频率的联系和区别，随机试验结果的随机性与规律性的关系，则是本节课的难点。因此，如何解决和突破重难点以及其他的教学目标，是我们进行有效教学的准则和依据，让我们不至于成无头苍蝇，到处碰壁。

数学知识有很强的连续性和拓展性，拓展后的知识既继承了以前的基础知识，也为引入新知做好了铺垫，因此我们采用师生互动、提问的形式，在最短的时间内达到温故知新的目的，便于学生弄清有关知识间的内在联系，实现认知迁移。

二、创设合理有效的问题情境，师生共同探索概率的定义（5分钟）

首先，给出以下几个问题，

教师：（提问）

问题 1：什么是必然事件？

问题 2：什么是不可能事件？

问题 3：什么是确定事件？

问题 4：什么是随机事件？

学生：（回忆、叙述）

学生通过回忆上述概念的具体定义，比较它们的异同，把新知识纳入到原有的认知结构中，从熟悉的必然事件、不可能事件、确定事件、随机事件等概念，很自然地得出频数和频率的概念：

教师：（提问）那么什么是频数和频率？

学生：（叙述）

在相同的条件 S 下重复 n 次试验，观察某一事件 A 是否出现，称 n 次试验中事件 A 出现的次数 n_A 为事件 A 出现的频数；称事件 A 出现的比例 $f_n(A) = \dfrac{n_A}{n}$ 为事件 A 出现的频率。

另外我们运用多媒体采用课件做实验，引出概率的解释：对于给定的随机事件 A，如果随着试验次数的增加，事件 A 发生的频率 $f_n(A)$ 稳定在某个常数上，我们把这个常数一记为 P（A），称为事件 A 的概率。

美国教育心理学家布鲁姆指出："有效的教学始于知道希望达到的目标是什么"，由已有知识导出新问题，为学习新知识创设问题情境，以引起学生学习需要和学习兴趣，激发学生的求知欲，启迪学生思维的火花，通过微机动态演示，引导学生观察频率随试验次数的变化而发生的改变，创设思维情境渗透数形结合思想。

课前师生互动既可提高复习的效率，又有助于活跃学生的思维，承上启下。教学过程由教师与学生相互依存的教与学两方面构成，通过师生之间、生生之间交往互动，激发学生的学习兴趣，帮助学生克服机械记忆概念的学习方式，展现学生数学学习的水平。

接着由学生列出一些生活中与此相关的实例，思考相关性。教学过程的展开，要尽可能地让所有学生都主动参与，教师放手让学生去说、去做。

三、分组探究，各抒己见（25分钟）

这里我们采取游戏的形式，组织有效的课堂讨论。

游戏 1：玩掷骰子的游戏，规定：两颗骰子掷出去，如果朝上的两个数的和是 5，那么甲获胜，如果朝上的两个数的和是 7，那么乙获胜。游戏做

36 次，用写"正"记录甲乙胜负的情况。

游戏方案：四名同学，一人记录，一人报数，另两人轮流投掷，游戏做 36 次。由小组长回答问题，大组长回答大组问题。

老师指导学生进行研究，负责咨询工作，解释不公平的原因。

游戏 2：三个小纸团，一个有奖，三人按甲乙丙顺序抽签 n 次，统计三人抽签的结果，计算频率并进行比较。

游戏方案：四名同学，一人记录，另三人按固定次序抽取，游戏做 $3k$ 次。由小组长回答问题，大组长回答大组问题。

老师指导学生进行研究，负责咨询工作，解释频率与概率的关系。

游戏 3：两个硬币，同时投掷 n 次于桌面，统计三种结果的频数，计算频率并做比较。

游戏方案：四名同学，一人记录，一人报数，另两人轮流投掷，游戏做 16 次。由小组长回答问题，大组长回答大组问题。

老师指导学生进行研究，负责咨询工作。让学生根据概率学会决策。

游戏 4：光盘被面积比为 1：3 的两块区域划分，分别对应标有"中奖"和"谢谢参与"字样。让它快速旋转，待停止时记录下指针所对的区域标志，连续做 n 次，记录中奖的次数 m。

四名同学，一人记录，一人报数，一人负责转盘，一人喊停，游戏做 16 次。由小组长回答问题，大组长回答大组问题。老师指导学生进行研究，负责咨询工作。解释并提出猜想——概率和面积的关系，为下节课做伏笔。

我们采取这种方式的意图在于：一方面，在学习了"随机事件的概率"后，大部分同学有能力完成小组游戏和问题，再通过小组讨论，同学们可以得到一些相关的结论；另一方面，各小组的结果能刺激同学对发现真理的渴望，学会质疑，学会透过现象看本质。

在同学的结论出来后进行肯定和完善，结合书本，得到如下结论：

概率的实际应用：知道随机事件的概率的大小，有利于我们做出正确的决策，还可以判断某些决策或规则的正确性与公平性。

（一）游戏的公平性

应使参与游戏的各方的机会均等，即各方的概率相等，根据这个教学要求确定游戏规则才是公平的。

（二）决策中的概率思想

以使得样本出现的可能性最大为决策的准则（极大似然法）。

建构主义学习理论认为：人的认知水平划分为三个层次："已知区""最近发展区""未知区"，而且对问题的认识过程就是在这三个层次间的逐步转化过程，所以课堂应把学生获取新知识看成是学生主动的建构活动，即与一定的知识背景相联系，使学生利用已有知识与经验同化和索引当前要学习的新知识，这样获取的知识，不但便于保持，而且易于迁移到陌生的问题情境中。

四、牛刀小试，解释现象（5分钟）

1.生活中，我们经常听到这样的议论："天气预报说昨天降水概率为90%，结果根本一点雨都没下，天气预报也太不准确了。"学了概率后，你能给出解释吗？

2.天气预报的概率解释：降水的概率是指降水的这个随机事件出现的可能性大小，而不是指某些区域有降水或能不能降水。

3.遗传机理中的统计规律：豌豆杂交的子二代，显性和隐性比为3：1。见附表

性状	显性	隐性	显性：隐性
用子叶的颜色	黄色 6022	绿色 2001	3.01：1

五、吹毛求疵，课堂小练（10分钟）

"学身边的数学，学有用的数学"，先让学生认真读题，理解题意，能根据实际问题中的数量关系，确定符合题意的解，并根据实际意义检验它是否合理。

由于学生思考的角度和方式不同，可能得到不同的结论，如果合理都应当给予肯定，鼓励学生多角度理解数学知识，感受所学知识是有价值的。

课堂提问的方式既能让老师及时了解学生的知识掌握情况，又可以在课堂上当场给予纠正，实现老师的主导作用。而让全班同学都参与解题，则更大限度地体现以学生为本的教学理念。

如果有时间，演示扑克小魔术，做到百发百中，说明其与随机抽取的区别，不是概率问题。

例题与练习是为了进一步巩固对概率的概念进行理解和掌握，进一步发展学生的数学能力和数学思想，注重建立新知识与已有的相关知识的实质性

联系，保持知识的连贯性、思想方法的一致性；由三名学生板演，可以对易错、易混淆的问题有计划地复现和纠正，使知识得到螺旋式的巩固和提高，使练习具有合适的梯度，提高训练的效率。

还可以恰当运用反馈调节机制，根据课堂实际适时调整教学进程，为学生提供反思学习过程的机会，引导学生对照学习目标检查学习效果，有针对性地解决学生遇到的学习困难，进一步体现以学生为本，一切为了学生的发展，以学生为主体，学生是学习的主人，面向全体，因材施教，使每个学生都能在原有基础上得到发展，正确理解，并能创造性使用教材，体现科学性、人文性、社会性相结合，满足不同学生的学习和发展需要，有操作模式的生成与示范，对课堂生成信息能正确引导，培植生成新问题、新知识教学内容与学生生活以及现代社会和科技发展紧密联系，使内容结构化、问题化和经验化，符合课标要求，体现知识和技能，过程与方法，情感态度与价值观，构成三位一体，调动学生全员参加，积极探究问题，发展学生独创性，教学的过程鼓励独立思考，学习与合作交流相结合，纵观整堂课，形成了一个接纳、支持、宽容的课堂气氛，分享彼此的思考经验和知识，交流彼此的情感体验与观念，达成共识，共享，共进，实现教学相长和共同发展。

六、分层次布置作业，注意个性差异

学生在教师的指导和辅导下进行自学、自练和自改作业，主动地进行观察、推理、讨论等数学活动，接受式学习与活动式学习互相补充、合理结合，满足多样化的学习需求，让学生在体验和创造的过程中有条理地思考和学习，感受数学的整体性。对于学有余力的学生，教师要提供拔高练习，发展他们的数学才能。

七、教后反思，心得体会

概念学习不是以获得概念为最终目的，而是通过概念教学培养学生的创新意识，发展学生悟性。概念教学要遵循学生的一般认识规律，从现象到规定，从具体到抽象，而不能走相反的路。

多编排开放性、探索性习题，在解题过程中要求学生掌握一个清晰的程序。这样才能有条不紊，减少错误，达到严谨性、科学性，给学生树立辩证唯物主义思想。

《课程标准》强调学生自主学习，但不能把"自主发展"变为"自由发展"，在教学过程中，不是所有的知识都能经学生自主探究而获得，数学与生活经验有显然的差异。

教材隐含丰富的数学思想方法，新课教学要揭示隐含在教材中的数学思想方法，展现数学思想方法的形成、发展的轨迹，有意识地把思维过程中的方法论问题，结合具体数学内容，深入浅出地引导学生构建数学思想方法，切忌把数学思想方法直接告诉学生，忽视数学思想方法的探索、获取过程。

情感，是学生学习的强大动力。亲其师而信其道，没有师生的心心沟通，没有师生情感的交流，学生是难以喜欢你及你所教的学科的。教学是一种文化活动，同样一门数学课，同样一群学生，不同教师去上课，学生乐学程度经常是不同的。

教学过程本身是教学内容从理想走向现实的过程，是修正、丰富和完善教学内容的过程。能力高的老师如果教法不好，也不能使学生获得好的学习成绩。

数学教育首先要立足于全体学生的发展。"大众数学"的提出，虽然有它自身特定的社会背景，但所倡导的基本理念——数学教育要面向全体学生，要体现对所有人的公平，却为当今各国数学教育界一致认同。认清这一点在数学教育上尤为重要，因为与其他学科相比，数学似乎更容易形成学生之间的区分性。

学完本节课，可要求学生写自我报告："我收获最大的是什么？"教师可用课堂观察、课后访谈、数学日记、作业分析等方式，收集多方面的信息，争取让不同的人在数学上得到不同的发展，体现以人为本的教育理念。

第六章　中学数学实验探究教学模式的研究

第一节　数学实验探究教学模式的提出

一、实验探究教学思想的形成和发展

　　实验探究教学思想的形成和发展，经历了二三百年的历史过程。探究教学的思想渊源应追溯到古希腊哲学家苏格拉底（公元前 469—406 年）问答式教学法、法国启蒙思想家卢梭的"自然教育理论"和美国教育家杜威（1859—1952）的"实用主义教育理论"。杜威针对当时脱离儿童生活经验、纯知识灌输的美国传统教育，提出"学生中心，从做中学"的主张。杜威主张教学应当遵循以下步骤：设置疑难情境、确定问题、提出假设、制定解决问题的方案并实施等，即暗示—问题—假设—推理—验证。杜威的这种蕴含探究思想的教学模式不仅对美国科学教育产生了深远影响，也为探究教学理论的形成奠定了基础。随着理科课程进入学校和科学实验方法论的形成与发展，实验成为理科课程的重要组成部分，开始进入课堂。1898 年，英国化学家、科学教育运动的积极倡导者和促进者阿姆斯特朗（H. E. Armstrong, 1848—1937 在他所发表的论文中认为，只有通过观察、实验来探究自然事物和现象的运动规律，才能从本质上对科学有个理解，阿姆斯特朗正是抓住了发现式实验这个探究教学的关键环节，将实验与主动探究有机结合起来，从而形成了实验探究教学的基本思想，在理科教育发展史上写下了光辉的一页。

　　20 世纪 50 年代末 60 年代初，以美国为先导，在世界范围内开展了一场旨在提高理科教学质量的理科教育现代化运动。实验探究教学思想在这次改革中有了进一步的发展。美国著名生物学家、教育家芝加哥大学教授施瓦布（J .J .Schwab）在多年研究的基础上，提出了探究式的教学方法。他主张不能把科学知识当作绝对的真理教给学生，而应作为有证据的结论；教学内容应当呈现学科特有的探究方法，如解决问题的方法、探究叙事等；教师应当用探究的方式来教授知识，学生也应通过探究活动展开学习。这种思想，不仅继续强调自主性、探究性和观察、实验等科学方法，而且更强调科学概念的掌握、探究能力的形成和科学态度的培养在运用观察、实验等科学方法而

展开的探究过程中的统一。

二、实验探究教学概念界定

实验探究教学法在理论上博采众家之长，以"探索性实验教学"和"实验引导探索法"的"实验和观察"为基础，对问题进行"假设和佐证"，并分析、推断获得结论及其"巩固开拓"；以"诱思探究教学"和"引导—探究"教学模式的"问题情境，诱导思维""教师为主导，学生为主体"，激发"观察"与"思维"的兴趣和动机，培养"探索"与"研究"的科学方法和实践能力等等。在实践上兼容百家并蓄，保留了"探究式教学""诱思探究教学"和"引导—探究"教学模式的创设问题情境，查阅有关文献资料，进行自学提炼，去伪存实，由此及彼的"理论探究"；继承了"探索性实验教学"的提出解决问题的多种设想，独立操作实验反复验证的"实践探究"；发展了"实验引导探索法"和"探究—研讨教学法"将结论进行巩固拓展迁移，完善认知结构，训练科学方法，体验知识形成的过程，促进知识向能力转化等等教学思想。

第二节　数学实验探究教学模式的理论依据

一、实验探究教学的现代教育心理学基础

布鲁纳是美国著名的教育心理学家，他以"智力发展"为主线来研究儿童认知过程，在此基础上构建他的教学论思想。布鲁纳认为，教学要促进儿童智力发展，必须重视改进教材的质，与其包罗万象，不如把基本的结构教给学生。优秀的学科结构必须尽量简要，尽量带有迁移力，并且适于每个年龄段的学习者的发展。他认为，人所具有的知识是同该知识用什么顺序、什么方式加以掌握紧密相关的。学习的优化是通过使教材适应学习者的思维风格而产生的。布鲁纳提倡发现学习，认为发现学习能够提高智慧的潜力，使外部动机向内部动机过渡，有助于学会发现的探索法，有助于保持记忆。他认为："认识是一个过程，而不是一种产品"，学习不只是引导学生掌握知识，而是在于诱导学生去体验知识、原理过程。内部动机是学习的真正动力，它能使学习者主动地学习，并且在学习中发现学习的源泉和报偿。

自 20 世纪 70 年代末以来，以布鲁纳为首的美国教育心理学家将心理学家维果茨基的教育思想介绍到美国后，对建构主义思想的发展起了很大推动

作用。

二、实验探究教学的建构主义理论

在对知识的看法上，建构主义者一般强调，知识并不是对现实的准确表征，它只是对现实的一种解释或一种假设，并不是问题的最终答案。因此，不能把知识作为预先决定了的东西教给学生，学生对知识的"接受"只能靠他自己的建构来完成，以他们自己的经验、信念为背景来分析知识的合理性。

在对学生学习活动的看法上，建构主义者并不否定教师在促进学生学习方面所负的教学责任，但他们认为，学习不是知识由教师向学生的传递，而是学生建构自己的知识的过程。基于学习者都是以自己的方式理解事物的这个观点，建构主义者主张教学要增进师生之间和学生之间的合作，使学生看到与自身不同的观点。

建构主义认为，数学学习不应该被看成是学生对教师所授知识的被动接受，而是一个以学生已有知识经验为基础的主动建构过程，这种建构是在学校特定的教学环境中，在教师的直接指导下进行的。数学知识主要不是通过教师教会的，而是学习者在一定的社会文化背景和情境下，利用必要的学习资源，通过与其他人（教师和学习伙伴）的协商、交流、合作和本人进行意义建构方式主动获得的。

在以建构主义思想为基础，利用信息技术开展探究性数学学习的教学过程中，学生是知识的主动建构者；教师是教学过程的组织者、指导者、知识建构的帮助者、促进者；媒体是创设学习情境、学生主动学习的认知工具。在数学教学过程中，要为学生提供能够促使同化过程发生和顺应过程完成的帮助与引导，同时要有使学生积极主动同外部环境发生相互作用完成数学知识结构重组的方法与策略。用生动活泼的方式呈现信息，与学生进行交互通讯，正是激发学生学习动机，调动学习者的积极性、自觉性，使学生主动进行探究性数学学习的外部环境。

三、杜威的"从做中学"的教学原则

美国著名的教育家杜威（John Dewey，1859—1952）认为"教育最根本的基础在于儿童的活动能力"。他提出的"从做中学"的教学原则，要求教学中要使学生能动地学习，积极地思考，并重视学生的兴趣和需要。而探究性教学实验正是强调应该让学生积极主动地参与教学活动获取知识，但它摒弃了杜威的过分强调从经验出发，把整个教学过程完全建立在学生的盲目摸索性的"做"的基础上的观点，遵循教与学的规律，让学生参与"教学"的过程，充分发挥教师的主导作用，把教师的主导与学生的主体作用有机地结合起来。"做中学"项目的实施通常有以下环节：呈现问题、提出假设、动手实验、分析讨论、记录结论和心得。其中，动手实验是非常重要的环节。尤其值得关注的是，"做中学"项目的内容大都来自于学生的生活，因而动手实验又能使学生体验和感受到真实的生活，从而为学生在生活实践中感悟智慧创造了机会。

第三节　数学实验探究教学模式的建构

21 世纪是知识经济的时代，经济的竞争归根结底是人才的竞争，加强素质教育、提高人口素质是社会发展的源动力。学校是教育的主阵地，一套合理适用的教学模式则是提高教学质量和培养学生综合能力的有力保证。科学探究教学模式是培养创新精神和实践能力的重要手段和有效途径，实验探究是科学探究的重要组成部分。

一、实验探究教学的指导思想

实验探究教学，就是在教师引导下，学生运用已学过的知识和技能，把自己当作新知识的探索者和发现者，通过实验亲自发现问题、探索问题和解决问题的一种方法。这种方法要求教师在教学时，不要把现存的理论直接告诉学生，而根据教学目的、要求和学生的认识规律，设计探索方案，积极引导学生按一定的思路，通过观察实验、阅读、讨论、练习、课外实践等多种活动，探究数学知识，发展各种能力，从而完成教学任务。

我们将实验探究式教学的指导思想归纳为以下 4 点：

（1）以实验为基础；

（2）突出学生的主体性；

（3）强调实验教学的探究性；

（4）形成知识技能的掌握、能力的形成和态度的培养在探究过程中的统一。

二、"实验探究教学"模式的特点

"实验探究教学"模式是指学生在教师的引导下，运用已有的知识和技能，充当知识的探索者和发现者，通过自己设计的方案，进行实验操作，

去探索问题和解决问题的一种教学模式。其基本结构为"问题—实验事实—结论—应用",这个教学模式有以下几个特点:

(一)有利于充分发挥学生的主体作用

信息时代呼唤创新意识。"实验探究教学"模式与传统教学模式最大的不同就在于学生不再是一味听教师讲、看教师做,而是在足够的时间和空间范围内,由自己来确定时间的分配,进行方案的设计和实验操作,对实验的事实加以分析并得出结论。在这样的学习氛围中,学生就能真正感受到自己是学习的主人,变"要我学"为"我要学"从而迸发出智慧的火花。

(二)有助于充分挖掘学生的潜力,培养其创新思维能力

古人云"疑者觉悟,觉悟之机也;一番觉悟,一番长进"。传统的教学模式常常是学生跟着教师走,对新学知识要求学生一味死记硬背,致使学生稚嫩的创新思维泯灭殆尽。"实验探究教学"模式却能给学生提供主动探求知识的宽松环境,让学生在成功的设计和愉快兴奋的实验操作中,发挥其潜力,活跃其思维。在对未知领域的探索过程中,通过自己的实验操作和验证,积极地去思考,去探求,从中展现他们的智慧,激发他们的灵感。

(三)有利于培养学生的学习兴趣

爱因斯坦说过,他没有特别的天赋,只有强烈的好奇心。强烈的求知欲、好奇心,恰恰是一切创新的基础,而兴趣却是最好的老师。孔子说过:知之者不如好之者,好之者不如乐之者。"实验探究教学"模式就是培养学生数学兴趣的有效途径,因为实验本身就会激起学生浓厚的认知兴趣和求知欲望。学生通过亲自探究实验现象产生的原因和规律时所形成的兴趣,具有自主性、稳定性和持久性。实践证明这是一个行之有效的教学模式。

三、建构数学实验探究教学模式的原则

(一)主体性原则

教师要把学生作为真正的教育主体,以学生生动活泼主动的发展为出发点和归宿,一切教育措施和条件都要为学生的全面发展与个性充分发展而选择和设计。学生在数学实验探究教学过程中要与教师一起选择探究课题,提出解决问题假设,自行设计验证实验方案,反复操作验证获得结论等等,做到主动参与、全员参与和全程参与,真正做学习的主人,做工作的主人,做生活的主人,做集体的主人,以主人的姿态投入到实验探究教学活动过程之中。

（二）先进性原则

探究包含着创新、创造，就是对传统、常识、常规与秩序的超越、完善、纠正和发展。坚持这个原则，就是要培养学生高尚的、进步的探索创新意识，树立为祖国，为人类和平而创造的世界观和价值取向，凡有利于生产、经济发展、改善和提高人民生活、人类社会和平稳定的就去探索创造，反之就不能探索创造。

（三）创造性原则

实验探究教学的过程是一个以学生为主体的探究实验活动，也是一个自始至终包含着变革、革新、改进、创造等思维活动过程。在教学中贯彻创造性原则，首先要更新探究创新观念，要树立积极创新观。其次，要及时吸收引进学科发展前沿和科技新成就，精心设计策划融合在实验中。要多层次、多渠道、多形式设计和组织实验，要创设创造性地解决问题情境，引导学生"模拟"科学家去探索世界，开展创造性的实践活动。

（四）发展性原则

学生学习的过程是主体自我发展的过程，学校一切工作都是以学生的主体发展、自主发展为中心。在实验探究教学过程中贯彻发展性原则，要求教师给出探究课题或所设计的探索性实验方案，要切实符合学生的认知结构和身心发展水平，又能促进学生的实验、设计、思维、探索、创新等能力的发展。

第四节　数学实验探究教学的实施过程

一、中学数学实验教学的形式

（一）操作性数学实验教学

操作性数学实验教学是通过对一些工具、材料的动手操作，创设问题情境，引导学生自主探究数学知识、检验数学结论（或假设）的教学活动。这种实验常适用于与几何图形相关的知识、定理、公式的探求或验证。

杨振宁教授曾经指出："中国的小孩在动手兴趣和能力方面明显不如欧洲和美国的小孩，主要是没有动手的机会。"其实，由于种种原因，我国的中学生也是这样。教育工作者应该在实施实验教学过程中，尽可能地突出实验教学的实践性，让学生手脑并用，提供较为充足的动手实践机会。有的实验看起来很容易，但动起手来做就不那么容易了。

（二）思维性数学实验教学

思维实验是按真实实验方式展开的一种复杂的思维活动。思维性数学实验教学是指通过对数学对象的不同变化形态的展示，创设问题情境，引导学生运用思维方式探究数学知识、检验数学结论（或假设）的教学活动。

（三）计算机模拟实验教学

计算机模拟实验教学指借助于计算机的快速运算功能和图处理能力，模拟再现问题情境，引导学生自主探究数学知识、检验数学结论（或假设）的教学活动。计算机多媒体技术能为教学活动提供并展示各种所需的图文资料，创设、模拟各种与教学内容相适应的情境，为抽象的数学思维提供了直观模型，为学生的学习和发展提供了丰富多彩的学习情境和有力的学习工具。

二、中学数学实验探究教学模式的基本结构

数学实验探究教学模式是探究教学理论在中学数学实验教学中的实践，它是指在探究教学理论的指导下，在实验教学过程中，通过数学实验发展学生的探究能力，培养其科学态度和精神的一种教学活动结构和策略体系。

实验教学基本结构：

（一）创设情境，提出问题

教师创设问题情境，给学生提供新的学习准备，营造一个良好的学习氛围，推动学生认知冲突，启发思维，引发问题。

（二）确定主题，明确目标

教师创设了情境，学生的学习兴趣被激发出来。

（三）探究实验，提出猜想

是指学生按照教师提出的实验要求，亲自用电脑完成相应的实验，努力去发现与所研究问题相关的一些数据中反映出的规律性，对实验结果做出清楚的描述。

（四）验证猜想，得出结论

验证猜想是指在提出猜想之后，通过传统实验、虚拟实验、演绎推理等方法来验证猜想的正确性或通过举出反例的方法来否定猜想。这是数学实验不可缺少的环节，是我们获得正确结论的关键步骤，是对实验成功与否的判断。验证猜想的过程实际上是培养学生求实的学习态度和严谨的逻辑推理能力的过程。

（五）评估交流，总结规律

在各小组做出实验结论后，要求各组成员首先认真总结小组的探究过程；其次，再通过小组间的交流，比较各小组的探究过程和思维结论，从中获取成功的经验和失败的教训，调整或重新设计实验方案，使自己的实验探究过程更加合理；最后，教师对本次实验进行总结和评价。

（六）扩展应用，变式训练

拓展应用，即知识规律的巩固和活化，学生的思维生长和发散，能力形成和发展的过程。为学生的创造性活动以及思维发展创造条件，开放一个更加宽阔的空间，使得实验探究教学真正具有伸展性和开放性。其目的不仅仅在于知识的消化巩固，更在于进一步获取新的知识和方法，培养学生的分析综合能力和创造性思维能力。

第五节　教学案例、实验及体会和启示

一、案例

椭圆和双曲线的构造实验教学设计

【实验教学目标设计】

（一）知识目标

1.复习巩固椭圆的第一定义；

2.复习巩固双曲线的第一定义，理解双曲线"两支"之间的联系与区别；

3.通过椭圆轨迹的探求与构造实验，进一步理解椭圆的第一定义；

4.通过双曲线轨迹的探求与构造实验，进一步理解双曲线的第一定义；

5.通过问题：一平面内过定点 M，且与定圆圆 P 相切的圆的圆心 Q 的轨迹——探究与构造，深入沟通椭圆与双曲线之第一定义的区别与联系。

（二）能力目标

通过实验探索，锻炼学生的几何图形构造能力，观察能力和分析能力；通过个性化学习，培养学生的自学能力。

（三）情感目标

通过学生的个性化学习，增强学生的自信心和意志力；通过师生、生生的合作学习，增强学生的团队协作能力，培养集体观念。

【实验内容及重点、难点分析】

实验内容分析：本次实验是在学生学习完椭圆和双曲线的概念之后，为了进一步突破学生对概念的理解而设计的；

实验重难点分析：

重点是通过实验复习巩固椭圆和双曲线的第一定义；难点是通过实验深刻理解椭圆和双曲线第一定义之间的联系。

【教学对象分析】

本班学生上网能力强，掌握数学软件几何画板，但是学生成绩属于层次差别较大的班级，所以考虑到网络适合分层教学、个性化学习、合作学习的特点，设计了本节实验课。

【教学策略分析】

本节数学实验探究课的教学策略是以学生为主体的自主实验（学习）教

学法。

教师把课堂的大部分时间都留给学生，让学生通过自己的探究、观察和分析，找到问题的关键并解决问题。并且通过反馈测评，及时了解自己的认知水平，从而及时调整学习策略。

目的是让学生通过个性化学习、合作学习，学习到适合自己的数学；同时通过网络反复地学习，从而达到教学的要求。

【实验准备与要求】

1.必要的课堂练习本、作图工具、笔；

2.打开老师做好的实验课件，动手实验，探究轨迹，体会其原理。实验结束，填写实验结论并提交给老师，如果对成绩不满意，可以重新做实验，并重填实验结论提交。

关闭几何画板文件时请选择"不存"。

【实验过程与内容】

1.复习引入

椭圆与双曲线的第一定义是怎样的？点击下面的链接打开相应的几何画板课件帮助复习，并思考其中提出的问题：（1）椭圆的第一定义是：_____；（2）双曲线的第一定义是：_____。

教师提问，引导学生根据实验操作复习旧知识。

学生根据实验操作复习旧知识，并用自己的语言概括出椭圆与双曲线的第一定义（提出问题，引发学生的回忆；动画操作或演示，促进学生直观理解概念；进而用自己的语言概括出问题的答案）

2.确定主题

实验一：点 M 为圆 P 内不同于圆心 P 的定点，过点 M 作圆 Q 与圆 P 相切，通过实验探究圆心 Q 的轨迹。

实验二：点 Q 为圆 P 外的定点，过点 Q 作圆 M 与圆 P 相切，通过实验探究圆心 M 的轨迹。

实验三：点 Q 为圆 P 外的定点，过点 Q 作圆 M 与圆 P 相外切，通过实验探究圆心 M 的轨迹。

实验四：点 Q 为圆 P 外的定点，过点 Q 作圆 M 与圆 P 相内切，通过实验探究圆心 M 的轨迹。

实验五：点 M 为平面内不同于点 P 的定点，过点 M 作圆 Q 与圆 P 相切，通过实验探究圆心 Q 的轨迹。

3.实验探究

教师引导学生按以下步骤进行实验：

（1）拖动点 D 或者双击动画按钮，观察点 M 的运动规律，试着猜想点 M 的轨迹是什么？

（2）选择点 M 右键设置为追踪点，再次拖动点 D 或者双击动画按钮，观察点 M 的运动规律，现在你知道点 M 的运动规律，试着猜想点 M 的轨迹是什么？

（3）选择点 M 右键设置为追踪点，再次拖动点 D 或者双击动画按钮，观察点 M 的运动规律，现在你知道点 M 的轨迹是什么了吗？

（4）按住 shift 键同时先选中点 D 再选中点 M，点击鼠标右键"作图""轨迹"进一步思考，为什么？可以小组合作，共同探讨。（实验课件用几何画板设计制作，便于学生主动探究、发现）

（5）实验拓展与相关链接：椭圆双曲线几何性质；椭圆第二定义；双曲线第二定义；国外相关数学网站。

4.实验结果展示汇报

教师引导学生展示自己的实验成果。

二、实验

（一）实验设计

1.实验的目的

实验目的在于比较开展数学实验教学模式的教学效果。实验采用准实验设计中的不相等实验组与控制组前测后测设计。

2.实验的教学内容和实验对象

实验教学内容为高二数学第八章圆锥曲线。本校高二年级文科的两个平行班高二 3 班、高二 4 班，两个班级条件基本相同。高二 3 班为实验班，4 班为控制班，以各班同学的第一学期数学期中和期末平均分平均分为前测成绩（见下表）实验班与控制班在前测数学成绩上没有显著差异。

班级	N	$\bar{x}$	S	显著性差异
实验班（3 班）	53	51.7	7.5	Z=1.09
控制班（4 班）	54	52.3	7.9	P>0.05

3.变量、因变量

主要运用传统教学和基于计算机的数学实验探究教学两种教学模式，对圆锥曲线的定义、性质进行教学。实验班运用数学实验教学，控制班实施传统教学，严格控制无关变量。教学内容结束，与同学访谈对教学过程及教学效果的看法和认识。两个班级接受同一份圆锥曲线图像和性质概念的测试成绩作为因变量。

（二）实验数据分析

这个实验采用独立样本的 Z 检验对实验结果进行统计分析。实验教学后对两个班级用同一份试卷测试，测试结果如下（见下表）。对与两个班级的平均成绩进行显著性检验，实验班和控制班在测试平均成绩上有显著差异，实验班的成绩明显要好于控制班的成绩。这也就说明运用数学实验教学模式的教学效果要好于传统教学（演示）。

班级	N	$\bar{x}$	S	显著性差异
3 班	53	53.22	7.3	Z=2.5
4 班	53	50.1	8.1	P<0.05

对两个班级的男女学生的成绩进行显著性 Z 检验。由下表可见，教学模式的改变对男同学有显著差异，而对女同学则没有。

班级	N	$\bar{x}$	S	显著性差异
3 班	女生	50.3	7.6	Z=1.81
4 班	女生	51.2	7.5	P>0.05
3 班	男生	54.1	7.4	Z=2.02
4 班	男生	52.3	7.8	P（0.05

下表表示两个班级在概念题和探索性问题上有差异，而两个班级在画图和计算题目上并没有差异，其中说明实施数学实验教学模式对学生加深概念的理解和探索问题能力培养上有很大的优势。

题目	班级	N	$\bar{x}$	S	Z
概念	3 班	53	11.1	4.56	Z=2.72
	4 班	54	10.7	4.12	P<0.01
画图	3 班	53	8.8	1.96	Z=0.28
	4 班	54	7.8	1.65	P>0.05
计算	3 班	53	22.3	5.52	Z=0.26
	4 班	54	22.2	5.83	P>0.05
探究	3 班	53	11.6	2.12	Z=2.51
	4 班	54	10.6	2.31	P<0.05

（三）讨论

（1）对于同样进行教学实验中女生的教学效果不如男生，实验后通过访谈了解，有以下几个因素：

①男生的计算机掌握程度好于女生，而有相当一部分女生对计算机有畏惧心理，计算机不够熟练，对于实验软件更是搞不清，实验的速度慢，结论不准确，导致对概念理解上的失误。

②有个女生说"还是老师讲比较容易接受"，从中可以看出女生对教师的传统教学模式比较依赖，习惯于老师讲他们听的被动的学习，不会主动探索和学习。相对而言，男生这种倾向较少，更加愿意自己探索和研究。

③对数学的信念也不同，许多女生是通过记概念，背公式，套用公式而学习数学的，由此在她们认为数学是公式和概念知识，是固定不变的真理，不可以有怀疑和实验的，而对于计算机演示和实验的结果表示怀疑。

（2）传统的教学模式中运用了计算机演示，对于教学中比较抽象的难点予以直观化，动态化，达到了一定的教学效果，但同时我们看到由于计算机的演示过程控制在教师的范围里，虽然有教师进行启发和发现等教学方法，在本质上学生还是被动的接受数学概念和公式，没有"再创造，再发现"的过程，对于概念的理解明显不利。从教学实验的结果也可以看到，在概念的理解上实验班和控制班有显著差异。

（3）实验班对于探索性问题的分数与控制班有差异。对探索的问题除了解题的知识外，很重要的是解题的策略，实验时对问题进行探讨，互相协作和启发。数学实验过程中学生相互之间的讨论以及对新学到的知识的反思，有助于发展学生的元认知技能。

（4）对于画图题和计算题而言，数学实验与传统教学模式没有差异。数学实验是把抽象的数学化成形象的内容，但正是这一点过分的强调了计算机处理图像的优势，而忽视了学生自己动手画图的机会和能力的培养。

三、数学实验探究教学的体会

（一）学生从"听"数学的学习方式，改变成在教师的指导下"做"数学。学生过去由被动地接受"现成"的数学知识，而现在像"数学家"一样去发现、探索数学知识，"走走"数学家走过的路，充分感受数学发现的艰辛、挫折与快乐。而且通过实验、观察、猜想、验证、归纳、表述等活动，学生不仅对数学有新的理解，同时各方面的能力也大大得到提高。

（二）数学实验缩短了学生和数学之间的距离，数学变得可亲近了。通过实验，学生可以理解数学问题的来龙去脉，以及发现、分析和解决过程，从感觉到理解，从意会到表述，从具体到抽象，从说明到证明，一切可在眼前发生，数学的抽象变得易于理解，数学的严谨变得合情合理，学生对数学学习的兴趣大大提高。

（三）教师在教学过程中的角色变化了，工作方式变化了。着重体现在：从知识的传授者变成数学学习活动的组织者与教学情境的设计师，从个体的手工业劳动者变成信息社会教师团队中的一员，大量的重复性工作将被更富创造性的劳动所替代，更多地利用信息技术提供的教育资源，同时又努力在此基础上进行再创造。这些不但需要教师掌握一定的现代教育技术，而且更需要有现代的教育观念，坚实的数学功底和精湛的教育艺术。显然，现代教育技术对教师提出了更高的要求。

四、数学实验探究的启示

（一）实验探究教学，不光是完成课程目标，培养创新精神和实践能力，还包括学会人际交往和团队协作，尊重和欣赏别人的劳动，培养工作的责任心和计划性。在学习过程中不能光考虑强调实验成果的科学价值和实用价值，而忽视学生在达到这个成果过程中的科学体验和人格发展。

（二）实验实质是尝试，任何发明创新都离不开尝试，有"尝"（探究问题难易）才能"试"（探究方法及有效性），没有实验，教学失去了应有的活力，除了完成教材必要的实验外，应适当增加实验内容、深度以促进学生分析、判断、推理、综合等思维活动。

（三）实验探究教学过程中，教师的角色与传统教学相比，发生了根本性转变。学生可大量依赖教材、教师和校园以外的资源，课堂已不再是学习的唯一场所，学习内容也不仅仅是教科书。教师失去了对教学内容的权威和垄断，教师工作从个体走向合作，从分科走向跨学科综合。教师必须适应角色变化，成为学习的指导者、组织者、促进者、开发者和管理者，将学生的探索研究引向既定结论，提供信息、启发思维、补充知识、介绍方法与线索、引导质疑、探究和创新，使学生自己成为真正意义上的探索者、研究者和发现者。

（四）需要指出是，实验探究教学模式在应用的过程中，由于耗时较多，学生在探究过程中也会提出各种各样的问题，因此，不能轻视或忽略教师对学生探究的导向作用，否则，就会出现学生探究头绪繁多，无法选择和有效地控制；没有核心问题，针对性不强；使学生所学知识缺乏条理性、系统性等不利于教学顺利进行的情况及后果。从这个意义上看，实验探究教学模式能否真正达到发展学生创造能力，全面提高学生素质的教育目的，关键在于教师的水平及驾驭课堂的能力，即教师的素质。也就是说，好的教学模式要有好的教师与之匹配，才能收到良好的教学效果。

第七章 新课程理念下中学数学课堂互动教学模式研究

第一节 新课程理念下数学课堂互动教学的内涵及理论基础

一、数学课堂互动教学的含义

什么是互动？互动有广义和狭义之分，广义互动是指一切物质存在物的相互作用与影响。我们通常所说的互动是相对狭义的互动，指在一定社会背景与具体情境下，人与人之间发生的各种形式、各种性质、各种程度的相互作用和影响。它既可以是人与人之间交互作用和相互影响的方式和过程，也可以指在一定情境中人们通过信息交换和行为交换所导致的相互之间心理上和行为上的改变，从而表现为一个包含互动主体、互动情境、互动过程和互动结果等要素的、动态的和静态的相结合的系统。

二、数学课堂互动教学模式特点

相对于一般的教学模式而言，"课堂互动教学模式"具有如下特点：

（一）互动是存在于课堂上，在师生间、生生间、师生与教材环境间发生的一种人际互动。其互动的主体是教师和学生，并且师生双方在互动中是同等重要、互为主客体的。在互动中，无论是师生的身份还是互动的目的、内容和互动发生的途径、情境等，均体现出明显的教育性的特点。

（二）互动是一种交互作用和相互影响的过程。互动不是教师对学生或学生对学生的单向、线性的影响，而是师生间、生生间的双向交互的影响。同时，师生间和生生间的这种交互作用和影响又不是一次性的或间断的，而是一个链状、循环的连续过程，师生正是在这样一个连续的动态过程中不断交互作用和相互影响的。因此它表现出明显的交互性和连续性的特点。

三、数学课堂互动教学的理论基础

（一）师生统一主体说

教师与学生在教学过程中应处于什么地位，是教学理论发展过程中历来备受关注的难题。历史上有以赫尔巴特为代表的"教师中心说"，以杜威为代表的"儿童中心说"。受凯洛夫主编的《教育学》影响，解放后我国教学存在"重教轻学"倾向。应当说，以上教学思想都有不同程度的弊端，教学过程应当是教与学的统一，交互影响的活动过程，教师与学生在这个过程中，应该同为认知与实践活动的统一主体。

教学永远是教师的教与学生的学的辩证统一，这就决定了"教"与"学"任何一方都不能脱离对方而独立存在，否则，教师的教就成了无对象的"独说"，学生的学只能是无指导的"自学"，"教"与"学"相互依存，不可分割。也就是说：师生是教与学的统一主体。

（二）人境交互决定说

当代美国著名心理学家 A·班图拉用行为、人的因素和环境因素相互联结着的不断交互作用来解释心理机能。他认为："相互作用是一个交互决定的过程，行为、人的因素和环境因素都是相互联结着起作用的决定因素；其中 P 代表人，而 E 指环境，B 代表行为。由这些相互依赖的因素所产生的相互影响，在不同场合，对不同行为，是各不相同的。有时候，环境因素对行为产生强大的强制作用，而在另一些时候，人的因素就成为事态发展的重要调节者。"

（三）建构主义理论

建构主义（Constructivism）是美国教育界在 80 年代最热门的话题之一，是继行为主义和认识主义之后出现的教育心理学理论，他较好的揭示了人类学习过程中的认知规律，"建构主义学习观认为，学习是一个积极主动的建构过程，学习者不是被动的接受外在信息而是主动的根据先前认知结构和有选择性的知觉外在信息，建构当前事物的意义，建构主义有双向性和多元性特点。"建构主义学习理论认为学生是学习的主体，是知识意义的主动建构者，教师只起着组织者和帮助者的作用；学习的过程是意义建构的过程，是交互的过程，是自我诊断和反思的过程。学习不是老师向学生传递信息，学习者被动接受知识的过程，而是学习者主动地建构知识的过程。这个过程不可能由他人代替，每个学习者都是在其现有的知识经验和信念的基础上，对新的信息主动地进行选择加工，从而建构起自己的认知结构，而原有的知识经验系统又会因新信息的进入发生调整和改变。

（四）信息加工理论

数学课堂教学过程是一个由教师、学生和知识信息三个要素构成的具有闭合回路的信息系统。数学课堂教学过程是一个教学信息互动的过程。信息论认为，教学过程主要是由"人—人"互动构成的信息系统。他的发展主要依赖于系统内部因素相互作用而形成的教学系统与学习系统间的教学信息交换。信息的交换是有机体感受器接受内外信息，经大脑的分析综合传送到效应器，做出反应去应付信息刺激，又从其反馈中获得新信息的过程。其中，学生与教师、同学、教材和教学环境，以及教师与学生、教材、教学环境间都存在着互动关系。

四、数学课堂互动的教学原则

（一）平等性原则

课堂互动应当建立在平等的基础上，没有互动主、客体之间的平等关系和地位，就没有真正意义上的互动。"对于同我们发生交往的人，我们应首先接纳、肯定、喜欢他们，保持在人际关系的主动地位。"只有这样才能建立融洽、愉快的气氛，产生互动效应。实践中教师和学生常常存在着现实意义上的不平等。坚持平等原则可以促进师生关系实现平等化。

（二）情感交融原则

师生之间的情感交融，是调动学生积极参与互动学习的动源之一。教师若能有意识的做到与学生亲密、友好、合作，那么学生的学习成绩就会有不同程度的提高。

（三）适度调控原则

适度调控原则有两层含义。其一，是指运用互动规范和目标对教学互动过程的有效组织。它包括教师的调节和学生的自我调节两个方面。其二，意味着互动教学模式与其他教学模式的沟通与整合。要想实现更加有效的互动，我们应在互动教学模式中渗透先进的教学理念和教学思想，以实现与其他教学模式的沟通与整合。

第二节　数学课堂互动教学的一般模式研究

由之前对互动教学模式的一些研究，我们知道课堂互动模式具有：复杂性、开放性、非确定性、自组织性等特点，课堂互动模式虽具有以上特点，但作为一种教学模式也应有其基本环节。教学中，我们以新课程理念为指导，在深入研究前人对互动教学模式的探索的基础上，结合几年来对数学课堂互动教学的实践经验，我们对数学课堂互动教学基本环节进行了整理。

（一）把问题作为课堂互动的主线

既是新课程理念的具体体现，又是由课堂互动的目的性决定的。一方面，从教育心理学角度讲，学生的学习方式有接受和发现两种。在接受学习中，学习内容是以定论的形式直接呈现出来的，学生进行学习的心理机制或途径是同化，学生是知识的接受者。在发现学习中，学习内容是以问题形式间接呈现出来的，学生进行学习的心理机制或途径是顺应，学生是知识的发现者。两种学习方式都有其存在的价值，彼此也是相辅相成的关系。另一方面，课堂互动的目的在于通过解决一定的问题，达到一定的课堂教学目标。为此，一切课堂互动行为都要以一定的问题为线索来展开，没有问题也就失去了互动的现实意义。

（二）把"自主、合作、探究"作为互动教学的基本方式和策略

是新课程理念的具体体现。我们知道，在知识激增、信息爆炸的时代，贮存了多少知识并不是最重要的，而学会如何寻求和获得知识将更有意义。把"自主、合作、探究"作为互动教学的基本方式，即是新课程理念的具体要求，又是互动教学模式自身优势的集中体现，为"自主、合作、探究"的学习方式，提供了最好的切入点。

（三）互动教学的主体部分

通过师生的双边活动，紧紧围绕师生、生生之间的"认知互动、情感互动、策略互动"展开。把"师生互动、生生互动、师生与教材环境等互动"有机结合起来，是新课程理念下互动教学模式的又一创新。

第三节　新课程理念下数学课堂互动教学的实验研究

一、实验设计方案

（一）实验课题

新课程理念下数学课堂互动教学的研究

（二）实验假设

以新课程理念为指导，运用数学互动教学的思想、策略组织教学与不采用该策略相比，能在全面提高学生数学学习成绩、学习兴趣的基础上，对培养学生的创新能力与实践能力，促进学生认知和情感的协调发展，提高学生的科学素养与人文素养等方面产生积极的影响，实现教育教学质量和效益的全面提高，从而最终达到促进学生和谐发展、全面发展、全体发展和个性发展的素质教育目的。

（三）实验处理

（1）实验采用自然实验法和问卷调查法。

（2）在本校四年制初中三年级选取四个班，两个班（一班、二班）为控制班，两个班（六班、七班）为实验班，进行为期半年的教学实验。实验班严格按照新课程理念下数学互动教学的思想、策略组织教学，控制班采用以教师讲授分析为主的传统的数学教学模式进行教学。

（3）对控制班和实验班进行数学学习兴趣问卷调查和数学课堂教学效果满意程度的问卷调查。

（四）样本

青岛市黄岛区第九中学四年制初中三年级的四个班，240 人，各班人数：实验班：一班 61 人、二班 59 人；控制班：六班 58 人、七班 62 人。

（五）实验变量

自变量：数学课堂互动教学。

因变量：数学课学习情况（学习兴趣、课堂效果、思维能力、学习成绩）。

因变量测定：由初三年级统一组织数学学习成绩测验；统一进行数学学习兴趣问卷调查；统一进行数学教学效果满意程度的问卷调查。

无关变量的控制：（1）实验班和控制班选择年龄、教龄、业务水平、学历层次等相关条件尽量一致的数学教师执教。（2）实验班和控制班使用统一的教材和练习题。为避免"霍桑效应"（又称被试效应）对实验的影响，未向实验班学生告知他们作为实验对象；为避免"约翰—亨利效应"（控制组效应）对实验的影响，也未向控制班学生告知他们作为控制对象。（3）用测量法实现等组控制，学生升入初三后按学习成绩、学习潜能编好实验班和控制班。（4）进行统一的前后测（包括学生数学学业成绩的测试和问卷调查）。

（六）实验设计及程序模式

等组前后测设计：实验设计的程序模式：

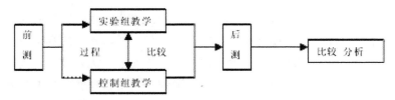

（七）实验组织和实施

严格按照实验设计，组织和实施教学实验。

二、实验实施过程

（一）实验前测及数据分析

表一：分组及前测

1 组		2 组	
班级	人数	班级	人数
初三一班	61	初三六班	58
初三二班	59	初三七班	62
合计	120	合计	120
前测平均分	92.26	前测平均分	92.17
标准差	13.130	标准差	14.982
差异显著性 0.251			

表二：1、2组前测5因素比较：

因素	组	均值	标准差	F值	F值显著性	T值	自由度	显著性
学习兴趣	1	20.00	3.425	12.001	0.002	0.662	264	0.526
	2	19.80	4.812			0.662	249.5	0.526
主动学习	1	22.98	4.547	1.876	0.179	0.632	264	0.532
	2	23.00	4.558			0.632	267.0	0.532
学习心理环境	1	16.34	2.976	3.180	0.078	-0.162	264	0.875
	2	16.52	3.215			-0.162	259.2	0.875
发现和解决问题	1	14.56	3.425	0.828	0.405	3.157	264	0.003
	2	16.78	3.860			3.157	261.3	0.003

合作与交流	1	17.50	4.240	3.460	0.062	-0.566	264	0.589
	2	17.23	4.526			-0.566	258.1	0.589

两组前测成绩差异显著值为 0.251，说明两组的前测无显著的差异，可以视为相等的两组。前测五因素比较中，除因素 4（发现和解决问题）外，也没有显著差异。可以认为两组在学习兴趣等其他四个方面是相等的。

（二）实验后测及数据比较分析

表三：控制班：初三、一班 2003－2004 学年度第二学期期末数学成绩分数值

91	87	93	120	87	113	98	85	81	86	98	93	90	72	120	89	93
90	88	97	92	85	80	88	104	89	87	111	86	70	93	104	101	99
101	90	95	100	93	94	93	103	92	94	100	82	68	77	85	87	96
96	107	84	76	87	93	95	87	111	71							

表四：控制班：初三、二班 2003－2004 学年度第二学期期末数学成绩分数值

84	93	103	92	94	98	88	97	85	80	88	89	91	108	95	100	93
98	93	90	72	98	109	89	91	87	113	87	120	71	102	87	113	88
85	81	86	96	107	84	76	87	103	89	87	81	86	93	104	99	
99	97	88	77	85	87	96										

表五：实验班：初三、六班 2003－2004 学年度第二学期期末数学成绩分数值

88	98	97	94	103	97	85	80	88	84	101	120	95	93	103	92	94
90	88	85	100	98	93	90	72	96	89	107	96	85	111	86	96	107
84	76	97	93	89	87	116	93	91	87	83	87	91	71	67	87	113
96	101	99	90	92	70	104										

表六：实验班：初三、七班 2003－2004 学年度第二学期期末数学成绩分数值

90	108	118	86	107	84	76	87	90	85	91	87	103	102	87	113	88
85	100	93	94	113	108	97	112	80	88	94	91	87	81	86	50	93
94	101	99	90	95	110	85	90	88	94	89	112	94	100	82	78	77
105	97	96	93	90	78	118	71	89	113	91	97					

表七：四个班 2003－2004 学年度第二学期期末数学成绩频数分布双向表

分数段	一班	二班	六班	七班	合计
70 以下	1 (2.132)	1 (2.430)	1 (1.988)	1 (2.437)	3=nr_1
70—80	5 (5.333)	4 (5.465)	4 (5.342)	5 (5.213)	18=nr_2
80—90	19 (19.811)	24 (19.978)	17 (18.760)	18 (18.976)	78=nr_3
90—100	23 (20.001)	20 (18.463)	22 (20.176)	23 (19.281)	84=nr_4
100—110	8 (7.465)	7 (7.697)	8 (7.685)	9 (7.688)	38=nr_5
110—120	5 (3.978)	3 (3.420)	6 (3.333)	3 (3.323)	18=nr_6
合计	61 =ne_1	59=ne_2	58=ne_3	62=ne_4	240=N

三、结论与思考

（一）结论

（1）新课程理念下的数学互动教学能在全面提高学生数学学习成绩、学习兴趣的基础上，培养学生的创新能力与实践能力，促进学生认知和情感的

协调发展，提高学生的科学素养与人文素养，实现教育教学质量和效益的全面提高，从而最终达到促进学生和谐发展、全面发展、全体发展和个性发展的素质教育的目的。

（2）新课程理念下数学互动教学，有利于教师的专业化发展，提高教师处理课堂突发事件的能力。互动教学中，通过教师的启发引导和学生的自主与合作探究，易于激发学生的问题意识，"智慧的火花"常常在课堂上闪现。迫使教师在备课与教学中不能拘泥于教材，从而有利于教师专业化水平的提高。

（3）本实验研究还有许多不够完善和深入的地方。在今后的教学中我们会更加深入研究以新课程理念为指导的数学互动教学。

（二）关于新课程理念下数学互动教学研究的思考

1.数学课堂互动教学成效的标准是课堂的实效性

朱永新在谈到什么样的课堂才有活力、智慧、情趣，才能让学生真正成为学习的主人时指出：一堂好课应具有以下六个特征：一是参与度，即有学生的全员参与、全程参与和有效参与。二是亲和度，师生之间有愉快的情感沟通与智慧交流。三是自由度，我们的课堂犹如军营，强调的是铁的纪律，正襟危坐，学生如履薄冰，战战兢兢，无疑是给学生的身心发展套上了一些枷锁。四是整合度，即整体把握学科知识体系。五是练习度，即学生在课堂动脑、动手、动口的程度。六是延展度，即在知识整合的基础上向深度和广度延展，从课堂向社会生活延伸。互动教学作为一种模式也有它的局限性，教学中当"互动"与"实效"发生矛盾时我们应服从课堂实效。

2.数学课堂互动教学的研究有待深入

数学互动教学是由互动教学和数学学科教学紧密结合而形成的新型教学理论和教学实践。通过对数学互动教学的研究，力图构建一种新的数学学科教学论，姑且称之为数学互动教学论。它应该有自己特定的研究对象，应该有自己特定的语言（即自己特有的概念、范畴），应该有自己特定的原则方法和策略，在这些方面，本文做了一些努力和尝试，但是做得还远远不够，还有许多急需解决的问题。也就是说这种理论还不够成熟和完善，比如，数学互动教学的实验还没有最终完成，一些概念和内涵还需进一步界定，教学策略还需继续接受教学实践的检验等等。

第八章 信息技术与中学数学课程整合中新型教学模式探讨

第一节 信息技术与中学数学课程整合概述

一、信息技术与中学数学课程整合的指导思想

（一）在信息技术的支持下，尊重学习的主体，将学生的主体能动性与教师的主导性相结合。建构主义理论指出，学习是主体对知识的主动建构的过程，不是在外部刺激作用下形成反应的过程。

（二）以提高学生的科学素质为核心，结合学生已经掌握的知识结构和能力基础，从科学知识和技能、科学观念、科学方法、科学态度和科学精神等方面确定多元的数学课堂教学目标，使学生在掌握基础知识、基本技能的基础上，逐步形成科学的世界观和方法论。

（三）在教学过程中，利用传统媒体和信息技术媒体精心组织教学活动，充分利用信息技术作为媒体演示工具、信息加工工具和协作组织工具，创造条件让学生积极主动地参与数学课堂教学的全过程。强化数学概念和数学规律的形成过程和实际运用过程，在强调基础知识学习和基本能力训练的同时，重视创新精神和创造能力的培养。

二、信息技术与中学数学课程整合应遵循的原则

（一）有利于促进学生对数学学习内容的认知的原则

数学科学的最大特点是集严密性、逻辑性和应用性于一身，在数学科学中有许多学生不易理解的抽象的数学概念，使得数学被公认为"难学"，因此在数学教学中引入信息技术应力求促进学生对抽象的数学概念和严谨的数学证明的有效的认知。在数学课上使用信息技术不能追求表面的生动、界面的漂亮，而应注重有启发性，让学生有思考的欲望。有些内容过去单凭教师的"说"，学生不好理解，现在信息技术能帮助教师"讲话"，抽象与直观能有机地结合起来，情况就大不相同了。

（二）信息技术的作用与教师的作用优势互补的原则

在信息技术与数学课程整合的过程中，经常遇到的问题就是如何看待信息技术与教师的作用。一方面教育需要技术，信息时代的数学教育需要信息技术，但任何先进的技术都不能取代教师。所以应该采取优势互补的教学策略，既最大限度地发挥计算机的优势，又最大限度地发挥教师的作用，把两者完美地结合起来。

（三）信息技术手段与传统教学手段优势互补的原则

引入信息技术之后，要注意计算机要用的恰到好处，要针对传统教学手段的不足和教学的需要进行合理使用。传统教学中对轨迹的形成过程、测量、精确性及动态表现等方面存在很大的限制。计算机强大的数据和图形处理能力以及一定的交互能力对数学教学都极有价值，在上述很多方面是传统教学手段力所不能及的。

（四）有利于学生参与的原则

首先，信息技术与数学课程整合中非常重要的一点是改变学生获得数学知识的方式。学生是认知活动的主体，是知识意义的主动建构者，因此让学生主动参与到做数学的活动中，可以更好地发挥他们的主动性和积极性，更好地促进认知。

三、信息技术与中学数学课程整合的作用

通过信息技术与中学数学的整合，可以使抽象、枯燥的数学概念变得直观、形象，学生更易于理解重点，突破难点。信息技术能提供给学生一定的思维空间，让学生动手实践，激励学生自己去体验感受所学的内容，鼓励学生去探索未知领域，使学生亲身经历"观察—直觉—猜测—探索—论证"的全过程。信息技术教学的一个显著特点是它的交互性，在计算机及网络的支持下，教师可以根据教学内容、教学目的进行课程设计，为学生创设一个全新的教学情境，让学生在其中观察、猜测、探索、验证、发现与实践，从而培养学生的动手能力和创新能力。

第二节　信息技术与中学数学课程整合中构建

"问题-探究-解决"教学模式

一、数学问题

数学是研究客观世界的数量关系和空间形式的科学，当人们与客观世界产生接触，从数量关系或空间形式的角度反映出认识与客观世界的矛盾时，就形成了问题。那些以数学为内容，或者虽不以数学为内容，但必须运用数学概念、理论或方法才能解决的问题称为数学问题。数学问题通常分为两大类：一类是纯数学问题，另一类是数学应用问题。而纯数学问题又可分为两类：一类是常规问题，即用常规算法或数学方法解决的问题；另一类是非常规问题，这类问题一般不能通过模仿或直接套用数学算法或法则来解决，必须经过探索、灵活运用各种数学知识才能求得问题的答案。

二、数学问题的设计

数学问题的设计是数学"问题—探究—解决"教学的基础。数学问题设计的好坏，将直接影响问题解决教学的成效。因此，在数学"问题—探究—解决"教学中，设计一个好的数学问题至关重要。笔者通过阅读大量的书籍，以及在协助中学教师进行教改的实验中，深刻体会到一个好的数学问题应具有以下特征：（1）问题必须能引出与所学领域相关的概念原理。在设计问题时，首先要确定学生需要获得的基本概念和原理，由此出发设计出要解决的问题。（2）问题应该是具有现实意义或与学生的实际生活有着直接的联系，颇具趣味性的问题。（3）问题应该是结构不良的和开放式的问题。（4）问题需能够激发学生的学习动机，具有较强的探索性。

三、构建数学"问题—探究—解决"教学模式的指导思想

（一）皮亚杰的建构主义学习理论

瑞士心理学家皮亚杰的建构主义学习理论认为：知识不是通过教师的讲授得到的，而是学习者在一定的社会文化背景之下，通过他人（包括教师和学习伙伴）的帮助，利用必要的学习资料，通过意义建构的方式获得的。建构主义的教学模式是：以学生为中心，在整个教学环境中由教师起组织者、指导者、帮助者、合作者的作用，利用情境、协作、会话等学习环境要素充

分发挥学生的学习主动性、积极性和首创精神，最终达到使学生有效地实现对当前所学知识的意义建构。

数学"问题—探究—解决"教学模式是一种以真实事例或问题为基础，让学生在真实环境中去感受、体验而不是仅仅聆听教师关于这种经验的介绍和讲解，强调以学生为中心，教师是学生学习的引导者和促进者，整个学习的过程是学生主动建构知识的过程。

（二）布鲁纳的发现学习理论

美国教育家布鲁纳（J. S. Bruner，1915-）的发现学习理论认为：学习强调的是学生的学习过程。在教学过程中学生是一个积极的探究者，教师的作用是创设一种学生能够独立探究的情境，而不是提供现成的知识。学习的目的是要学生参与建立学科的知识体系的过程，学生应积极地参与到学习过程中来，真正的学习来自于个人的发现。所以布鲁纳强调，学生不是被动的、消极的接受者，而是主动的、积极的知识探究者。

数学"问题—探究—解决"教学模式同样主张让学生通过自己的活动来发现知识、发现规律、发现结论。该模式是强调学生充分发挥主体意识，利用数学问题主动探索知识，参与教学过程探讨"发现法"的有效教学模式。

（三）罗杰斯的人本主义学习理论

人本主义教育的主要观点是：强调学生为"中心"的教育理念；坚持自由为基础的学习原则，提倡学习的主动和自发性，强调教材要有意义，鼓励学生的自我评价，反对威胁的教育情境；重视价值、态度、情感等因素在学习中的作用。罗杰斯认为教学目的是"培养全面发展的人"，在教学目标中，必须把教会学生学习放在首要的地位。在教学的组织形式上，应该以学生为中心组织教学，用学生的自律来代替他律。他主张教师要认真的组织好教材，以便学生自己学习，不要一味地讲解，要用咨询、辅导等方式启发学生自己去发现、去创造；要采取学生自我评价的办法，以代替外来的学习评价。所有这些，无不是为了促进学生自我学习、自我实现，培养学生的独立性、自主性和创造性。

数学"问题—探究—解决"教学模式在人本主义理论的指导下，更应该充分注意和发掘学习者的内在潜能，注重学习者的个人观点，强调学习者个人的尊严和价值，把促进学习者的"自我实现"作为教学目标。同时在评价时，要改变以往单一的教师评价，要将教师评价、小组评价和学生自我评价有机地结合起来；不仅要对结果进行评价，更重要的是要对学生的探究过程进行评价。

（四）杜威的"从做中学"的教学原则

美国著名的教育家杜威（John Dewey，1859-1952）认为"教育最根本的基础在于儿童的活动能力"。他提出的"从做中学"的教学原则，要求教学中要使学生能动的学习，积极的思考并重视学生的兴趣和需要。

数学"问题—探究—解决"教学模式正是强调让学生积极主动参与教学活动获取知识，同时摒弃了杜威的过分从经验出发，把整个教学过程完全建立在学生盲目摸索性的"做"的基础上的观点。数学"问题—探究—解决"教学模式遵循教学规律，让学生参与教学过程，充分发挥了教师的主导作用，把教师的主导与学生的主体有机地结合起来。因此，该教学模式的教学思想是"从做中学"思想的继承和发展。

（五）弗赖登塔尔的"再创造原则"和"数学化原则"

著名的荷兰数学家、数学教育家弗赖登塔尔（Hans Freudenthal，1905-1990）认为：数学教育方法的核心是"再创造"，教师不必将各种规则、定律灌输给学生，而是应该创造适当的条件，在适当的时候引导学生加强反思让学生在实践中获取和巩固知识。他指出："学一个活动的最好方法是做，让学生学习数学，不如说让他学习数学化。他反对不切学生实际的严谨，主张在数学教学中不要学生背诵那些形式体系，而应使学生在有实际感悟的基础上学习"形式化"。数学"问题—探究—解决"教学模式也是体现了"再创造原则"和"数学化原则"，充分体现了学生主体地位。

（六）"合作学习"理论

21 世纪的教育应该是由重点培养竞争意识转向重点培养合作意识的教育。有关研究表明：学生之间的合作应当成为现代课堂教学的主流。因此，合作学习是时代发展的需求。美国创造学的奠基人奥斯本认为：小组技术比个人技术更重要，因为许多独创性的想法都是在小组交往中产生的，大部分创造性解决问题的实例中，小组交往是最基本的因素，创造性人才通过相互交往而成为独立的人。大量的创造心理学研究表明：讨论、争论、辩论的学习方式，有利于培养学生的创造性思维。

（七）《高中数学课程标准》

《高中数学课程标准》指出：重视创新意识和实践能力的培养，这应成为数学教学的一个重要目的和一个重要原则。在教学中要激发学生学习数学的好奇心和求知欲，通过独立思考，不断追求新知，发现、提出、分析并创造性地解决问题，使数学学习成为再发现、再创造的过程。大纲还指出：在教学中，要重视改进教学方法，坚持启发式和讨论式，反对注入式，要发扬教学民主，鼓励师生双方密切合作，师生、生生之间交流互动。

四、数学"问题—探究—解决"教学模式的教学原则

所谓教学原则是指依据教学原理和规律，数学教学必须遵循的基本要求。教学原则是人们对教学规律性的一种能动的反映。在运用数学"问题—探究—解决"教学模式进行教学时应遵循自主性原则、开放性原则、适度性原则和思维性原则。

（一）自主性原则

学生是学习的主体，在数学问题解决教学中，只有学生主动自觉地去学习、去探究，数学问题解决教学的作用才会得以充分的发挥。在教学中要鼓励和促进每个学生形成自己远大的理想、坚定的信念以及独特的创新情感，培养学生克服困难的勇气和精神以及一丝不苟的学习习惯，要针对学生的个性特点进行个性化教育，使每个学生的潜能得到不同程度的最大发展。

（二）开放性原则

在教学中要尽量设计和提出一些开放性问题，让学生充分思考、想象，采用讨论、辩论等形式组织教学，教师应尽量给学生创设充分表达自己思想、表露自己情感的机会和自由空间，允许学生争论和保留不同意见，补充新信息，启发新思路，探索新方法。

（三）适度性原则

数学具有"高度抽象性"的特点，它所表现的是从具体事物中抽象而得到的"数量关系和空间形式"。如果学生没有把握其内在本质，那么就不能很好地理解数学，掌握数学。在这种情况下，如果再要求学生应用数学去解决实际问题，把握实际问题中的数量关系和表现的空间形式，可以说是难上加难。所以在教学中，一方面要考虑到学生的实际水平，由浅入深，排除学生畏惧数学的心理障碍，调动学生的学习积极性，使数学问题解决教学起到良好的促进作用。另一方面，要在教师的引导下，使学生正确地认识困难，认识到人是在不断克服困难中成长起来的，树立克服困难的信心。在解决问题中抛开次要因素，抓住实际问题中的关键信息，进行必要的加工处理，使解决问题的能力得到逐步提高。

（四）思维性原则

数学教学是数学思维活动的教学。因此，发展学生思维能力是课堂教学的核心。教学中要使学生掌握科学的思维规律和正确、灵活的思维方法，培养他们思维的深刻性、灵活性、独创性、批判性和敏捷性，形成良好的思维品质，同时还要注意数学思想方法的渗透。学生的认识活动不仅仅是理解数学知识，更重要的是掌握数学的思想方法，这是因为保留在学生头脑里的思想方法会使学生终生受用。

五、数学"问题—探究—解决"教学模式的革新作用

（一）我国现行数学教学模式存在的弊端

目前，中学数学课堂教学仍未摆脱因循守旧的传统的以教师为中心的讲授式的教学模式，这种教学模式的主要弊病是：

（1）课堂上学生只是盛装知识的容器，而不是具有个性的人，教师只注重知识的"灌输"而忽视学生主动获取知识，学生被动学习，缺乏独立学习、思考、主动探究的能力。

（2）教师过多地强调学生对所学知识的记忆，习惯于传授现成的结论，学生体验不到知识的形成、发展过程，对数学的学习感到枯燥无味、缺乏兴趣。

（3）学生缺少主动提出问题，综合应用知识解决实际问题的能力。

（二）数学"问题—探究—解决"教学模式的优点

第一，打破了对知识纯粹客观性的盲目迷信，将教学作为帮助学生建构知识的动态过程。

第二，在教学过程中谋求科学世界与生活世界的整合。教学不仅仅是学生获取基础知识和基本技能的过程，更是学生获得生活体验与生存能力的过程。

第三，建立了互助合作的新型师生关系。在新课程体系中，教师不再是知识的仲裁者、课堂的控制者，而是学生探究学习活动的支持者、引导者和合作者，是与学生平等相处的伙伴。

第四，有利于培养学生的问题意识，促进学生探究能力和创新能力的提高。

六、数学"问题—探究—解决"教学模式的操作程序

"问题—探究—解决"教学模式在数学课堂教学中的实施，一般是在现行教材的基础上，以"问题"为出发点，以"探究法"为依托，渗透"问题解决"的思想而逐步形成的。教学基本思路是：在教学中，教师通过创设问题情境，创造性地提出数学问题；然后及时组织学生对提出的问题进行探究、研讨、解决，从而得出正确的结论；最后通过应用评价来内化知识、发展能力、形成情感、完善建构。

（一）创设情境，提出问题

就问题解决的一个周期而言，提出问题是问题解决的始端。古人云："好的开始是成功的一半。"因此，在"问题—探究—解决"教学中，提出问题是一个相当重要的环节。在提出问题时，教师必须善于启发引导，创造性地设计数学"问题"情境，使学生对即将学习的内容产生"问题悬念"，从而激发学生学习数学的兴趣和好奇心。

（二）分析问题，将实际问题数学化

通过对第一步中给出问题的分析，寻找与该问题有联系的数学知识，以便将实际问题转化为具体的数学问题，从而为下一步的数学建模打下坚实的基础。在分析问题时学生可以充分利用现代信息技术（计算机、网络、电子图书馆等）搜集、查询资料。

在这个过程中，学生是学习的主体，要充分发挥学生的积极主动性，同时也不能忽略教师的作用，教师作为学生学习的促进者和帮助者，不仅要给予学生必要的指导和点拨，还应控制教学的进度，提高课堂教学效率。

（三）建立数学模型

数学建模是学生解决问题过程中的重要一环，是由解决问题通向问题解决的桥梁。相对于现实来说，数学中的数、式、方程、函数、统计量等都可以视为数学模型，因此，这个过程需要将上一步中找到的数学联系，用具体的代数式、函数式、方程式、不等式或相关的图形、图表等表示出来，从而形成数学模型。

（四）求解数学问题

根据数学模型的特点，学生在教师的指导下，采用已学过的数学知识和数学思想方法，借助于计算机强大的计算功能，对模型进行求解，从而达到问题的解决。

（五）交流反馈

在多数学生完成任务之后，教师可以让学生代表发表对该数学问题的理解和解决办法，交流学习数学知识所采用的方法和感受，同时提出还未能解决的疑难问题。在这个过程中，教师要根据学生的现实状态主动参与协助，必要时给出恰当的分析和解释。

（六）反思评价，内化提高

通过回顾所完成的解答，通过重新考虑和重新检查这个结果以及得出这个结果的途径，学生们可以巩固他们的知识、发展他们的能力。因此，学生在初步掌握知识，形成技能，获得方法后，还必须进行反思，进而进行自我评价、教师评价和互动的多元评价，评价时不仅要重视学生对知识、技能的掌握情况，还要更多地关注学生在学习过程中的表现。评价重在指出不足，肯定进步，鼓励学生在学习中求发展，在总结时，教师切忌包办代替，而应让学生自己去感受、去理解、去比较分析、去概括，从而使学生得到较为全面的知识和方法，同时教师应注意充分发挥点拨、引导作用。

第三节　数学"问题-探究-解决" 教学模式实验研究及结论

一、实验目的

本研究试图通过应用在信息技术与中学数学课程整合的实践中，依据先进的学习理论和建模理论，初步形成数学"问题—探究—解决"教学模式，打破传统教学模式的束缚，使学生逐步由学会变成会学，发展自主学习能力，培养学生独立解决问题能力、交流能力、反思能力以及探究能力，大面积提高中学数学教学质量。具体为以下几点：

（一）通过实验，增强学生的学习兴趣，转变学习态度。

（二）通过实验，培养学生的探究能力和创新能力。

（三）通过实验，提高学生的数学成绩。

二、实验设计

（一）实验研究的设计——采用单因素分层等组实验设计

因素（自变量）是采用数学"问题—探究—解决"教学模式，因变量是不同成绩的学生数学学习兴趣、态度，学生的探究能力、创新能力，学业成绩的变化情况。

具体做法：通过测试将学生分成三种层次，即高，中，低三层，每一组又分实验组和对照组，通过实验处理去发现实验因素对不同水平学生在数学学习兴趣、态度，数学探究能力、解决问题的创新能力以及数学学业成绩方面的实验效果是否显著。

（二）无关变量的控制

1.在被试变量方面

实行随机分班，保证实验初测结果中实验班与对照班的学生人数、性别比例相当，学生智力水平、学科成绩无明显差异。

2.在教师变量方面

保证实验班与对照班由学历、教学经验和管理水平相当的教师任教，同时实验班教师要非常熟悉问题解决及探究性教学模式实验的教学思想、原则和方法，体现实验意图。本实验中，实验班和对照班由同一教师任教，因而构成一对等组。

3.在教学投入方面

保证实验班和对照班在课程设置、教材范围、教学设备等方面基本一致。为避免"罗森塔尔效应"，未向实验班学生告知他们为实验对象。

（三）统计分析

采用 t 检验对数学成绩基本相当的学生在数学学科的学业成绩以及学生的数学学习兴趣、态度、问题探究能力和创新能力等方面的实验效果进行实验班和对照班的横向差异显著性检验。

三、被试

被试是青岛市黄岛区第九中学高一年级 6 班和 8 班的学生，其中 8 班是实验班，6 班是对照班。在任课教师的帮助下，以学习成绩作为主要参照标准，将每班分成三种层次：高层次学生、中等学生和低层次学生。

四、材料

（一）教学材料

试验班和对照班均采用人教版全日制普通高级中学教科书（实验修订本·必修）数学第一册（下）和第二册（上）。

（二）测试材料

1.学生数学学习兴趣、态度问卷调查表；

2.学生数学问题探究能力问卷调查表；

3.学生学业成绩测试材料。

五、课题实施的环境

（一）硬件环境

适合开展信息技术与课程整合的硬件环境：网络机房、多媒体教室和连接到 Internet 的校园网，而且 95%的学生家中都有电脑。

（二）信息技术与数学课程整合的平台系统

1.Z+Z 智能知识平台

Z+Z 智能知识平台能够非常好地创建数学学习的虚拟情境，适合培养学习者的创新能力，支持教师在这个平台上进行多媒体课件的二次开发，是一个便于在课堂上演示教学和学生利用光盘进行个别化学习的知识平台。

2.虚拟学习社区

学习社区，是一个网络化的教学支撑平台和由学习者、教师等组成的人机系统。它可以非常好地支持开展基于网络的自主学习，它不仅给学生提供了各种 CMC 学习支持工具，而且还为教师提供了多种教学管理、教学组织和教学辅导工具，能够有效地开展研究性学习。

3.几何画板

"几何画板"是人民教育出版社和全国中小学计算机教育研究中心于1995年联合从美国引进的工具平台类优秀教学软件，是一个适用于几何（平面几何、解析几何、立体几何、三角函数等）教学的软件平台，它为老师和学生提供了一个探索几何图形内在关系的环境。《几何画板》操作简单，只要用鼠标点取工具栏和菜单就可以开发课件，它无需编制任何程序，一切都要借助于几何关系来表现，用《几何画板》进行开发速度非常快。

六、实验的实施

（一）前测

在任课教师的帮助下，通过对测验成绩和平时成绩进行综合评定，按从高到低排列，将两班学生分成高、中、低三组。检验实验班和对照班在数学学习成绩方面的差异性，并通过问卷调查对两个班学生在学习兴趣、态度方面以及探究、创新能力方面进行横向差异的显著性检验。

统计分析采用 t 检验对不同层次学生在数学学习兴趣、态度方面的横向差异进行显著性检验，对不同层次学生在应用数学独立解决实际问题的创新能力方面的实验效果进行实验组与对照组的横向差异显著性检验，以及对不同层次学生在数学学习成绩方面的实验效果进行横向差异显著性检验。

（二）处理

因实验组和对照组是同一教师任教，故构成一对等组，进行实验，青岛市黄岛区第九中学高一 8 班为实验班，高一 6 班为对照班。

在实验班尽量应用信息技术构建的新型数学教学模式教学，对照班进行传统教学。两个班统一使用一切课外资料，统一作业量，绝不增加实验班学生的负担。

（三）后测

后测采用期末测试试卷进行统一考试，并依据考试结果进行实验组与对照组学生在数学学习成绩方面横向差异的显著性检验。对学生学习数学的兴趣、态度进行调查统计，并做实验班与对照班学生在学习数学兴趣、态度方面横向差异的显著性检验。对学生的数学问题探究能力和解决问题的能力进行调查分析，并做实验班与对照班学生的问题探究能力和创新能力方向横向差异的显著性检验。

七、研究结论

（一）数学学习兴趣方面的比较

教育心理学告诉我们：兴趣是力求认知和探究事物的心理倾向，它由获得该方面的认知在情感体验上得到满足而产生。学习兴趣是力求认知和探究学习对象，并带有强烈情感色彩的认知倾向。数学学习兴趣则是学生对数学知识和数学学习活动积极探求认知的倾向,表现为对数学和数学学习的爱好，它对数学学习动机的形成和学习效果同样有着直接的影响。

为了研究数学"问题—探究—解决"教学模式对数学课堂教学的影响，通过调查问卷的形式特地调查了实验班和对照班三组学生的数学学习兴趣。该调查分为实验前测试、第一次后测和第二次后测，测试结果见下表：

三种层次的学生在数学学习兴趣方面的比较

水平	组别	人数	实验前测试		第一次后测		第二次后测	
			平均分	标准差	平均分	标准差	平均分	标准差
高层次学生	实验	13	62.77	4.87	65.70	4.77	67.92	3.77
	对照	13	61.00	5.08	61.31	5.48	62.77	4.87
	t		0.91		2.18		3.02	
中等学生	实验	15	53.20	7.09	60.93	7.66	62.27	7.32
	对照	15	54.27	7.67	54.40	7.61	55.20	6.26
	t		-0.40		2.34		2.84	
低层次学生	实验	12	29.50	9.22	34.58	12.23	39.83	12.01
	对照	12	30.58	10.27	29.83	10.19	30.17	9.93
	t		-0.27		1.03		2.15	

由此可以看出，实施"问题—探究—解决"教学模式对不同层次学生的影响是有差别的，总的来说，该模式能明显提高学生的数学学习兴趣，转变学习态度。究其原因，有以下几点：首先，由于在教学中尽可能创设真实的问题情境，使学习目标具体，学生探索欲望强烈，从而激发了学习兴趣。其次，在探索中体验到成功的喜悦，使学生"学中乐，乐中学"，进而形成良性循环，学习兴趣逐步提高。另外，在探究过程中，学生之间平等、协作、交流，在宽松、民主的教学氛围中保护了学习兴趣。最后通过反思，教师鼓励性评价以及变式训练，更增强了学生的学习兴趣。

（二）在探究能力方面的比较

能力是人们表现出来的解决问题可能性的个性心理特征，是完成任务、达到目标的必备条件。美国科学促进协会教育委员会的桑德和特罗布雷奇在对探究式学习的技能进行了全面的研究后，提出了关于探究的五个方面的技能，即：收集技能、组织技能、创造技能、操作技能、传达技能。北师大的周春荔、连四清认为探究能力是顺向推理能力发展到高级阶段，学习者对复杂多变的问题情境进行抉择，通过分析、推理、引申和适当地变通原有产生式的条件模式，寻求问题的可解途径的能力。

（三）实验结论

本研究通过相应的课例分析，论述了应用该教学模式进行课堂教学的可操作性。通过为期一年的实验研究进行统计分析得出如下结论：

1.信息技术与中学数学课程整合中构建的数学"问题—探究—解决"新型教学模式能大面积提高中学生学习数学的兴趣，提升中学生的探究能力和创新能力，学生的数学学习成绩也有一定程度的提高。

2.数学"问题—探究—解决"教学模式能充分直观地展示数学知识的发生、发展过程，培养学生的探索精神和创新思维；能使许多抽象的概念具体形象化；能对一些知识进行动画演示，层层展示，反复播放；能培养学生收集和处理信息的能力以及交流与合作的能力。

3.数学"问题—探究—解决"教学模式有助于学生逐步运用现代信息工具进行知识和信息的获取、分析、加工和利用的能力培养，为今后的终身学习奠定基础。

第九章　应用多媒体技术优化中学数学教学模式

第一节　多媒体技术辅助教学的理论和技术基础

一、CAI 产生的心理学基础

CAI 产生的心理学理论基础，既有经验主义的学习理论，又有理性主义的学习理论。在经验主义的学习理论中，与 CAI 的关系最为密切的，当属斯金纳的操作条件反射说及其在教育、教学中的应用"程序教学"。而在理性主义学习理论中，与 CAI 产生的关系最为密切的，首推信息加工学习理论。

（一）斯金纳的程序教学与 CAI

斯金纳在操作条件反射实验的基础上，根据刺激（提问）—反应（回答）—强化（确认）的原理，制定了程序教学。程序教学的三个基本部分是：①把教学材料分成一系列按一定程序排列的小项目，在每个小项目中都提出问题；②学生的回答，回答的形式可以是填空、答题、选择回答或解决一个问题；③立即提供正确答案，答案可以包括在同一程序结构内，也可另纸提供或见之于教学机器的不同窗口，学生答对了，就可以进而进行下一个项目的学习。由莫尔在 1969 年发展出的计算机辅助教学（CAI），正是建立在斯金纳的程序教学的学习原理上，程序教学是一种自我教学的技术，它把所有的教学负担都交给教学机器或程序教材去担当。程序化教学是通向自动化和个体化教学的新途径。50 年代初，斯金纳根据操作条件反射和强化理论，发明了程序教学机器，由于教学机器本身难以实现快速反应，容量小，不能记忆等缺点，不能实现教学目的。七八十年代，由于计算机特别是微型计算机的出现，程序教学的作者利用计算机速度快，容量大的特点来呈现程序教材，进而逐步发展为计算机辅助教学。

（二）信息加工学习理论与 CAI

信息论本来应该是用数理统计方法来研究信息处理和信息传递的科学。

从上世纪五十年代开始，信息论开始向各门学科冲击，人们试图把信息这个概念、方法用来解决本学科面临的许多未能解决的问题。其代表人物米勒（G.A.Miller）、特雷斯特曼（A.M.Treistmn）、费根鲍姆（E.A.Feigenbaum），他们受到信息论和计算机科学的启发，认为电子计算机的程序和表现的功能与人的认知过程及学习过程之间是可以进行类化的，把人看成是类化计算机式的信息加工系统，他们都试图用信息加工的观点，研究人的认知和学习过程。信息加工学习理论的基本观点认为，学习是信息符号输入、加工编码、存储、提取和应用的过程，是凭借信息在内部的环路循环系统而实现的。当学习的信息加工理论作为一种学习理论在教育教学界占有一席之地时，人们自然地加强了对计算机在教学中的应用的研究，进而推动了计算机辅助教学的发展进程。

另一方面，我们也应看到，从事计算机研究的专家，在接受学习的信息加工理论之后，也试图从学习者的角度出发，加强对计算机本身（包括硬件和软件）的研究，尽可能使计算机的"思维"与学习者的思维协调一致起来，以帮助学生的学习，这从客观上促进了计算机辅助教学的发展。

（三）选择性注意理论与CAI

在现代认知心理学中，注意是信息加工理论框架的中心概念。注意是个体受内外动机的驱使，有选择地指向并集中于一定对象或活动的心理现象，认知心理学特别强调注意的选择性（selective attention）将注意看作是信息加工的内在机制，其基本作用在于对信息进行选择并调节行为。选择性注意理论是从大量的心理学实验研究中探索、总结出来的有关人脑是如何进行信息加工的内在规律，因此这个规律对运用多媒体技术进行教学有很强的指导意义，多媒体技术能利用计算机技术，把文本、图形、图像、动画、声音和视频集成处理，使信息变得更生动、更丰富多彩，应用于教学中能取得较高的教学效率与效益。在教学活动中，以选择性注意理论作为指导，科学地选择、组织、控制各种媒体的使用，可以加深学习者学习的识记成效，提高学习效率和学习成绩。

二、CAI产生的教与学基础

（一）CAI的产生有深厚的教与学基础

与"现代教育"的基本观点在美国的流行有着十分密切的关系，CAI最初是在美国开展起来的，而现代教育的提倡者，即美国著名的教育家杜威所倡导的现代教育对 CAI 的推广起到了推波助澜的作用，所以说，CAI 能在美国产生与"现代教育"思潮在美国的出现是不无关系的，"现代教育"以学生为中心进行活动教学。"现代教育"认为，在科学技术飞速发展的今天，人们开始极端重视人的智能开发。"因此在教学中必须以学生为中心，尊重学生的需要，培养有个性的学生，强调学生独立自主地学习，从而形成学生多方面的能力，特别是学生主动的学习能力和学习态度。"现代教育"的这些主张无疑与 CAI 的设计者所提倡的主旨不谋而合，因而，我们说，"现代教育"的基本教育教学观为 CAI 的产生和发展奠定了坚实的、直接的教育教学理论基础。

（二）建构主义学习理论与教学理论

1.建构主义的由来与发展

建构主义（constructivism）也译作结构主义，其最早提出者可追溯至瑞士的皮亚杰（J.Piaget）。他是认知发展领域最有影响的一位心理学家，他所创立的关于儿童认知发展的学派，人们称为日内瓦学派。皮亚杰的理论充满唯物辩证法，他坚持从内因和外因相互作用的观点来研究儿童的认知发展。他认为，儿童是在与周围环境相互作用的过程中，逐步建构起关于外部世界的知识，从而使自身认知结构得到发展。儿童与环境的相互作用涉及两个基本过程："同化"与"顺应"。同化是指把外部环境中的有关信息吸收进来并结合到儿童已有的认知结构（也称"图式"）中，即个体把外界刺激所提供的信息整合到自己原有认知结构内的过程；顺应是指外部环境发生变化，而原有认知结构无法同化新环境提供的信息时所引起的儿童认知结构发生重组与改造的过程，即个体的认知结构因外部刺激的影响而发生改变的过程。

在皮亚杰的上述理论的基础上，科尔伯格在认知结构的性质与认知结构的发展条件等方面作了进一步的研究；斯腾伯格和卡茨等人则强调了个体的主动性在建构认知结构过程中的关键作用，并对认知过程中如何发挥个体的主动性做了认真的探索；维果斯基创立的"文化历史发展理论"则强调认知过程中学习者所处社会文化历史背景的作用，在此基础上以维果斯基为首的维列鲁学派深入地研究了"活动"和"社会交往"在人的高级心理机能发展中的重要作用。所有这些研究都使建构主义理论得到进一步的丰富和完善，为实际应用于教学过程创造了条件。

2.建构主义学习理论和教学理论

如上所述，建构主义本来是源自关于儿童认知发展的理论，由于个体的认知发展与学习过程密切相关，因此利用建构主义可以比较好地说明人类学习过程的认知规律。下面就从"学习的含义"与"学习的方法"这两个方面简要说明建构主义学习理论的基本内容。

（1）关于学习的含义：学习是获取知识的过程。建构主义认为，知识不是通过教师传授得到，而是学习者在一定的情境即社会文化背景下，借助其他人（包括教师和学习伙伴）的帮助，利用必要的学习资料，通过意义建构的方式而获得。由于学习是在一定情境即社会文化背景下，借助其他人的帮助即通过人际间的协作活动而实现的意义建构过程，因此建构主义学习理论认为"情境""协作""会话"和"意义建构"是学习环境中的四大要素或四大属性。

（2）关于学习的方法：建构主义提倡在教师指导下的、以学习者为中心的学习，也就是说，既强调学习者的认知主体作用，又不忽视教师的指导作用，教师是意义建构的帮助者、促进者，而不是知识的传授者与灌输者。学生是信息加工的主体，是意义的主动建构者，而不是外部刺激的被动接受者和被灌输的对象。学生要成为意义的主动建构者，就要求在学习过程中从以下几个方面发挥主体作用：①要用探索法、发现法去建构知识的意义；②在建构意义过程中要求学生主动去搜集并分析有关的信息和资料，对所学习的问题要提出各种假设并努力加以验证；③要把当前学习内容所反映的事物尽量和自己已经知道的事物相联系，并对这种联系加以认真的思考。

教师要成为学生建构意义的帮助者，就要求教师在教学过程中从以下几方面发挥指导作用：

①激发学生的学习兴趣，帮助学生形成学习动机；②通过创设符合教学内容要求的情境和提示新旧知识之间联系的线索，帮助学生建构当前所学知识的意义；③为了使意义建构更有效，教师应在可能的条件下组织协作学习，并对协作学习过程进行引导使之朝有利于建构意义的方向发展。

（3）维果斯基的"最邻近发展区"理论：维果斯基的"最邻近发展区"理论认为，在儿童智力活动中，对于所要解决的问题和原有能力之间可能存在差异，通过教学，儿童在教师帮助下可以消除这种差异，这个差异就是"最邻近发展区"理论。可见儿童的第一个发展水平与第二个发展水平之间的状态是由教学决定的。即教学可以创造最邻近发展区。

三、CAI 产生的技术基础

计算机辅助教学是运用计算机来辅助教师的"教"和学生的"学",顾名思义,计算机辅助教学是离不开计算机的,如果没有计算机,特别是当今高度智能化计算机的出现,计算机辅助教学也就不可能产生。尤其是近年来,计算机生产技术的进步,存贮成本的降低,使大量的存贮信息成为可能。目前,一方面硬盘的价格大幅度的降低,另一方面 CD-ROM 光盘的大量使用,使得存贮容量不再是问题。图形、动画、音像等各种素材得以大量存储和自由调用,为多媒体辅助教学打下了良好的硬件基础。同时,平台软件为 CAI 软件制作提供了方便的开发工具。由于计算机技术的迅速发展,其功能不断加强,操作却越来越简便和易于掌握,这不但使计算机人员编制 CAI 软件成为现实,而且使 CAI 软件实现了多媒体技术。

第二节 多媒体技术是优化现代教学模式的有效手段

一、多媒体及多媒体教学

1.什么是多媒体

"多媒体"一词是由英文"Multimedia"翻译而来,Multimedia 其实是由 multiple 和 media 两字合成的新字。Media(媒体),其种类繁多,通常像文字、图案、视频影像、电脑动画、语音……都可以被认为是传递信息的媒体;Multimedia 中的 Multi 字首源于 multiple,表示"多个、多种的",所以 multiple+media 组成的 Multimedia 一词就是"多种媒体"的意思。

2.什么是多媒体技术

多媒体技术是把文字、图形、图像、声音、动画、视频等多种媒体信息结合在一起,并通过计算机进行综合处理、控制和显示,将多媒体各个要素进行有机组合,并完成一系列随机性交互操作的信息技术。

3.什么是多媒体辅助教学

多媒体辅助教学就是利用多媒体计算机综合处理和控制符号、语言、文字、声音、图形、图像等多种媒体信息,把多媒体各个要素按教学要求进行有机组合并显示在屏幕上,同时完成一系列随机性交互式的操作,是计算机辅助教学的重要组成部分。

4.什么是多媒体组合教学

多媒体组合教学是指在以班级授课形式的课堂教学过程中，根据教学内容与教学目标的需要，合理地选择和应用现代教学媒体，继承传统教学媒体的有效成分，使两者有机地结合起来，各取所长，互为补充，相辅相成，构成教学信息传输及反馈调节的优化媒体群，共同参与课堂教学的全过程，达到教学过程的优化。

二、应用多媒体技术优化中学数学教学

1.多媒体技术优化课堂教学的概念

多媒体优化课堂教学就是根据教学内容和教学目标的需要，继承传统教学媒体的优点，合理地引进现代教学媒体，使两者各发挥其优势，互为补充、相辅相成，构成教学信息及反馈调节的优化教学媒体群，共同参与课堂的全过程，使多种教学媒体信息作用于学生，形成合理的教学过程体系，使学生在最佳的学习条件下学习，充分挖掘每个学生的聪明才智，达到教学效果的最优化。

2.多媒体技术对中学数学教学的优化功能

（1）创设情境，帮助理解几何概念。学生学习数学概念效果的好坏在相当大的程度上取决于课堂教学的成败，要让学生了解概念提出的背景，体会概念抽象的过程，就要创设富有启发性的教学情境，需要提供丰富直观的材料；从目前的教学现状看，这种材料显得贫乏，不少学生缺少从感性到理性认识的过渡，思维活动不够活跃。

（2）动态演示，实时精确计算，突破定理教学的难点。在以往的数学教学中往往只强调"定理证明"这个教学环节的逻辑思维过程，而不太考虑学生们直接的感性经验和直觉思维，致使学生难以理解几何的概念与几何的逻辑。《几何画板》可以帮助学生从动态中观察、探索和发现对象之间的数量变化关系与空间结构关系，使学生从"听数学"转变为"做数学"。

（3）让动态图形说话，突破数学语言教学的难点。数学语言是数学思维的载体，也是数学交流的工具。由于数学思维具有严谨与抽象的特性，数学语言具有严谨、精练、形式化和符号化的特点。在课上通过数学语言表达的意思他们往往不能全部理解或产生误解，数学语言的障碍成了交流与理解的障碍。因此，几何需要图形站起来讲话，让图形作为学生理解的基础。

（4）动态模拟，显示轨迹的形成过程。这是指计算机要用地恰到好处，恰好针对传统教学手段的不足和教学的需要。传统教学中对轨迹的形成过程、动态表现任意以使学生发现规律等方面存在很大的限制。计算机强大的对数据和图形的处理能力以及一定的交互能力对数学教学都极有价值，在上述很多方面是传统手段力所不能及的。

（5）开展数学实验，进行研究性学习。一般人认为，数学是思维科学并非实验科学，其特点是逻辑和计算，于是，研究数学一张纸一只笔足矣，实验对数学来说没什么必要。其实，获得数学知识的过程同样离不开反复的实验与观察，既而是对实验观察资料的思考：归纳、类比、联想、猜想……单凭逻辑推理是发现不了数学的。

随着科学技术的进步以及人们面临数学问题的复杂性，许多数学实验靠手工完成不仅困难甚至根本不可能。这时计算机显示了超凡的威力。它的快速计算和绘制图形的功能得到了数学家的青睐。任意改变参数，计算机能迅速显示结果，这不仅提高了实验效率，而且能完成原来靠一只笔、几张纸不能完成的实验。

三、多媒体辅助中学数学教学的几种模式

信息技术整合于数学教学，将带给教师教的过程与学生学的过程以极大的变革，会带来教学形式的多样化、教学过程的优化和教学效果的提高。信息技术整合于数学教学的模式是多种多样的，有的整合模式是利用信息技术来完善传统的教学形式，给传统教学形式赋予新的内涵和生命力。本文主要分析以下三种形式：课堂教学的教师演示模式；问题自主探究教学模式；"资源利用—主题探究—合作学习"教学模式。

（一）课堂教学的教师演示模式

抽象性是数学的特点之一。教师的课堂演示教学，在整合的教学思想指导下，有效地利用了信息技术在数学教学中的作用，对于教师难以进行有效编码和学生难以通过书本和教师讲解来理解的内容，可以利用计算机多媒体演示一些动态图形，或把抽象的内容形象化，利用图形、图像的变化，从形象思维与抽象思维和谐发展的角度出发，为学生提供具体的、直观的材料，把数学知识形象化地展现出来，使学生易于感知、想象和联想，达到对数学内容的理解和掌握，从而有效地突破教学难点、掌握重点。

（二）问题自主探究教学模式

中学数学问题自主探究式教学模式即"以问题为中心，在探究的过程中学习"的课堂教学模式。它是以主体教育为指导思想，在教师指导下，以主体探究问题、再创造知识为学习方式；以问题设计、学习指导为教学方式的一种新型数学课堂教学模式。教学的基本出发点是以学生为中心，发挥学生的主观能动性和创造性，但必须在教师指导下探究和解决问题。

第三节　应用多媒体技术优化中学数学课堂教学模式的实验研究

一、实验研究方法

（一）实验对象

选取青岛市黄岛区第九中学的两个各方面情况相近的班级作为研究对象。1班作为实验班，3班作为对照班。两个班在总人数、平均年龄、性别等方面都基本一致，同时要对他们进行上课注意力观察。

（二）实验时间

本实验的研究时间为半学年。

（三）变量

本实验为等组实验，实验变量设计如下：

1.自变量

在数学教学中应用信息技术和传统数学教学手段；

2.因变量

学生在数学学习成绩和情感态度等非智力因素方面的提高；

3.干扰变量的控制

实验班与对照班的学生数量、基础、师资力量基本相当，教材、课时、作业、测试内容、评分标准完全相同；在实验过程中，不让学生知道在参加实验。

（四）实验材料

1.教学材料

实验阶段的学习内容为《义务教育课程标准实验教科书数学》八年级下

册。这一册中共有五章，教学内容包括"分式""反比例函数""勾股定理""四边形""数据的分析"五大部分。

2.实验材料

计算机、数学课件（自编及其他），传统媒体及多媒体和网络技术。

3.测试材料

实验所用问卷调查（自编），测验试题，实验班与对照班依次进行前期测验、后期测验的成绩记录，测验试题采用统一考试标准化测试题。记录的测验项目有：①实验班与对照班的平均分、标准差统计记录。②实验班与对照班的认知类，包括记忆、理解、简单应用、综合应用等项内容的平均分、标准差统计记录。旨在检验多媒体辅助数学教学是否能够促进中学生数学学习成绩的提高，及其对不同项目的作用。

4.实验环境

多媒体教室或多媒体网络教室。

二、实验实施过程

（一）前测

正式开始实验之前，我们对两个班进行了测试并将各数据列表。

实验班、对照班的基本情况及前测成绩

班级	人数	男生数	女生数	前测成绩		
				X_1	S_1	Z_1
实验班	62	37	25	94.15	5.360	0.229
对照班	62	38	24	94.37	5.360	

（二）实验实施的具体过程

1.准备阶段

参考国内外大量的相关文献，取其精华，去其糟粕，在科学理论的指导下，结合学校、学生的特点，制定出相应的措施，开展实验。

2.在教学设计中首先遵循以下七条原则

（1）目的性和启发性原则：A.目的性原则。目的是多媒体辅助数学课堂教学的出发点和归宿，落实在一节课中就是目标。目标指导和支配着一切课堂教学活动。最优化的数学教学目标体现在目标设计的完整性（整体性）、可操作性和适切性三个方面。确定目标时，要遵循"最邻近发展区"理论设计，力求合理可行。B.启发性原则。在数学课上使用信息技术不能追求表面的生动、界面的漂亮，而应注重有启发性，让学生有思考的欲望。有些内容过去单凭教师的"说"，学生不好理解，现在信息技术能帮助教师"讲话"，抽象与直观能有机地结合起来，情况就大不相同了。

（2）整体性原则：包括两方面含义，一是多媒体辅助数学教学所承担的对象具有整体性。在教学中要把丰富学生的精神世界，促进他们的心理发展与增强学生体质结合起来，要注意学习者的生理、心理与智力技能的和谐发展，提高学生的整体素质。二是多媒体辅助数学教学系统具有整体性。要使多媒体辅助数学教学的功能得到充分发挥，取得最佳效果，必须树立整体观念，适时处理好各个要素之间的关系，使各要素在完成具体的目标过程中，实现有机配合，使多媒体辅助数学教学整体功能得到最充分的发挥。

（3）主体性原则：在多媒体辅助数学课堂教学中，我们要把握好师生关系。体现出教师和学生都是主体，是双主体。只有充分发挥教师的主导性和学生的主体性，即两个方面的积极性，才能取得良好的教育、教学效果。

（4）视听与思考结合的原则：视听与思考相结合的原则，就是多媒体辅助数学课堂教学不能使学生的认识仅仅停留在感性阶段，而必须从感性上升到理性，由形象思维向抽象思维转化。在多媒体辅助数学课堂教学中要注意问题情境与真实情况的统一，既要为学生提供丰富的事物的具体图像，又要善于运用词语进行恰如其分的讲解，使多媒体演播和教师的讲解密切配合，做到演播适时，讲解恰当。

（5）媒体选择与组合的最优化原则：媒体的选择与组合应是目前条件下最佳的、最好的。各种媒体都有不同的功能和特点，选择媒体时要考虑教学的需要和媒体的特点与功能，注意选择那种能够获得更好效果的媒体。使用多种媒体比只用一种媒体的学习效果大。因为教学包括许多环节和步骤，需要多种媒体配合。也因为多媒体可以使学生通过多种感觉器官去接受知识，从而增强学习效果。

（6）及时、准确的反馈原则：多媒体辅助数学课堂教学必须有反馈通道，利用反馈来实现调控。所谓"反馈"就是从教学对象处获得信息，以作为调控教学过程的依据。学生对教师的教学做出的反应是反馈；教师对学生的反应做出评价，也是一种反馈，也称再反馈或反馈的反馈。不论是学生的反馈还是教师的反馈，都要及时、准确，才能起到调控教学过程的作用。在多媒体辅助数学课堂教学中应经常注意来自学习者的反馈信息，及时、准确地了解学生的情况。

（7）效益性原则：多媒体辅助数学课堂教学要讲效益。讲效益既要讲教学效益，也要讲社会效益和经济效益。在教学中要以学生、社会、国情为出发点。要有利于学生的发展，适应社会的要求。否则，就不会有生命力。

3.实验的正式实施

由于实验学校地处城乡结合部，受经济条件、家庭环境等综合因素影响，学生早期素质培养不够，具体表现：一是平均成绩在全区范围内处于中下水平；二是很多学生元认知能力较差，不完成作业、上课不听讲的现象时有发生；三是很多学生对数学课很恐惧，时常有厌学的情绪；四是我校学生大部分住校，上晚自习，周六补课，每隔两个星期考试，学生们任务重，压力大，产生了厌学的情绪。如果放手让学生自主学习，很有可能失败，所以我们在做实验过程中，结合我校具体情况采取了如下措施：

（1）教学前准备：A.分组。在教学过程中，我们采用分组讨论的形式。分组的依据为：学生的学习成绩、知识结构、学习能力、性格特点、男女搭配等，其中主要的是以互补的形式为主，成绩好的与成绩差的搭配，性格内向的与外向的搭配，两家住的比较近的等，每组成员为5～6名，共10组，每组设立小组长，全面负责小组的讨论和学习安排，对各成员进行分工，例如：成绩好的负责"一对一"辅导成绩差的，在讨论的过程中，组织讨论，让每一名学生都能发表自己的意见，下课后督促检查学生的学习情况。

B.在选用媒体上，我们做了如下两个方面的考虑。

a.根据教学内容的需要合理地选用多媒体，创设情境，为学生协作探究提供工具。

b.创设情境时，要限定范围让学生发现问题。

C.教学设计中问题的设置要具有科学性

a.主题性

也就是说问题要有一定的指向性，指向课堂教学目标，指向教学的重点与难点，指向学生学习的需要。这样才能使学生的思维具有明确的指向，才能集中精力主动地思考问题，不会因为漫无目标或无关紧要的问题而影响和分散精力。

b.开放性

明确了问题的主题以后，问题还应具有开放性（开放性的设计、开放性的思路甚至开放性的结论），让学生从不同层次、不同侧面、不同角度、不同方向对问题进行思考，打破其墨守成规的思维定式，促进他们进行发散性思维，把问题理解得更牢固，运用时才能更灵活。

c.适度性

问题起点过低或难度过高都容易导致"滑过现象"的发生。低难度问题考虑合并提出，高难度问题进行层次分解，按照思维由浅入深、由简单到复杂的规律设置问题，前为后做铺垫，后为前做深化，引导学生逐步解决目标问题。

d.延伸性

是指所设计的问题既构建着当前教学应该解决的问题，又适当蕴含着潜在的与当前教学目标相关的问题，给学生留下课后思考的空间，创设一种完而未完、意犹未尽的学习心理环境，使课堂问题具有延伸性，让学生兴趣盎然地循着课堂设计的问题线索进行课外的学习和思考，以增加自主思维的时间和机会。

（2）教学过程

A.在进入情境这个环节中要特别注意视听与思考结合原则和媒体选择与组合的最优化原则，充分体现我们利用多媒体创设情境，目的是激发学生的学习动机，所以我们采用的策略是：注意课本例子与学生生活实际相结合，让学生"身临其境"，经历知识的产生和发展，引导学生在体验中理解事物的本质，掌握数学规律。

B.独立探索这个环节中教师要注意贯穿主体性原则

a.在这个环节中，我们要创设和谐、民主、自由、合作的关系，教师要鼓励、引导学生积极提出自己的见解或疑问，而且不论正确与否都要进行必要的讨论，并给予适当评价。

b.教师在这个环节中，要教给学生一些自我监控的方法。对于经常不听讲的同学，我们教给他们：当他们不注意听讲时，要小声地告诉自己："再坚持一会""我要向好同学学习""别人能坚持一节课，我也能"等等。

c.教给学生学习策略。在每一单元后，教材有整理和复习课，这节课的安排主要是对本单元的内容进行归纳和总结。在实验中，我们不仅让学生自己做归纳，还要教给学生一些学习策略。

C.协作学习这个环节是目的性原则、整体性原则、主体性原则以及视听与思考结合原则的综合体现，这个环节是学生意义建构的关键环节。根据相关的理论和以往的经验，我们做了以下几个方面的调整。

a.小组合作中要协调好组内的关系。小组协作中普遍会出现这样的问题：基础好的同学踊跃发言，积极动脑提问题，找解决的办法，主动建构自己的知识体系，而基础相对较差的同学不主动思考或无法归纳总结思考结果，在心理上容易产生压力。

b.对于不经常讨论发言的同学，我们要分析原因。不会回答问题的同学可以采用个别辅助，如"一对一"辅导。对于不敢发言的同学可以用"言语劝说""培养他们的自信心"等等方法。

c.教师也要组织好学生讨论，要事先设计好学生讨论的问题，关键时要引导学生进行讨论，防止学生跑题。

D.效果评价：效果评价是反馈原则的重要体现。

让学生自我反思。反思是监控的必要条件，没有反思就没有监控。这种反思过程包括四部分内容：一是本题错在哪里？二是为什么会想到这样做？三是正确的做法是什么？四是正确的做法的依据是什么？这种反思过程的目标是让学生回顾自己的思路，推敲每步的逻辑依据，对错题做法进行反思，达到领悟的目的。

第十章　中学数学创新教学模式及体系构建

第一节　中学数学创新教学模式的含义和特点

一、创新教学模式属于教学模式

教学模式是根据一定的教育思想、教育和教学目的，运用一系列教学手段、方法，组织展开教学的一般性教学程序。广大教育工作者在教育方法、教学模式领域进行了多方面的探讨，创造教学模式的概念，就是概括这些探讨、创造而得到的一个重要理论成果。

二、创新教学模式是能培养学生的独创性乃至创造性的教学模式

主导创新教学模式的教育和教学目的在于培养学生的独创能力乃至创造能力，它所体现的更一般的教育目的就是培养创造性人才，创新教学模式的教育和教学目的就在于培养学生的独创力乃至创造力，独创力乃至创造力是创新教学模式的能力目标。

三、创新教学模式是运用能充分调动学生的积极性和独创性的教学方法与手段组织建构起来的教学模式

教学方法是开展教学所运用的方法，运用于教学上的方法多种多样。教学手段是教学所运用的手段，其特殊规定性在于它是统一在教学中。富有创造性的教师，根据调动学生积极性、创新性和培养创造性人才的目的，组织运用不同的教学方法、教学手段，就可以建构成不同的创新教学模式。

四、创新教学模式是由富有创造性的教师组织建构起来的教学模式

教学模式是教师展开教学的一般性方式，作为一种行为方式，其主体是教师，而能够组织建构创新教学模式的，是富有创造性的教师，而不是墨守成规的教书匠。

第二节 中学数学创新教学模式的探索

"教学有法，但无定法，因材施教，贵在得法。"中学数学课堂教学没有固定、唯一的模式。对中学数学教学的基本模式进行了较为深入的探索，并结合中学数学的特点在亲自体验的基础上加以适当的改进和完善，构建出了"引导探究教学模式""自学讨论教学模式""问题解决教学模式""开放式教学模式"等多种数学创新教学模式。

一、引导探究教学模式

引导探究教学模式是在美国心理学家布鲁纳所提倡的"发现法"的基础上加以改进的一种教学模式。"它是一种以问题为中心，学生在教师设置的问题的引导下，利用材料或依靠已有的知识经验和思维实践活动，主动地解决问题，以达到培养学生发现、探究的习惯与态度，掌握获取知识方法为目的一种教学模式。"

（一）理论依据

引导探究教学模式是以布鲁纳认知心理学学习理论为基础的一种探究性学习模式。布鲁纳认为，学习就是建立起一种认知结构，通过对新材料、新情境的不断探究，得到规律性认识。学习就是同化和顺应。引导探究教学过程的重点是探究，因此其学习过程是一种能力的活动。所以，布鲁纳格外重视学生的主动学习，强调放手让学生自己思索、探究和发现事物。

（二）教学目标

以解决问题为中心，注意学生的独立自主活动，引导学生通过亲身体验所学知识的形成过程来培养发现、分析和解决问题的能力，养成探究的态度和习惯，掌握探究的思维方法。

（三）实现条件

教师要用精练的语言为学生创设一个认识上的困难情境，使学生产生一种想解决这种困难的要求，从而能认真思考所要研究的问题；要求学生有一定的知识储备，能将问题情境转变为解决问题的情境，直到问题解决；要精选教材，能从中提炼出最基本的结构，难度要适中，根据教学需要为学生提供必要的资料、实验等。

（四）操作程序

引导探究教学模式的基本操作程序如下：

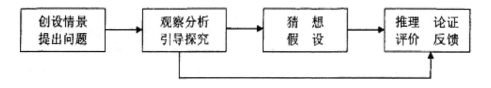

（五）评价

这种教学模式有助于改变学生过去那种消极、被动接受知识的状态，维持学生求知动机和兴趣；有助于学生深刻理解知识和持久记忆知识；有助于学生智力水平的发展和提高；有助于学生日后进一步学习和研究。

（六）值得注意的问题

1.要知识与能力并重，忌过分淡化知识。

2.要爱护学生创新的自信心，忌批评指责学生提出的设想。

3.要为学生探究成功提供帮助，忌形成学生无法成功的局面，多次失败可能使学生产生自我否定心理，失去创新激情。

二、自学讨论教学模式

自学讨论教学模式，即是"以学生的自主学习为基础，再辅以分组讨论为形式的一种教学模式，学生在整个过程中是学习的主人，体现自主性和自律性，而教师则是辅助者和积极参与者"。

（一）理论依据

自学讨论教学模式是借鉴皮亚杰的认知建构理论，遵循学生的认识规律，以素质教育思想为指导，学生全员参与为前提，自学为途径，讨论为形式，培养创新精神和实践能力为重点来组织课堂教学活动。人的知识很大一部分是靠自学获得的，基础教育阶段的学习，不在于给学生传授多少知识，重要的是教学生学会学习，培养其获取知识的能力。

（二）教学目标

自学讨论教学模式是变传统的"先教后学"为"先学后教"，变师生之间单一的授受关系为合作关系，通过教师的导趣、导学、导疑、导思、导法、导情，激发学生的学习兴趣，唤起学生的主体意识，使学生在积极参与自学读书、独立思考、研讨探究的学习活动中，主动获取知识或解决问题。

（三）实现条件

运用该模式时，教师要激趣引题，让学生初步感知问题的吸引力。学生要自律自控，认真对教师所提的问题进行仔细思考，切不可放任自流，否则达不到自学的目的。在学生进行了一段时间的思考之后，师生双方要互动，热烈讨论，大胆发言，共同探讨问题的最佳解决方案。

（四）操作程序

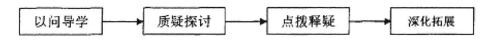

以问导学　→　质疑探讨　→　点拨释疑　→　深化拓展

三、问题解决教学模式

问题解决教学模式是"学生在数学问题情境中，在教师的启发、引导下，学生积极主动地解决问题，从而达到掌握数学知识，提高数学能力，加强数学实践的教学框架或教学活动程序"。

（一）理论依据

问题解决教学模式的形成和指导思想主要依据瓦根舍因·克拉夫基的范例教学论、杜威的实用主义教学论和罗杰斯的非指导性教学论。

（二）教学目标

问题解决教学模式是美国教育界20世纪80年代首先发展起来的一种教学模式。"它以解决问题为中心，注重学生的独立活动，着眼于创造性思维、意志力和知识迁移能力的培养"。

（三）实现条件

问题解决教学模式要能培养学生的创造性，使之成为一种创新教学模式必须具备以下条件。首先，要找准现实生活的切入点，寻求问题解决的方法，问题解决要为学生创设现实生活问题的情境，找准学生现实生活的切入点，使问题解决"有米可炊"。其次，要突破问题解决的关键点，探求问题解决的途径。再次，注重问题解决的开放性，优化问题解决的过程，开放性问题解决，能打破传统教学的封闭性，实现以问题为导向，"课内向课外""封闭题向开放题""低位能力向高位能力"的开放，在问题解决中培养学生的创新意识、创新精神与创新能力。最后，要激发解决问题的信心，引导学生体验问题解决的成就感，力求引导学生解决小问题的小成功到解决大问题的大成功，为学生的继续学习提供原动力。

（四）操作程序

问题解决教学模式的操作程序如下

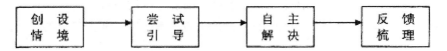

四、开放式教学模式

开放式教学模式，就是"破除以讲解教材，传授知识为主，阻碍学生创造力的传统方式，采用注重学生的个性和特点，以培养学生创新精神，实践动手能力和接受继续教育能力的开放模式"。

（一）理论基础

它是以人自身存在开放性、创造性的充分关注为前提，以引导人全面、自由、积极地生成为目的，从教学目标的制定到课程的实施，全面体现了开放特征的新型课堂教学模式。

（二）教学目标

开放式教学模式体现的是素质教育的思想，以创新教育为核心，以人的发展为首要目标，依据学生的先天素质和爱好特长，保证并实现个体发展目标与社会期待目标的统一，传授知识与培养能力的统一，在借鉴传统教育思想，融合国外先进教育思想基础上，积极探索和研究适合时代特点的新模式。

（三）实现条件

开放式教学模式的教学过程坚持以学生为中心，通过各种方式达到使学生学会知识和掌握能力。教学中，教师尊重学生的主体地位，充分发挥自身的主导性和学生的主体性，通过引导、点拨、讨论等方法，教会学生学习和运用知识，增强观察力、想象力、判断力，使学生逐步养成适应时代要求的思维方式。

（四）操作程序

开放式教学模式的操作程序如下：

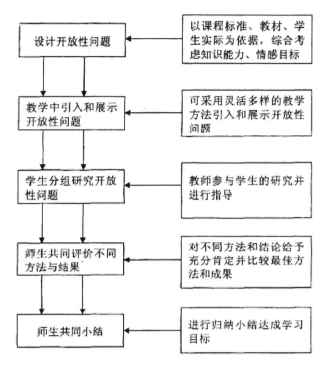

（五）评价

开放式教学模式的优点在于，它有助于培养学生思维的灵活性、发散性和创造性；其教学过程是学生构建，积极参与的过程，有助于培养学生的探索开拓精神和创造力；有助于全体学生的主动参与，有利于实现教学的民主性和合作性；有利于学生体验成功，树立信心，产生学习数学的兴趣；有助于提高学生提出问题、解决问题的能力。

第三节　中学数学教学模式的现实分析

一、当前中学数学主要的教学模式

历经几年的课改，数学课堂焕发了新的生机与活力，新型的教学活动正在许多中小学相继出现，然而，在一些农村中学及一些高中，新课程并没有很好的实施，教学模式仍然是以讲授为主的传统模式，这种传统教学模式主要是突出教学的主导作用，有利于学生在较短的时间内系统地学习基础知识和基本技能，其基本程序是：复习讲授—理解记忆—练习巩固—检查反馈，它源于赫尔巴特的四段教学法，以后凯洛夫等人对其重新加以改造后传入我国，在教学实践中长期盛行不衰。

虽然经历多年的教育教学改革，但传统教学模式在现实的教学中仍然占主导地位。传统教学模式以教师向学生传授书本知识为主要手段，以学生继承前人积累的知识为主要目的，以学生熟练掌握知识的数量和程度为主要评价指标。这种教学模式的教学主体定位在教师的"教"上；教学手段主要是教师在课堂上向学生"灌输"知识；教学内容主要来自于一本教科书，它没有把学生获取知识，发现，分析和解决问题的意识、思维和能力作为教学的中心问题给予关注。

大量的反复操作，重复劳动既花费了学生大量的时间和精力，更造成了学生学习兴趣的缺乏，导致教学效率和质量的下降，唯书唯上，教师唯教材、教参、教案至上，把教材奉为圣旨，学生对于课本知识绝对遵从，对教师一贯服从，长此以往所形成的后果是：学生不知道如何去学，缺乏批判性地分析问题和独立思考解决问题的能力，过分强调教学的社会价值而忽视其促进个人发展的价值，同时更束缚学生的创造能力，对学生全面素质的培养和个体长远的可持续发展都是不利的，学生没有真正被当成学习的主体，由于传统教学模式使学生处于接受教师提供信息的地位，客观上造成教师讲授多，而学生活动少，容易出现注入式教学和学生死记硬背，造成课堂教学的单调、枯燥和乏味，正如陶行知先生所批评的"读死书，死读书，读书死。"

二、存在的问题

目前的中学数学教学的这种模式存在以下几个方面的主要问题。

（一）中学数学教学主要还是以接受为主

在中学数学教学的实践中，大部分教师潜意识里都不自觉地将提高学生的接受能力当成教学中追求的最高目标。因此，他们虽然付出了长期艰辛的努力，但结果还是不尽如人意，造成了时间和精神的大量浪费。

1.教学内容的接受性

在课堂教学中，教师虽然能对教学内容进行引导性分析，让学生随之进行积极主动思考，但程度有限，师生间的问答式教学和教师讲、学生听的教学方法仍占有相当的比例。

2.教学程序的接受性

在整个教学的操作过程中，同样可见接受性倾向。教师、教学媒体、教学内容、学生四者之间形成了绝对稳定的结构形式和固定的活动进程，其结构形式可表示为：

（二）数学教师在培养学生创造力上缺乏有效方法，观念落后

尽管许多数学教师在教学岗位上兢兢业业，任劳任怨，其严谨的教学态度受到学生、家长和学校的好评，但不少数学教师对培养学生数学创造性的认识不高，工作中缺乏有效办法。创新教育的重要性尽人皆知，但创新教育的内容还有待于进一步丰富。名目繁多的参考复习资料，尽管打着"创新作业本""发散思维""思维点拨"等幌子，其实还是老一套，创新教育的方法和手段更需不断探索。有一种观点认为："创新教育确实重要，但那是高考以后的事，目前我们要对付高考。"在他们看来，创新教育与大学教育热烈拥抱，与职业技术教育亲切握手，与中学教育远远招手。可见，如果不探索出创新教育的一套切实可行的方法，创新教育将面临严峻挑战。

（三）应试教育根深蒂固，严重阻碍创造力的发展

现在的教育最关心的仍然是考试分数。我们的人才观似乎被"科举"意识蒙住了眼睛。简单地以为在奥林匹克数学竞赛中获得了名次，便是未来的数学家了。从小学到大学，尤其是中学，整个数学教学大多数是以解题为中心展开的，"题海战术"至今还没有得到彻底的改变，有些地方甚至愈演愈烈，学好数学，固然离不开解题，然而当今数学教学中的数学题，主要是由教师提供的，或者是书本上现成的，很少是由学生自己发现的；而且，在解题过

程中，只注意强调微观上严谨的逻辑演绎训练，却忽视了宏观上包括直觉、归纳、类比、联想、观念更新、顿悟技巧在内的策略创造，学生中许多富有生机的创造性思维被禁锢了，长此以往，数学成了逻辑的附庸，生动活泼的数学思想被束缚了，学生的数学创造发现能力得不到应有的培养。

（四）其自身的弊端阻碍学生的创造力

传统教学模式的教学主要来自教师，而学生这个学习主体未能参与控制，这样对来自学生方面的内部干扰就不能及时准确地进行调整，不能使教学系统达到真正的动态平衡，传统的教学模式采取教师传授知识的方法，没有或很少有"主体产生问题"的过程，学生一般处于被动接受状态，学习的行动没有预定的方向和要求，学生的主观能动作用不能得到很好的发挥，学生的观察、思维、想象能力不能得到迅速的发展，传统教学模式把问题嚼得过细，解决问题时常常是老师一讲到底，学生的智力得不到挑战，精神因素得不到充分的调动。学习过程中，学生较少获得积极的情感体验，意志品质也较少得到锻炼，传统的教学模式将四五十个学生集于一堂，采取"等量、同速、同要求"的教学，这就势必造成优生"吃不饱"，差生"吃不了"的局面，不利于实现大面积提高教学质量的目标。传统的教学模式，信息反馈渠道不畅通，教师获得和给予学生的反馈信息多数是延时反馈信息，这就使得有困难的学生不能及时根据他们的学习采取措施，有的学生日积月累，达到了不可补救的程度，最后严重厌学，成为流失生。

第四节 中学数学创新教学模式实施对策

一、更新教育观念

有什么样的教育观念就会有什么样的教育方法，观念是行为的指南针。人的现代化首先是观念的现代化。教育观念是人们在一定社会实践中，直接或间接形成的关于教育问题的比较确定的认识和看法。在教学中，教师的教育观念主要体现在三个方面。

（一）师生观

教学的过程也是一个人际交往的过程，在这个过程中，教师不论年龄，还是知识和经验都占据强势地位。教师若抱着"师徒如父子""师道尊严"，可以随意打骂呵斥学生的传统观点，师生关系就不会和谐，教学效果也不会好。在倡导民主、自由、平等的现代社会，师生之间应当"互相尊重、互相理解、互相信任"，在人格上是一种平等的关系，在学业上是一种"教学相长"的关系。教师对待后进生的态度是考量教师"师生观"的一个标尺。

（二）学生观

教师的"学生观"是教师对学生的最基本的认识和看法。学生是一个什么样的人？这是教师必须面对的问题，将决定教师对待学生的态度和方式。封建教育视学生为一个傀儡，一个奴隶，可以随意操纵；应试教育把学生视为无血无肉无情的、只会学习的"机器"，"只见分数不见人"；现代教育把学生视为有人格的、平等的、自主的、有潜力的人，相信每一位学生通过自己的努力都能主动的发展，"人人都能够创新"，这是教育的出发点，也是教育的归宿。其中突出的是教师如何认识和关注学生的"主动性""潜在性"和"差异性"问题，以利因材施教，促进学生个性发展。

（三）教学观

不同的教学理论对于教学观有不同的看法，教育家斯卡特金侧重于传授知识的内容，美国的布鲁纳侧重于学生获得的发展。在今天这个信息社会，教学主要着眼于促进学生全面、持续、和谐地发展。"数学教学是数学活动的教学，是师生之间、学生之间交往互动与共同发展的过程。"强调数学教学是一种活动，是师生的共同活动，这对于教师树立正确的数学教育观有重要的指导意义。中学数学在教学过程中要实现三维目标，即知识与技能、过程与方法、情感态度与价值观。三者是一个不可分割的整体，培养学生创新意识的意义是让学生创新从自发状态上升为一种自觉的意识，与教学三维目标融合在一起。

二、改进教学方法

（一）创设良好环境孕育创新意识

环境是"人类生存的重要物质基础，它是个体生活期间并对个体产生影响的一切外部条件"。良好的环境对学生创新意识的形成起滋养、激发、导向和支持作用。反之，则压抑、束缚、限制甚至泯灭学生的创新意识。

1.建立良好的师生关系

良好的师生关系是学生创新的保护伞。教师热爱和宽容学生，对学生充满热切的期望和关注是影响学生的学业成绩和人格品质的一个重要因素。建立什么样的师生关系关键取决于教师。建构主义理论强调以学生为中心组织教学活动，教学过程中的师生关系主要是一种平等、互助、互动的合作关系。"在建构主义的模式下，教师不再是知识的灌输者，应该是教学环境的设计者、学生学习的组织者和指导者、课程的开发者、意义建构的合作者和促进者、知识的管理者，是学生的学术顾问，教师要从台前退到幕后，从'演员'转变为'导演'。"这样的师生关系更有利于培养学生的自尊心和自信心，给学生以心理自由，有利于学生创新意识的孕育。

2.善待学生的思维成果

在课堂教学中，教师对学生思维成果的态度非常影响学生的情绪，它可以激发学生的创新意识，也有可能压抑学生的创新意识。建构主义的知识观认为：知识并不能对现实做出准确的表征，它只是一种解释，一种可靠的假设，由于学生是在个人理解基础上对知识进行建构的，知识可以视为个人经验的合理化，而不是说明世界的真理。知识本身也是动态的、发展的。

教师在对待学生学习中的错误时，要挖掘其内在的合理性，不可轻率地给予否定、责备甚至是惩罚。否则，学生个个噤若寒蝉。若教师乐于听取不同意见，鼓励创新，反对墨守成规，则会极大激励学生学习的积极性、自主性和创新性。

3.鼓励学生质疑问题

"学源于思，思源于疑。"质疑问题不仅是一种可贵的学习品质，是学生主动学习的一种表现，更是培养学生创新意识所不可缺少的。爱因斯坦曾说，

"提出一个问题比解决一个问题更重要。"创新意识的培养要从提出问题开始，鼓励学生发现问题，大胆质疑。一是要善疑，提倡理智的、审慎的怀疑；二是要敢疑，不迷信权威。在教学中教师要鼓励学生多问几个为什么，尽管有些问题比较稚嫩，有些问题已经超出了本节课的内容，但这些学生比起不提任何问题的学生更具有潜力。

（二）强化思维训练激发学生创新意识

思维能力是人最重要的能力，是人能力的核心。一个人智力高低，能力大小都与思维能力有关。教学也多数是为了培养学生良好的思维品质，提高学生的思维能力。

1.训练求异思维

求异思维是指对问题的处理没有固定答案或存在多种不同答案的思维活动，它可以拓展学生的思维空间，使学生多方位，多角度看问题，对于打破学生的定式思维有很大的好处。一是让学生在操作中培养求异思维。二是利用开放题，指条件不确定或结论不唯一、解题方法多样的数学问题，如一题多问，一题多解，一题多填等方式训练学生的求异思维。通过这样长期的训练，学生思维的灵活性大大提高，为创新意识的形成创造了有利条件。

2.激励大胆想象

想象是一种对记忆中的表象进行加工、改造、重组的形象思维形式。没有想象就没有创造。学生在学习数学的过程中，一般都会形成一套固有的解题思路和思维模式，这就是所谓的思维定式，如果教师在要求学生思考问题时一味地循规蹈矩，求稳，不敢标新立异，别出心裁，那么学生的思维就会困于固有的模式之中，想象力和创新的精神就会一点一点地泯灭掉。激励学生大胆想象，就是要求他们克服思维惰性，打破常规去思考、解决问题，增强思维的灵活性。教师可以经常设计一些不能用常规解法解答的题目，用以训练学生的思维能力。

3.鼓励求优思维

创新思维的成果相对于已有成果必须是更优化的才能显示其价值，否则，只是在为社会制造垃圾而已。教师应把学生的优化思维作为教学的一个主要目标来培养。在学生想出各种解法之后，组织学生进行观察、比较、讨论，剖析各种解法的思维过程，从不同解法中受到启发，引导学生对错误的解法及时找出原因，去伪存真，并选出最佳解法。

（三）培养自主探索促进学生创新

学生学习是一个自主建构的过程，是别人无法替代的。从教学的目的讲"教是为了不教"。教师要充分发挥学生的主体能动性，使学生逐步学会自主探索；教师的作用并没有减弱，反而增强了，由于学生的年龄、知识经验的局限，教师要根据学生的实际情况，为他们提供学习的场景，设定学习的目标，教给探索的方法，努力调动他们学习的积极性，培养他们自觉学习意识和元认知能力，使他们逐步形成自我评价、自我控制和收集整理运用信息的能力，最终脱离教师这个"拐棍"。

三、提高教师素质

实施创新教学模式，必定要有创新型的教师。教师的创新素质包括创新意识、创新精神、创新能力、创新人格，是学生形成创新意识的重要条件。具有创新素质的教师会推崇创新，追求创新，乐于创新，实践创新，不仅如此，还会为学生营造一个创新的氛围，激发学生的创新意识。教育本身就是一项创造性工作，具有不再重复性。教师之于教材，学生之于教师的"教"和自己的"学"都有一个建构和再创造的过程。教师和学生构成"学习共同体"，教师的思想行为对学生具有很大的影响力，教师对待教学的态度会直接影响学生的态度。培养创新型人才需要创新型教师。学生的"头脑不是一个要被填充的容器，而是一个需要被点燃的火把"，需要教师用智慧之火去点燃。一是要敢于创新，尤其是当前的环境下，应试教育愈演愈烈，教师厌教，学生厌学的时候，需要的是勇士，是有探索精神和开拓精神的勇士；二是要善于创新，创新不是瞎闯，需要的是智慧，是用智慧的光芒照亮前进的道路，是用科学的教育方式去战胜愚昧的教学方法。

第五节　中学数学创新教学模式体系构建

一、构建创新教育原则的方法论基础

综观教育史，人类已经总结出众多教育原则，它们都是以解决学生对知识技能的掌握而提出来的，目标是培养适应于农业社会、工业社会所需的传承型人才。而创新教育要解决的是学生创新意识与能力的发展，目标是培养适应于信息社会所需的创新型人才。因此，从根本上讲，这些教育原则不适应创新教育活动，创新教育必须构建自己的原则。

构建创新教育原则，首先要确定创新教育原则构建的方法论基础。在此，建构主义学习观对我们是有所启示的。按照建构主义的解释，教学不是将知识以成品的方式教给学生的过程，而是学生通过自己与外部环境的交互活动主动获得知识的过程；学习也不是大一统的信息存贮过程，而是学生通过自己独特的认知方式和生活经验对外在信息的独特理解、感悟、体验和特定情境下的心理加工，构建知识意义与价值理念的过程，是师生乃至同学之间在现实的交往互动中探索生命意义、创造人生体验和生活智慧的生命活动的过程。

据此，我们获得了构建创新教育原则的方向，则认为主体性，情感性，活动性，技术性是中学数学创新教育的教学原则。

二、创新教育的教学原则的具体内容

（一）主体性原则

数学教育是教与学的双向活动，是学生的主动认识过程，在这个认识过程中，教学内容是客体，教师起主导作用，而学生则应是主体。在教师的引导下由自己亲自参与教学过程所获得的知识，接受起来亲切自然，有利于提高学习兴趣，调动学习积极性；同时亲身领会了知识，有利于与原认知结构中的适当知识建立实质性的联系，形成新的认知结构，并且更容易记忆和保持这些新知识。

1.教师应使学生有强烈的学习信念

数学学习是获得数学知识、技能和能力的过程。数学课堂教学中，教师应为学生的建构活动创设学习的情境，恰当地组织和引导学生的学习活动，对学生在学习活动中出现的障碍与困难进行指导。

2.教师应使学生有充分的认知准备

在数学学习的建构活动中，学生必须有充分的知识准备与能力准备，才能接受新的知识，调整自己的知识结构，实现有意义的数学学习。

3.教师应使学生成为主动探索的实践者

对于学生来说，在数学学习活动中，一方面在教师的指导下，掌握必要的数学知识，形成基本的数学技能；另一方面进行一定的创造性数学活动，发现与创建"新知识"。强烈的学习信念是一种动力，充分的认知准备是必要的基础。

（二）情感性原则

由于创新教育与学生的个性发展紧密联系，为了充分发挥创新意识和创新情感在创新教育中的功能和作用，在教学中必须注意激发学生的学习动机，营造一个民主，平等，和谐，宽松的教学氛围，使学生能够创新，敢于创新。我们把情感发展过程及相对应的情感教育目标的实施由低至高分为 4 个阶段：形成—维持—内化—迁移。

1.形成积极的情感体验

这个阶段主要是引导学生在关注的基础上，对某种现象做出反应，形成学习数学的积极情感。

2.维持稳定的情感表现

这个阶段主要是不断巩固、固定学生所形成的情感体验，使之持久。

3.内化良好的情感品质

这个阶段要使学生深深地被刺激物或对象所吸引，逐渐形成观点，信奉追求，内化成良好的情感品质。

4.迁移端正的情感行为

这个阶段是把情感品质外化到自己的事业中，化为对工作热情的不竭动力，并在工作行为中有良好的体现，也是情感目标得到实施后的最高阶段。

（三）活动性原则

活动性是主体性的具体体现，创新教育依赖学生对再创造过程的深层次参与。因此，教学要提供让学生动手，动脑，动口的空间和时间，通过观察，实验，分析，综合，归纳，类比，猜想，抽象，概括等探索研究性活动，培养学生的创新精神和创新能力。

第十一章 数学教学模式及其创新

第一节 教学模式的基本概念

一、关于教学模式定义的国外研究

美国教学研究者乔以斯和韦尔于 1972 年出版《教学模式》一书，专门系统地研究了流行的各种教学模式。他们认为，教学模式是构成课程和课业、选择教材、提示教师活动的一种范型或计划。他们把教学模式定义为一种教学范型或计划。实质上，教学模式并不是一种计划，计划只是它的外在表现，教学模式蕴含着某种教学思想或理论，用"范型"或"计划"来定义教学模式显然将教学模式简单化了。

美国两位著名的比较政治学者比尔和哈德格雷夫在研究了一般模式后下的定义是：模式是再现现实的一种理论性的、简化的形式。比尔和哈德格雷夫的模式定义有三个要点：第一，模式是现实的再现，也就是说，模式是现实的抽象概括，来源于现实；第二，模式是理论性的形式，也就是说，模式是一种理论，而非工艺性方法、方案或计划；第三，模式是简化的形式，也就是说，模式这种理论性形式是精心简化了的，以经济明了的形式表达，例如爱因斯坦用 $E=mc^2$ 来表明能量与质量的互换原理，是一个典型的简化形式。比尔和哈德格雷夫的模式定义较为科学地揭示了模式的本质，是可取的。

二、关于教学模式定义的国内研究

在国内关于教学模式的定义，大致有三种看法：第一种是认为模式属于方法范畴，其中有的认为模式就是方法，有的认为模式是多种方法的综合；第二种是认为模式与方法既有联系又有区别，各种方法在具体时间、地点和条件下表现为不同的空间结构和时间序列，从而形成不同的模式；第三种是认为模式与"教学结构—功能"这对范畴紧密相关，教学模式是人们在一定的教学思想指导下，对教学客观结构做出的主观选择。

当前国内有关教学模式界说，大致有下列五种：

1.教学模式属于方法范畴。

2.教学模式和教学方法既有联系又有区别。

3.教学模式与"教学结构—功能"这对范畴紧密相关。

4.教学模式就是在一定教学思想指导下所建立起来的完成所提出教学任务的比较稳固的教学程序及其实施方法的策略体系。

5.教学模式是在教学实践中形成的一种设计和组织教学的理论,这种理论以简化的形式表达出来。

确定教学模式的概念,既要考虑逻辑学对下定义的要求,又要注意吸收诸如系统论等新科学研究成果,研究古今中外教育史上教学模式的发展规律,吸取现代教学模式理论的精华,并对教学经验进行分析、综合后,才能给教学模式下一个比较贴切的定义。

三、教学模式的定义

综上研究,对教学模式的概念做如下理解:"教学模式是建立在一定的教学理论指导下和丰富的教学实践经验基础上,为设计和组织教学而形成的一套较为稳定的教学活动结构框架和活动程序。"结构框架"意在凸显教学模式从宏观上把握教学活动整体及各要素之间内部关系的功能;"活动程序"意在突出教学模式的有序性和可行性。

四、课堂教学模式的结构

世界上一切事物和过程都有自己的结构。课堂教学当然也有自身的结构。所谓结构是指在某个系统范围内元素联系的内部形式,它包含着元素之间的相互作用、活动和信息往来。课的结构,就是指一节课的各个要素联系的内部形式,它反映了一定教材单元体系中一节课的教学过程及其组织。一堂课的结构是否优化,直接关系到课堂教学效益的高低,然而,人们对课堂教学结构的研究还不够充分。

教育史上有过两种影响深远的课的结构模式,即德国教育家 J. F 赫尔巴特的"四段论"和前苏联教育家 N. A 凯洛夫的"五环节"。赫尔巴特把学生学习的内部心理过程:"明了—联合—概括—应用",视为教学过程的四个阶段,凯洛夫则用教师的施教程序"组织教学—复习旧课—讲授新课—巩固新知识—布置作业"五个环节取代教学过程。他们虽然分别从"学"与"教"两个不同的侧面来说明教学过程,但没有说明教学活动是学生在教师的组织指导下,对人类已有知识经验的认识活动和改造主观世界以形成和发展个性的实践活动这个本质,也没有反映出课堂教学结构的整体性特点。而凡是结构都是一种整体的存在,对课堂结构的分析,如果不表现出它的整体性,就不可能揭示出课堂教学的基本规律，自然，也就不能从本质上说明它自身。事实上，这两种结构模式已远远不能适应现代教育教学的需要。

任何教学模式都有其内在的结构，教学模式的结构是由教学模式包含的诸因素有规律地构成的系统。完整的现代课堂教学模式结构一般包含如下因素：(1)主题。教学模式的主题因素指教学模式赖以成立的教学思想或理论。主题因素在教学模式结构中既自成独立的因素，又渗透或蕴含在其他因素之中，其他因素都是依据主题因素而建立的。(2)目标。任何教学模式都指向一定的教学目标，都是为完成一定的教学目标而创立的。目标是教学模式结构的核心因素，对其他因素有着制约作用。(3)条件（或称手段）。条件因素指完成一定的教学目标，从而使教学模式发挥效力的各种条件。任何教学模式都是在特定的条件下才能有效。条件因素包括的内容很多，有教师、学生、教材、教学工具、教学时间与空间等。(4)程序。任何教学模式都有一套独特的操作程序，详细具体地说明教学的逻辑步骤、各步骤完成的任务等。(5)评价。评价是教学模式的一个重要因素，它包括评价方法、标准等。由于不同教学模式完成的教学目标、使用的程序和条件不同，因而评价方法和标准也就不同。所以一个教学模式一般要规定自己的评价方法和标准。

主题、目标、条件、程序和评价这五个因素相互依存、相互作用，构成一个完整的教学模式。一般地来说，任何教学模式都要包含这五个因素，至于各因素的具体内容，则因教学模式的不同而不同。

五、教学模式的发展方向

教学模式的发展具有以下四个趋势：

（一）重能力趋势

以赫尔巴特理论为代表的传统教学论在强调系统、严格地传授知识的同时，并不否定发展能力的意义；不过它把发展能力置于次要的、从属的、"兼顾"的地位。赫尔巴特在否定以洛克为代表的"形式训练"论时，走向了另一个极端。

现代教育家们不再在知识与能力两方面各执一端，相互否定。人们普遍认为传授知识与发展能力是教学的双重任务。随着知识增长速度的加快、终身教育的普及、社会竞争化程度和个人社会生活复杂化程度的提高，学生的一般能力、创造能力、社会交往能力等必将越来越受到人们的重视。人们在设计或归纳教学模式时，必将越来越重视能力。

（二）重学生趋势

可以说，任何一种有价值的教学模式都在某种程度上建立在对学生学习过程的认识上。不过重视对学生学习过程的研究，并不等于承认学生在教学中的主体地位。

在教育史上，19 世纪末至 20 世纪 40 年代的美国、20 世纪 20 至 30 年代的苏联，都犯有轻视教师主导作用、轻视系统严格的知识教学的错误。人们在认识到这个错误后，自然又在不同程度上向传统教育回归。在仓促的"回归"中，难免再犯轻视学生主体作用和能动作用的错误，这就需要纠正"过正"的"矫枉"。于是，重视学生的主体地位成了当代教学模式的共同特征，一些教学模式甚至直接把承认学生的主体地位和能动作用作为建立和推广自己的理论体系的前提。

（三）心理学化趋势

随着心理学的发展，教学模式的心理学色彩越来越浓厚。古代的孔子模式、苏格拉底模式基本上不带心理学色彩；近代的赫尔巴特、乌申斯基等人则把教学理论与对学习心理的认识结合起来论述自己的教学模式；而现代的布鲁纳模式、巴特勒模式等，在某种程度上则是现代心理学的产物，具有开拓意义的算法教学模式、暗示教学模式等，如果离开了心理学的研究成果，不仅会失去价值，甚至不能成立。

现代心理学取得了可观的成就。现代心理学在认识的发生发展方面、在能力结构及其发展方面、在疲劳研究方面、在记忆原理方面、在心理语言方面、在暗示及潜能研究等方面，都取得了重要成果。随着生理学（特别是脑科学）和生物化学研究的不断深入，心理学必能更清晰客观地阐明人类的学习机制。从心理机制角度科学地设计和叙述教学模式，不仅是必然的，而且能够越做越好。

第二节 新课程背景下的教学模式的改革创新

一、当前的教育改革背景

（一）教育方式的转变

当前的教育改革正由封闭型教育转向为开放型教育，继承型教育转向为创新型教育，精英教育转向大众教育，整齐划一的教育转向为个性化教育。在此教育改革的基础上，强调多元化、崇尚差异、主张开放、重视平等、推崇创造的教育思想成为现代教育之主流。在这种教育改革的大背景下，教师要与时俱进，转变教育思想。教学思想的更新是教学模式创新的灵魂。

（二）教师和学生角色的变化

在平时的课堂教学中，教师在创新教育中起到了关键性的作用，而学生是创新教育实施的主体。然而，现在的许多课堂教学模式过于死板，老师讲课方式墨守成规，老师一直教，学生一直学，不管接受的效果如何。这种以教师"灌输式教学"和学生"接受式学习"为突出特点的我国传统课堂，其教学模式始终制约和束缚着学生创新意识的激发及创新能力的培养，阻碍着我国创新教育的开展。创新教学模式是提高课堂教学质量，培养创新人才的真正而有效的措施。

二、教学模式的创新

（一）建立课程设计的教学平台

主要是选择合适的教学用具，为学生提供一个良好地软硬件环境。过去，学生课程设计的多数课题为软件设计型，在本机上实现算法设计、分析误差、校正错题，很少有一个实际的系统去测试；受现有实验设备或科研设备的局限，少数硬件课题只能在现有设备上做设计好的实验，很难让学生真正参与、改变它。理论与实践的矛盾在课程设计教学中仍无法得到真正地解决。现在随着科技的发展，大型科技教学设备相继出来，为学生进行反复性、实践性、参与性的课程设计提供了很大的方便。

（二）创立开放式实验教学模式

开放式的实验教学模式的内涵特征就是实验教学的开放性，即：实验教学的目标是开放的、实验教学的主体是开放的、实验教学的方式是开放的、实验教学的内容是开放的、实验教学的资源是开放的。这种开放性的特征是基于实验教学过程和能力培养过程的复杂性、培养模式以及教学方式的多样性、人才的个性化和发展目标的多元化等因素。学生学习过程中自主参与的机会不是很多，要创造机会让学生亲身实践，参与其中，这样获得知识的方式更加自由化，学生记忆的时间也会加长，不会出现知识到耳边这边进那边出的情况。学生获得知识及记忆知识过程中会具有较强的选择性，目的性。开放式实验教学模式提供了这种探究的、自主的学习方式和教学环境。

（三）教学组织形式中教师和学生角色的调整

适合创新教育要求的现代教学模式应当是整合以往教学模式的优点，弘扬创新精神，体现现代教育理念的新型教学模式。一方面，现代化的课堂要求体现学生的主体地位和教师的主导作用，学生要自主性学习，教师成为学生知识学习和能力培养的设计者、组织者和指导者。学生具有更大的独立性、自主性、探索性，更能充分体现学生是学习的主体。另一方面，我国传统的课堂教学通常是教师的"一言堂""满堂灌"或者"满屏灌"，由于课堂纪律的要求，学生不能自由大胆地、随时表达自己的不同想法与见解。这样的课堂无疑将学生的求异思维、批判思维和创新思维扼杀在摇篮中。

（四）传统与创新相结合，善于借鉴成功的教学模式

教学的改革与发展应该有自己的继承性。教学内容、方法、组织形式等都有相对的稳定性,即使有些方面发生了变革,,也并不是对传统的完全否定，而是表现为批判的继承和更高层次的综合等多种形式。教师在教学过程中，应该综合运用多种教学模式，包括传统的教学模式。有些国际一流大学的课堂教学模式、师生关系与角色扮演及教学理念、教学经验和方法对我国当前创新人才培养具有很重要的参考价值。但是在借鉴别国经验时，要根据我国的国情和具体情况进行分析权衡。借鉴国外课堂教学模式的时候一方面要保持"取其精华，去其糟粕"的态度和做法，因地制宜地进行具体分析，确定行之有效的课堂教学模式和教学方法。那种生搬硬套，将他国教学经验囫囵吞枣地直接应用于我国课堂的观点是不可取的。

第三节 "传递—接受"型教学模式

"传递—接受"型教学模式是以"以教为主"为主要特征的，由于特别强调充分发挥教师在教学过程中的主导作用，因而该模式被认为对学生的学习主体地位缺少关注，并因此饱受诟病。笔者认为，"传递—接受"式教学模式是主动的、意义建构的学习模式，在现代信息技术条件下，"传递—接受"式教学模式依然具有非常积极的教育价值，因此需要在信息技术与课程整合的实践中使"传递—接受"教学模式改革获得进一步深化的空间。

一、对"传递—接受"教学模式的错误认识

（一）认为"传递—接受"教学模式是机械式教学

在现代课程教学改革浪潮中，"传递—接受"式教学被等同为注入式教学而遭遇批判和冲击。随着基于研究性学习的教学模式等新兴教学模式在我国教学改革领域出现并迅速流行，对传统教学模式在理论和实践上都展开了批判。以讲授法为主要教学方法的"传递—接受"教学模式也成为这项改革浪潮直接批判的对象，甚至危及其存在。理论上批判的根基是：在"传递—接受"式教学模式中，学生缺乏学习主动性，教师的讲授是注入式的，学生的学习是机械式的。杜威认为"传递—接受"式教学一切都是为静听准备的，因为仅仅学习课本上的知识不过是另外一种静听，静听的态度是被动的。实践上的冲击主要表现在对教师课堂讲授时间的挤兑甚至抛弃。

（二）将教学资源和方法"电子化"视为信息技术

信息技术是以电子计算机和现代通讯为主要手段来实现教育教学信息的获取、加工、传递和利用等功能的过程。它强调学科课程内容信息的获取、加工、再生和利用的各种信息化技术，这种和课程内容"整合"之后的信息技术融入该学科课程的结构、内容、教学资源、教学方法以及教学模式之中，成为该学科课程有机的、不可分割的组成部分，并形成一个新型的学习环境。因为信息技术以电子计算机和现代通信为主要手段，因此，大多数人将信息技术简化为通过信息技术的使用而改变学科课堂教学结构，促进教学方式和学习方式的转变，信息技术只是一种教学手段和学习工具在教育教学中的应用。认为信息化就是在课堂教学过程中使用计算机（器）、幻灯片等与信息技术沾边的仪器，将现有的教学过程、教学方式、教学资源进行"电子化"转

换的过程。

二、"传递—接受"式教学模式改革的理论基础

（一）奥苏贝尔的教学理论是"传递—接受"式教学模式的理论基础

"传递—接受"式教学模式的理论构建的核心内涵是有意义学习理论，即让学生能够真正理解和掌握所教的知识和技能。教师的责任是要将学科知识转变成可理解、易于理解的形式，帮助或启发学生自己去发现或找出这种内在联系。有意义的教学是使学生自我发现这种联系，如果学生不能发现这种联系，该教学就是机械的。"传递—接受"教学模式要求教师将学科知识实施有意义传递；"传递—接受"式教学模式要求学生对学科知识做到有意义接受；"传递—接受"式教学模式是适合陈述性知识的课内教学模式。

（二）信息技术与课程整合是"传递—接受"教学改革的手段

信息技术与课程整合即通过将信息技术有效地融合于各学科的教学过程来营造一种信息化教学环境，实现一种既能发挥教师主导作用又能充分体现学生主体地位的以自主、探究、合作为特征的教与学方式，从而把学生的主动性、积极性、创造性较充分地发挥出来，使传统的以教师为中心的课堂教学结构发生根本性变革。

第一，与信息技术整合是一种教学环境营造。与信息技术整合是一种教学环境营造而非工具转换。在信息技术应用于教学的启蒙阶段，真正意义上的整合，信息技术与课程融合表现为基于教师专业能力和学生学习能力的教学资源的数字化设计和开发，关注信息技术与教师专业学科知识和教学法知识的深度整合，并以新的知识形态予以呈现。第二，与信息技术整合是实现"教"与"学"方法新型化。为完成预定的教学内容、达到预定教学目标，必须在教学原则指导下采用科学的教学方法，既包括教师教的方法，也包括学生学的方法，是教法和学法的统一。第三，与信息技术整合推动教学结构变革。信息技术与课程整合不是把信息技术仅仅当作教学辅助工具，还要用以营造信息化的教学环境。

三、"传递—接受"教学模式的实施步骤

这种教学模式通常包含下面四个实施步骤：

（一）实施先行组织者策略

这个步骤包括阐明教学目标，呈现并讲解先行组织者和唤起学习者先前的知识体验。阐明教学目标是要引起学生的注意并使他们明确学习的方向。

先行组织者是利用适当的引导性材料对当前所学新内容加以定向与引导。

（二）介绍与呈现新的学习内容

对当前学习内容的介绍与呈现，可以通过讲解、讨论、阅读、作业等多种形式。学习材料的介绍与呈现应有较强的逻辑性与结构性，使学生易于了解学习内容的组织结构，便于把握各个概念、原理以及各知识点之间的关联性，从而使学生对整个学习过程有明确的方向感，对整个学习内容能从系统性与结构性去把握。在此过程中，教师还要善于集中并维持学生的注意力。

（三）运用教学内容组织策略

为了帮助学生有效地实现对新知识的同化（即帮助学生把当前所学的新知识吸纳到自己的认知结构中），除了要运用自主学习策略激发学生主动学习的积极性以外，还要求教师应依据当前所学新知识与旧知识之间存在的关系是"类属关系""总括关系"或是"并列组合关系"而运用不同的教学内容组织策略。如果新知识与旧知识之间存在类属关系，则教学内容的组织应采用"渐进分化"策略，如果新知识与旧知识之间存在总括关系，则教学内容的组织应采用"逐级归纳"策略，如果新知识与旧知识之间存在并列组合关系，则教学内容的组织应采用"整合协调"策略。

（四）促进对新知识的巩固与迁移

在实施这个步骤的过程中，学习者一方面要应用精细加工策略和反思策略来巩固和深化对当前所学新知识的意义建构；另一方面还要通过操练与练习策略在运用新知识解决实际问题的过程中来促进对新知识的掌握与迁移。

第四节 "三疑三探"教学模式

一、三疑三探教学模式产生背景

"三疑三探"教学模式是河南省西峡第一高级中学在教学实践中产生的一种良性的教学，已经获得全国教学的优秀示范荣誉。"三疑三探"教学模式的基本思想，主要是从建设创新型国家所需要培养具有创新能力的合格公民出发，从学生终身发展的需要出发，依据新课标的要求和学生的认知规律，让学生学会主动发现问题，学会独立思考问题，学会合作探究问题，学会归纳创新问题，同时养成敢于质疑、善于表达、认真倾听、勇于评价和不断反思的良好品质和习惯，让每一位学生都能在民主和谐的氛围中想学、会学、学好，全面体现学生在学习过程中的主体地位，真切感悟到生命的价值和创新的快乐。

二、三疑三探教学模式下的教学环节

此模式有 4 个教学环节：设疑自探——解疑合探——质疑再探——拓展运用。"三疑三探"的好处就在于紧扣了一个"疑"字和一个"探"字。"疑问疑问，有疑便问"，有了疑问才会思考，才会探索，所以课堂的开始首先要提出问题，用问题来激发学生学习的动力和兴趣。当然问题也不是一次提出，在课堂教学中要不断地提出问题、解决问题，一波刚落，一波又起，环环相扣，持续推进课堂教学的进展。

（一）设疑自探

设疑自探是课堂的首要环节，即围绕教学目标，创设问题情境，设置具体问题，放手让学生自学自探。这个环节主要涉及三个步骤：一是创设问题情境。二是设置具体自探问题。根据学科特点，自探问题可以由教师围绕学习目标直接出示，也可以先由学生发散性提出，然后师生归纳梳理，如果问题还没有达到目标的要求，教师再补充提出。自探问题的"主干"就是本节课的学习目标。三是学生自探。这里的自探是学生完全独立意义上的自探。自探前，教师一般要适当进行方法的提示、信心的鼓励和时间的要求。自探中，要让每一位学生都能感到教师对自己的热切关注和期望。无论关注的形式怎样变，有一个底线不能变，那就是不能打断或干扰学生独立学习的思路。

（二）解疑合探

解疑合探是指通过师生或生生互动的方式检查自探情况，共同解决自探难以解决的问题。合探的形式包括三种：一是提问与评价。操作的办法是学困生回答，中等生补充或中、优等生评价。让学生学会表达、学会倾听、学会思辨、学会评价。二是讨论。如果中等生也难以解决，则需要讨论，教师在学生自探的过程中巡视发现的学生易混易错的问题也要讨论。讨论要建立在学生充分自探的基础上进行，难度小的问题同桌讨论，难度大的问题小组讨论。三是讲解。如果通过讨论仍解决不了的问题，教师则予以讲解。

（三）质疑再探

质疑再探就是让不同学生针对所学知识，再提出新的更高层次的疑难问题，诱发学生深入探究。在具体的实践中，对于中等以下学生质疑的问题，有可能还是本节课学习目标的范畴，只是从不同侧面去提，这时让其他学生回答，实际上是起到了深化学习目标的作用。对于优等生质疑的问题，有可能超出书本知识，但教师还应先让其他学生思考解答，提出种种不同的解决办法，然后教师再解答。

（四）拓展运用

拓展运用就是针对本节课所学知识，分别编拟基础性和拓展性习题，让学生训练运用。在此基础上，予以反思和归纳。

此环节主要包括三个层次：一是教师拟题训练运用。教师首先编拟一些基础性习题，重点考查学生对基础知识的运用情况。检查反馈的原则是学困生展示，中等生评价。二是学生拟题训练运用。如果学生所编习题达不到学习目标的要求，教师则进行必要的补充。三是反思和归纳，具体操作是学生先说，教师后评。

三、"三疑三探"教学模式的一般操作流程

（一）设疑自探

【操作】

1.设置问题情境，导入新课。

2.根据学生年龄特征以及学科特点，决定是否出示教学目标。

3.出示自学指导提纲，让学生通过自学课本或演练，独立探究。

4.教师巡视。

【目的意义】

1.设情激趣，使学生开始上课就产生强烈的求知欲望，创造良好的学习氛围。

2.让学生带着明确的任务、掌握恰当的自学方法进行探究，使自学更扎实有效。

3.教师巡视，能及时了解学生自学的情况，同时以适当的语言或动作暗示进一步激发学生学习的积极性。

【注意点】

1.教师在课前要将心态调整到平静愉悦状态，理性地克服因其他事件而致的心境不佳或过度兴奋，将激情、微笑、爱心、趣味带进课堂，通过生活实例、社会热点、音像资料、实验操作等途径，迅速点燃学生思维的"火花"。

2.自学指导要根据学生当前的实际水平设置问题的难易程度。如果学生整体水平高，则问题设置跨度要大一些，留足思维的空间，反之，学困生较多，则必须把一个问题当作两步或三步来问，减缓"坡度"，让学生跳一跳都能摘到"桃子"。

3.自学指导要层次分明，让学生看后做到三个明确：一是明确本次自学内容或范围（有的一节课需要通过几次自学，因为每次自学内容较多，学生容易产生厌倦情绪）。二是明确自学的方法。

4.学生自学时，教师要加强督查，及时表扬自学速度快、效果好的学生，激励他们更加认真的自学。同时要重点巡视中差生，可以拍拍肩、说几句悄悄话，帮助其端正学习态度，但一般不宜同其商讨问题，以免影响其充分的自学。

5.自学指导在一节课中根据教学内容和学生水平状况可能出现多次。

（二）解疑合探

【操作】

1.检查自学情况。原则是学困生回答，中等生补充，优等生评判。

2.针对自学中不能很好解决的典型问题，要引导学生进行讨论交流，让人人都敢于发表自己的意见，同时能虚心倾听别人的意见，尽量做到表述清楚，观点明确。

3.引导学生归纳，上升为理论，指导今后的运用。

4.特别难以理解的抽象问题，教师要精讲，有重点地讲。

【目的意义】

1.检查自学情况，首先关注学困生，能最大限度地暴露学生自学后存在的疑难问题，同时，如果学困生做对了，说明全班学生都对了，就不需教师再教了，则节约了课堂时间。

2.学困生解决不了的问题，需要中等生补充，如果中等生仍难以解决的问题则需要讨论，这样，什么问题需要采取什么样的合探形式，教师就能准确的把握。

【注意点】

1.要解放思想，真正让学困生回答或演示操作，千万不要搞形式主义，让优等生演练，表面上正确率高，实际上掩盖矛盾，不能最大限度地暴露自学后存在的疑难问题。

2.讨论不要滥用。学生讨论的问题，一定是学生通过自学仍难以解决的共性问题，或者是教师在巡视中发现的虽属个性，但带有普遍指导意义、学生易错易混的问题。

3.学困生回答问题或板演时，要注意提醒其他学生认真聆听或观察，随时准备补充、评判和纠错。

4.教师的"三讲三不讲"。"三讲"即讲学生自学和讨论后还不理解的问题，讲知识缺陷和易混易错的问题，讲学生质疑后其他学生仍解决不了的问题；"三不讲"即学生不探究不讲，学生会的不讲，学生讲之前不讲。

（三）质疑再探

【操作】

学生根据本节内容，提出新的疑难问题，教师引导其他学生共同解决。教师也可根据课堂生成情况向学生再次提出深层次的疑难问题，起到画龙点睛的作用。

【目的意义】

"质疑"有利于培养学生的问题意识，是对本节所学知识的进一步深化。

【注意点】

1.要创设民主、平等与自由的氛围，鼓励学生大胆质疑，敢于向书本和教师的所谓权威观点挑战，尽量引导学生提出有价值的深层次问题。

2.学生提出的问题，最好引导学生自己解决。

3.有的问题可能千奇百怪，超出教材的知识范围，要允许学生表达自己的见解和感受。教师课前应充分做好思想上和知识上的准备，不能指责学生，更不能不懂装懂，搪塞应付。

（四）运用拓展

【操作】

1.运用所学知识，解决有关的问题，并能正确迁移拓展（包括教师编拟习题、学生自己编拟习题和完成课堂作业）。

2.反馈学生答题情况。

3.引导学生反思归纳本节所学主要内容。（包括课本具体内容和通过学习运用所感悟的内容。）

【目的意义】

1.通过完成训练题、课堂作业，检测每位学生是否当堂完成了学习目标。

2.通过学生自编习题的训练，做到了对知识运用的举一反三。

3.反思实际是对本节内容的及时归纳和梳理，使学生对本节知识有一个系统性的清晰认识。

【注意点】

1.首先进行巩固性训练，若有时间再进行变式训练、学生自编习题训练等延伸环节。

2.教师巡视，注重答题情况的反馈和展示，发现问题及时纠正。

3.每个小组选一位代表展示自编习题，同时阐述编题思路，师生适当予以评点。

4.此环节时间一般不少于 15 分钟。

四、"三疑三探"教学模式课堂评价标准

（一）"三疑三探"教学模式课堂评价标准 1

项目	评价标准	分值
设疑	1.创设情境，引导学生主动提出问题。	10
自探	2.师生对提出的问题能围绕学习目标进行归纳、梳理和补充，形成的自学提纲具有层次性、针对性和探究性。	8
	3.注重学法指导，但不影响学生独立思考。	3
25分	4.学生自学时间充足，不流于形式。	4
	5.检查自学情况，坚持学困生回答，中等生补充或中、优等生	5

解疑	评判的原则。	
合探	6.中等生难以解决的问题同桌讨论，难度较大或有争议的问题小组讨论。讨论有序，不流于形式。	7
	7.学生敢于发表自己的见解，能认真倾听别人意见，勇于对别人展示情况进行论证性或补充性的客观评价。	10
30分	8.坚持教师的"三讲三不讲"。"三讲"即讲学生自学和讨论后还不理解的问题，讲知识缺陷和易混易错的问题，讲学生质疑后其他学生仍解决不了的问题。"三不讲"即学生会的不讲，学生不探究不讲，学生讲之前不讲。	8
质疑	9.鼓励学生勇于向教师、课本等"权威"质疑，同时引导学生掌握质疑的方法。	6
再探	10.学生质疑的问题具有挑战性、价值性和创新性。	8
	11.学生质疑的问题仍由学生解决，解决不了的问题再由教师讲解。能灵活处理课堂"生成"的新问题，收放有度。	6
20分		
运用	12.学生都能围绕学习目标编拟一些基础题或拓展题。	7
拓展	13.学生自编题展示率高，展示具有针对性和层次性，习题达不到教学要求时，教师要做必要的补充。	5
	14.教学目标达成度高，不同层次的学生能根据所学知识完成必做题（基础性习题）和拓展题。	6
20分	15.学生能在反思基础上，从不同角度对本节内容进行归纳性总结。	2
参与状况 5分	16.学生参与度高，课堂无"闲人"，都能真正进入学习状态，都体验到探究和成功的快乐。	5

（二）"三疑三探"教学模式课堂评价标准2

【教师方面】（30分）

1.注重启发诱导，设情激趣，充分调动学生探究学习的积极性。（5分）

2.注重学法指导，对于学生提出的问题善于归纳和梳理，问题（习题）设置具有层次性、探索性和针对性，给学生留足思考、练习和交流的时间。（8分）

3.讲授准确无误、重点突出，时间一般不超过一节课的三分之一，做到"三讲三不讲"（"三讲"即讲学生自学和讨论后还不理解的问题，讲知识缺陷和易混易错的问题，讲学生质疑后其他学生仍解决不了的问题。"三不讲"即学生会的不讲，学生不探究不讲，学生讲之前不讲）。（6分）

4.关注全体学生（特别是学困生），评价及时准确，充满期待和激励。（5分）

5.有驾驭课堂能力，能灵活处理课堂"生成"的新问题，收放有度，活而有序，时间安排合理，准时下课。（6分）

【学生方面】（70分）

1.会提问：能根据教学情境、教材内容主动提出有价值的问题。（8分）

2.会自学：具有良好的自学习惯与能力，能解决问题并发现新的问题。（9分）

3.会展示：敢于发表自己意见，敢于尝试操作，错了也不怕，展示率高。（9分）

4.会倾听（观察）：能认真倾听别人意见，能仔细观察别人的演示。（4分）

5.会评价：能对别人展示情况进行客观评价，并能利用有关资料来论证自己的观点。（7分）

6.会质疑：有问题意识，敢于向课本、教师等"权威"质疑问题，问题具有挑战性、独创性。（7分）

7.会讨论：小组讨论不流于形式（问题有一定的难度和价值，活动有序，能表现集体观点）。（4分）

8.会总结：能在反思的基础上有针对性地进行归纳总结。（4分）

9.都参与：课堂无"闲人"，人人充满自信，都能真正进入学习状态（没有走神或不参与学习的现象）。（8分）

10.都成功：不同层次的学生都能围绕学习目标编拟一些基础性或拓展型习题，答题正确率高，都体验到成功的喜悦。（10分）

第五节　"翻转课堂"教学模式

2011 年，萨尔曼·可汗（Saalman Khan）在 TED（Technology Entertainment Design，美国一家私有非营利机构）大会上的演讲报告《用视频重新创造教育》中提到：很多中学生晚上在家观看可汗学院（Khan Academy）的数学教学视频，第二天回到教室做作业，遇到问题时则向老师和同学请教。这与传统的"老师白天在教室上课，学生晚上回家做作业"的方式正好相反的课堂模式，我们称之为"翻转课堂"（the Flipped Classroom，国内也有其他学者译为"颠倒课堂"）。自此，"翻转课堂"成为教育者关注的热点，并被加拿大的《环球邮报》评为 2011 年影响课堂教学的重大技术变革。

一、翻转课堂的起源

"翻转课堂"起源于美国科罗拉多州落基山的"林地公园"高中。2007年春，该校化学教师乔纳森·伯尔曼（Jon Bergmann）和亚伦·萨姆斯（Aaron Sams）开始使用录屏软件录制 PowerPoint 演示文稿的播放和讲课声音，并将视频上传到网络，以此帮助缺席的学生补课。后来，这两位老师让学生在家看教学视频，在课堂上完成作业，并对学习中遇到困难的学生进行讲解。这种教学模式受到了学生的广泛欢迎。为了帮助更多的教师理解和接受翻转课堂的理念和方法，他们于 2012 年 1 月 30 日在林地公园高中举办了翻转课堂"开放日"（Open House），让更多的教育工作者来观看翻转课堂的运作情况和学生的学习状态。这种做法促进了翻转课堂教学模式的推广。此外，翻转课堂的推动还要得益于开放教育资源（OER）运动。自麻省理工学院（MIT）的开放课件运动（OCW）开始，耶鲁公开课、可汗学院微视频、TED ED（TED 的教育频道）视频等大量优质教学资源的涌现，为翻转课堂的开展提供了资源支持，促进了翻转式教学的发展。

二、翻转课堂的定义与特征

传统教学过程通常包括知识传授和知识内化两个阶段。知识传授是通过教师在课堂中的讲授来完成，知识内化则需要学生在课后通过作业、操作或者实践来完成的。在翻转课堂上，这种形式受到了颠覆，知识传授通过信息技术的辅助在课后完成，知识内化则在课堂中经老师的帮助与同学的协助而完成，从而形成了翻转课堂。随着教学过程的颠倒，课堂学习过程中的各个环节也随之发生了变化。传统课堂和翻转课堂各要素的对比的主要情况如下。

（一）教师角色的转变

翻转课堂使得教师从传统课堂中的知识传授者变成了学习的促进者和指导者。这意味着教师不再是知识交互和应用的中心，但他们仍然是学生进行学习的主要推动者。当学生需要指导的时候，教师便会向他们提供必要的支持。自此，教师成了学生便捷地获取资源、利用资源、处理信息、应用知识到真实情境中的脚手架。

伴随着教师身份的转变，教师迎来了发展新的教学技能的挑战。在翻转课堂中，学生成为了学习过程的中心。他们需要在实际的参与活动中通过完成真实的任务来建构知识。教师通过对教学活动的设计来促进学生的成长和发展。

（二）课堂时间重新分配

翻转课堂的第二个核心特点是在课堂中减少教师的讲授时间，留给学生更多的学习活动时间。这些学习活动应该基于现实生活中的真实情境，并且能够让学生在交互协作中完成学习任务。将原先课堂讲授的内容转移到课下，在不减少基本知识展示量的基础上，增强课堂中学生的交互性。最终，该转变将提高学生对于知识的理解程度。

学习是人类最有价值的活动之一，时间是所有学习活动最基本的要素。充足的时间与高效率的学习是提高学习成绩的关键因素。翻转课堂通过将"预习时间"最大化来完成对教与学时间的延长。其关键之处在于教师需要认真考虑如何利用课堂中的时间来完成"课堂时间"的高效化。

（三）学生角色的转变

随着技术的发展，教育进入到一个新的时代，一个学生可以进行自我知识延伸的时代。教育者可以利用信息技术工具高效地为学生提供丰富的学习资源，学生也可以在网络资源中获取自己所需的知识。因而翻转课堂则将学习的掌控权给了学生。老师把讲的内容、知识点编制成微视频让学生在家里自己看，这种自行观看微视频的最大好处就是形象生动、方便记忆。并且，学生在家里看的时候可以自己掌控节奏，不断地看、反复看。每个学生的学习能力和接受能力是不一样的，有的学生接受知识接受得快，有的学生则相对来说慢一些，在课堂上直接教学，老师需要统一教学进度与要求，所以不能兼顾到每一个学生。用视频的形式在课前让学生先去看，能很好地弥补这个缺陷，充分起到了预习的效果，是个性化教学的体现。

三、实施翻转课堂教学实验的现状

目前，翻转课堂在美国受到很多学校的欢迎。其中主要有两个因素促使该教学模式得到了广泛的应用，一是美国学生在高中毕业后仅有 69% 的人顺利毕业。在每年 120 万的学生中平均每天有 7200 人辍学；二是网络视频在教学中得到了广泛的应用。2007 年，有 15% 的观众利用在线教育视频进行学习。2010 年增至 30%。在线网络课程不仅涉及历史等文科领域而且扩展至数学、物理学和经济学等领域。据不完统计，截止 2015 年初，已经有 2 个国家 20 个州 30 多个城市在开展翻转课堂的教学改革实验。通过该统计发现，翻转课堂的实施主要集中在中小学，教学科目主要为数学、科学等理科课程。

四、翻转课堂教学案例分析

笔者在对一些翻转课堂实验学校进行深入研究后发现，翻转式教学增加了师生互动的时间，使学生可以自控式地深度学习，满足其学习需求，获得个性化的教育体验。此外，翻转课堂的实施改变了家长在学生学习中的被动角色，家长可以通过观察学生看教学视频的表现对其进行更深入地了解，更好地配合教师采取一定的干预措施促进学生提高学习效果。在此，本文摘取了部分典型案例。

（一）艾尔蒙湖（Lake Elmo）小学

艾尔蒙湖小学，一所位于斯蒂尔沃农村地区的学校，该校教师于 2011 年暑期接受了有关翻转课堂的相关训练，并于 2011 年 9 月至 2012 年 1 月间进行了翻转式教学。该校的特色之处在于教师能很好地将 Moodle 平台应用到教学中，使得翻转教学活动能在学生间、师生间的课余时间内进行良好的互动交流。

在小学 5 年级的数学课中，学校为学生配备了 iPad 和耳机，并要求学生先观看 10～15 分钟的视频教学，再通过 Moodle 学习管理平台来完成一些理解性的问题。学生对于问题的回答都将被保存到 Moodle 平台上，教师在第二天上课之前就可以了解到学生的答题情况，然后再针对课堂活动设计教学。此外，他们还鼓励学生在 Moodle 平台上进行协作学习，开展同学之间的互助讨论，促进学习共同体的形成。

在斯蒂尔沃区中的 13 所学校（艾尔蒙湖小学作为其中之一）的 13 个班级（包括 10 个小学班级、2 个初中班级、1 个高中班级）52 门课程 8900 名学生参与了翻转课堂的试点教学改革之后，大多数教师表示他们不愿再使用传统方式教学，因为翻转课堂中的学生接受度高且家长也很满意。

（二）克林顿戴尔（Clintondale）高中

2010 年，为了帮助学习成绩较差的学生，克林顿戴尔高级中学教师采用了"翻转课堂"这个新的教学模式对 140 名学生进行了教学改革试验。两年后，校长格雷格·格林大胆地在全校范围内推广了翻转模式。教师利用 TechSmith 公司的 Camtasia Relay（一款录屏软件）将课堂中需要讲授的内容制作成视频，让学生在家观看视频，并用笔记记录下所遇到的问题；在课堂上，教师会重新讲授多数学生仍然存疑的概念，并用大部分时间辅导学生练习，反馈学生在作业中所出现的有关信息。学校还为部分学生解决了网上遇到的难题，将学校机房对学生开放的课余时间延长了一个小时，在特殊情况下，还允许学生使用智能手机观看视频。教师则采用个人访谈和个性化评估工具的方法对学生的学业效果进行评价，努力为他们创造了一个个性化的学习环境。

经过一个学期的学习，实验班学生的学业成绩得到了大幅提高。在 140 名学生中，各门课程的不及格率分别降低为：英语语言艺术 33%、数学 31%、科学 22%、社会研究 19%（原先一直在 50%以上）。此外，学生的挫败感也逐渐减少，自信心也日益增强，违纪的事件也大幅减少。底特律这所曾是郊区声誉最差的学校正发生着巨大变化，更多的后进生通过了州标准化考试。

（三）河畔联合（Riverside Unified）学区

加州河畔联合学区翻转课堂最大的特点是采用了基于 iPad 的数字化互动教材。这套用于试验的《代数 I》的互动教材由专门的教材公司开发（59.99 美元/套），里面融合了丰富的媒体材料，包括：文本、图片、3D 动画和视频等，还兼具笔记、交流与分享功能。与其他地区教师通过自备视频和教学材料翻转课堂相比，互动教材更能节省教师的时间，具有更好的互动性，用户体验更好，更能吸引学生沉浸其中。其效果：（1）家长可以给孩子学习提供更多的支持。如果孩子看不懂，家长可以观看视频，与子女一起审查问题，帮助他们学习。这样也使得家长对于自己孩子的学习情况有了一个更加直接的了解；（2）学生在课堂上更主动，并对学习主题更感兴趣。学生多次利用课前时间在家中观看视频，教学效果更佳；（3）学生在互动教材上就可与同学或老师讨论、分享，克服了普通翻转课堂在家单纯看视频缺乏互动交流的缺点。

显然，互动教材的优势非常明显，尽管通过购买互动教材需要投入更多的资金，但试验成效还是令学区内的人们非常满意。据统计，在使用互动教材的学生中，有78%的人获得了"优秀"或"良好"排名荣誉，而使用传统纸质教材的学生只有58%。此外，苹果公司准备推出低价互动教材（14.9美元/套），并发放免费易用的互动教材制作工具，这为翻转课堂的进一步推广实施提供了有利的条件。

五、翻转课堂的教学模型设计

美国富兰克林学院数学与计算科学专业的 Robert Talbert 教授在很多课程中应用了翻转课堂教学模式并取得了良好的教学效果。经过多年的教学积累，Robert Talbert 总结出翻转课堂的实施结构模型。该模型简要地描述了翻转课堂实施过程中的主要环节，然而适用它的学科多偏向于理科类的操作性课程，对于文科类课程还需要进一步完善。

根据翻转课堂的内涵以及建构主义学习理论、系统化教学设计理论，在 Robert Talbert 教授的翻转课堂模型基础上，笔者构建出更加完善的翻转课堂教学模型。该教学模型主要由课前学习和课堂学习两部分组成。在这两个过程之中，信息技术和活动学习是翻转课堂学习环境创设的两个有力杠杆。信息技术的支持和学习活动的顺利开展保证了个性化协作式学习环境的构建与生成。

（一）课前设计模块

1.教学视频的制作

在翻转课堂中，知识的传授一般由教师提供的教学视频来完成。教学视频可以由课程主讲教师亲自录制或者使用网络上优秀的开放教育资源。

自麻省理工学院（MIT）开放课件运动（OCW）以来，世界上涌现了一批高校、组织或者个人进行开放教育资源的建设，例如，哈佛、耶鲁公开课，可汗学院课程、中国国家精品课程、大学公开课等。教师可以在优质开放教育资源中寻找与自己教学内容相符的视频资源作为课程教学内容，可以提高资源的利用率，节省人力、物力，也使学生接触到国际性优秀教师的最新教学内容，然而网络上的开放教育资源可能会与课程目标、课程内容不完全相符。

教师自行录制教学视频能够完全与教师设定的教学目标和教学内容相吻合，同时教师也可以根据学生的实际情况对教学内容进行针对性讲解，并可根据不同班级学生的差异性多版本地录制教学视频。在具备这些优势的同时，自行录制教学视频也给教师的教学技术和时间提出了挑战。

2.课前针对性练习

在学生看完教学录像之后，应该对录像中的收获和疑问进行记录。同时，学生要完成教师布置的针对性课前练习，以加强对学习内容的巩固并发现学生的疑难之处。对于课前练习的数量和难易程度，教师要合理设计，利用"最近发展区"理论，帮助学生利用旧知识完成向新知识的过渡。

对于学生课前的学习，教师应该利用信息技术提供网络交流支持。学生在家可以通过留言板、聊天室等网络交流工具与同学进行互动沟通，了解彼此之间的收获与疑问，同学之间能够进行互动解答。

（二）课堂活动设计模块

翻转课堂的特点之一就是在最大化地开展课前预习的基础上，不断延长课堂学习时间，提高学习效率，关键就在于如何通过课堂活动设计完成知识内化的最大化。建构主义者认为，知识的获得是学习者在一定情境下通过人际协作活动实现意义建构的过程。因此，教师在设计课堂活动时，应充分利用情境、协作、会话等要素充分发挥学生的主体性，完成对当前所学知识的内化。

1.确定问题

教师需要根据课程内容和学生观看教学视频、课前练习中提出的疑问，总结出一些有探究价值的问题。学生根据理解与兴趣选择相应的探究题目。在此过程中，教师应该针对性地指导学生的选择题目。

2.独立探索

独立学习能力是学习者应该具备的重要素质之一。从个体的发展角度来说，学生的学习是从依赖走向独立的过程。著名教学论专家江山野认为，学生的"独立性"有四层意义：（1）每个学生都是一个独立的人，学习是学生自己的事情，这是教师不能代替也是代替不了的；（2）每个学生都独立于教师的头脑之外，不以教师的意志为转移。教师要想使学生接受自己的教导，首先就要把学生作为不以自己意志为转移的客观存在，作为一个具有独立性的人来看待，使自己的教育教学适应他们的实际情况；（3）每个学生都有一种独立的要求，他们在学校的整个学习过程也就是一个争取独立和日益独立的过程。（4）每个学生（有特殊原因的除外）都有相当强的独立学习能力。

3.协作学习

协作学习是个体之间采用对话、商讨、争论等形式充分论证所研究问题，以获取达到学习目标的途径。学习协作活动有利于发展学生个体的思维能力，增强学生个体之间的沟通能力及学生相互之间的包容能力。此外，协作学习对形成学生的批判性思维与创新性思维，提高学生的交流沟通能力、自尊心与形成个体间相互尊重的关系都有明显的积极作用。因此，在翻转课堂中应该加强协作交互学习的设计。

4.成果交流

学生经过独立探索、协作学习之后，完成个人或者小组的成果集锦。学生需要在课堂上进行汇报、交流学习体验，分享作品制作的成功和喜悦。成果交流的形式可多种多样，如举行展览会、报告会、辩论会、小型比赛等。在成果交流中，参与的人员除了本班师生以外，还可有家长、其他学校师生等校外来宾。

5.反馈评价

翻转课堂中的评价体制与传统课堂的评价完全不同。在这种教学模式中，评价应该由专家、学者、老师、同伴以及学习者自己共同完成。翻转课堂不但要注重对学习结果的评价，还要通过建立学生的学习档案，注重对学习过程的评价，真正做到定量评价和定性评价、形成性评价和总结性评价、对个人的评价和对小组的评价、自我评价和他人评价之间的良好结合。

六、翻转课堂实施过程中的挑战

（一）学校作息时间安排问题

国家一直在强调实施素质教育，为学生减负，但限于中、高考的升学压力，很多学校仍以应试教育模式帮助学生努力提高学习成绩。因此，实施翻转课堂这种需要学生在课后花费大量时间的教学模式，需要学校在教学时间安排上予以支持。

（二）学科的适用性问题

目前，国外开展翻转课堂教学试验的学科多为理科类课程。理科知识点明确，很多教学内容只需要清楚地讲授一个概念、一道公式、一道例题、一个实验，其学科特点便于翻转课堂的实施。而在文科类课程中，如政治、历史、语文等人文类课程，在授课过程中，会涉及到多学科的内容，而且需要教师与学生进行思想上的交流、情感上的沟通才能起到良好的教学效果。

（三）教学过程中信息技术的支持

翻转课堂的实施需要信息技术的支持。从教师制作教学视频，学生在家观看教学视频到个性化与协作化学习环境的构建都需要计算机硬件和软件的支持。

教学视频制作的质量对学生课后学习效果有着重要的影响。从前期的拍摄到后期的剪辑需要有专业人士的技术支持，不同学科的录像设计也会有不同的风格。实施翻转课堂教学实验的学校需要给授课教师提供技术上的支持，并在制作授课录像过程中形成流程化的发布范式，为后续教学视频录像提供经验。

（四）教师专业能力的挑战

将一种新的教学模式高效地应用在教学之中，教师占据着重要的地位。在翻转课堂的实施过程中，教学录制视频的质量、学生进行交流的指导、学习时间的安排、课堂活动的组织，都对教学效果有着重要的影响。

加强对教师信息素质能力的培训，在视频录制技术人员的帮助下，录制情感丰富、生动活泼的教学视频，避免死板、单调的讲述。教师在网络教学平台中要引导学生积极的进行交流。通过基于问题、项目的探究式学习，调动学生的积极性、探究性。课堂活动的组织也需要教师根据学科特点来设计。

（五）对学生自主学习能力与信息素养的要求

学生在课余观看教学视频后，自己完成课余练习并在互联网中查找资料，总结问题，然后在课堂中与教师、同学进行讨论。这一切安排都是建立在学生具有良好的自主学习能力和信息素养的基础上的。学生只有具备较高的自主学习能力才能够通过教学视频进行课程内容的学习，在课前练习中找到自己的疑问，并能够合理地安排自己的学习时间。学生只有具备较高的信息素养才能在网络中进行资源检索，通过网络教学平台与教师和同学进行沟通交流。因此，在实施翻转课堂的过程中，要注重学生的自主学习能力的培养和信息素养的提升。

（六）教学评价方式的改变

1. 对学生的考核

在完成课程一个单元的学习后，教师要组织学生对自主学习状况做出自评、互评，对学习过程和方法给予及时的评价。对学习的过程性考核评价，学生的自评、互评、组间互评要占有较大比重。及时的学习测评有利于教师对课堂活动的设计做出及时调整，更好地促进学生的学习。只要学生确实是认真负责地自主学习的，考核就应该是合格的。

课程标准化考试的比例宜小不宜大，难度宜低不宜高，主要用于考查学生对课程最基础的知识和技能的掌握程度。

2.对任课教师的考核评价

主要考核任课教师关于所任课程开发设计的理念和思路，课程标准的编制，对课程实施方案的设计及学习情境的设计，对课程微课视频制作和课程资源建设的贡献情况；对学生自主学习、合作学习的指导方面的态度和方法。其中，学生的评价要作为考核评价的主要内容。

考核重点不是讲授，而是营造学生"吸收内化"的情境和自主学习的状态。深入课堂听课，主要看学生在课前学习任务的完成状况、交流准备情况和课堂组织状态，从而评价教师的引导指导工作。

第六节　"数学实验型"教学模式

一、数学实验型教学模式简述

信息技术下的数学实验型教学模式就是以信息技术为基础，实验者对所学的数学知识进行实践检验的探索研究活动。它的理论基础是建构主义，也就是说要让学生自己做数学实验，自己去体会，教师只是对学生存在的问题进行指导、纠正。

长期以来，人们对数学教学的认识就是概念、定理、公式和解题，认为数学学科是一种具有严谨系统的演绎科学，数学活动只是高度抽象的思维活动。但是，历史表明，数学不只是逻辑推理，还有实验。不过，传统的数学观仍然认为，即使数学需要实验也只不过是纸上谈兵，也只是进行所谓的思想上的实验；教学过程中，学生的数学活动只是"智力活动"，或更为直接地说是解题活动，数学家在纸上做数学，数学教师在黑板上讲数学，而学生则每天在课堂上听数学和在纸上做题目。这样，对多数学生而言，数学的发现探索活动没有能够真正开展起来。

数学实验教学模式，通常由教师（也可以由学生自己）提出明确的问题情境，让学生在计算机提供的数学技术的支持下做教学实验，利用小组合作学习或者组织全班讨论，开展研究性学习活动；实验过程中，依靠实验工具，让学生主动参与发现、探究、解决问题，从中获得数学研究、解决实际问题的过程体验、情感体验，产生成就感，进而开发学生的创新潜能。

利用计算机进行数学实验教学，不仅是开展数学研究性学习的一种有效方式，而且也为计算机教学的开展提升了层次。引进数学实验以后，数学教学可以创设一种"问题—实验—交流—猜想—验证"的新模式。数学教学采取何种模式，从某种程度上取决于数学教育的目的，而这又与教学的现状、社会对数学的需求密切相关。知识经济时代对创新人才的需求与数学教育中忽视学生创造性能力培养的矛盾日益凸显。在教学中倡导研究性学习，引进数学实验，以及由此引发的教学模式的变革，与当前社会对数学教育的需求是一致的。

二、数学实验教学模式的基本环节

数学实验教学模式的基本思路是：从问题情境（实际问题或数学问题）出发，学生在教师的指导下，设计研究步骤，在计算机（器）上进行探索性实验，发现规律，提出猜想，进行证明或验证。根据这个思想，教学模式一般主要包括以下五个环节。

（一）创设情境。

创设情境是数学实验教学过程的前提和条件，其目的是为学生创设思维场景，激发学生的学习兴趣。问题情境的创设要精心设计，创设合适的问题情境有助于唤起学生的积极思维。

（二）活动与实验

活动与实验是数学实验教学模式的主体部分和核心环节。教师根据具体情况组织适当的活动和实验；数学活动形式可根据具体情况而定，最好是以2～4人为一组的小组形式进行，也可以是个人探索或全班进行。教师的主导作用仍然是必要的，教师给学生提出实验要求，学生按照教师的要求，在计算机（器）上完成相应的实验，搜集、整理研究问题的相关数据，进行分析、研究，对实验的结果做出清楚的描述。这个环节对创设情境和提出猜想两个环节起承上启下的作用。

（三）讨论与交流

这是开展数学实验必不可少的环节，也是培养合作精神、进行数学交流的重要环节。让学生积极主动地参与到数学实验活动中去，对知识的掌握，思维能力的发展，学业成绩的提高以及学习兴趣、态度、意志品质的培养都具有积极的意义。在学生积极参与小组或全班的数学交流和讨论的过程中，通过发言、提问和总结等多种机会培养学生数学思维的条理性，鼓励学生把自己的数学思维活动进行整理，明确表达出来。这是培养学生逻辑思维能力和语言表达能力的一个重要途径。数学交流是现代数学教学中的一个新课题，把实验与交流结合起来凸现了数学知识的形成过程，提倡学生使用计算机（器）可以为学生学习数学提供便捷的实验环节，并且学生使用计算机（器）做数学实验的过程也是一条很好的数学交流途径。

（四）归纳与猜想

归纳与猜想这个环节和活动与实验、讨论与交流密不可分，常常相互交融在一起，有时甚至是先提出猜想，再通过实验验证。提出猜想是数学实验过程中的重要环节，是实验的高潮阶段；根据实验观察到的现象进行数据分析，寻找规律，通过合情推理、直觉猜想，得到结论是数学实验的教学目标实现程度的体现，是实验能否成功的关键环节。

（五）验证与数学化

提出猜想得出结论，并不代表实验结束，还需要验证，通常有实验法、演绎法和反例法。提出猜想是科学发现的一个重要步骤，目前开展研究性学习，培养学生的创新意识，开发学生的创新潜能，需要猜想。但数学不能仅靠猜想来行事，验证猜想是科学精神、思想以及方法不可或缺的关键程序，是对数学实验成功与否的"鉴定"。教师有必要引导学生证明猜想或举反例否定猜想，让学生明白，数学中只有经过理论证明而得出的结论才是可信的。

三、开展数学实验教学亟待解决的问题

从目前来看,广泛开展数学实验教学还存在着以下几个亟待解决的问题。

（一）相对于对于传统教学，数学实验用时较多，而中学数学课程内容多，学时少，为完成教学计划及应付中考、高考，时间宝贵，有人甚至认为没有时间进行数学实验。

（二）在中学常规的教学中，开展数学实验教师面临来自专业素质方面的挑战：一方面，对大多数中学教师来说，对计算机知识相对生疏。而利用计算机开展数学实验需要较多计算机知识，有时甚至要用到简单的程序设计知识；另一方面，开展数学实验，需要教师具有更强的数学知识和科研能力，这就对教师素质提出了更高的要求。

（三）开展数学实验教学需要计算机硬件的支持，由于我国的经济发展不平衡，有些经济不发达地区的学校购买实验仪器设备还有一定的困难，这给推广数学实验造成了客观上的障碍和阻力。值得高兴的是，如今计算机及其网络技术发展迅猛，价格不断下降，对创建数学实验室提供了便利条件。为适应信息技术教育的需要，应克服困难逐步建立数学（计算机）实验室，开展数学实验，让理论与实践接轨。

第七节　创新型数学教学所带来的积极作用

新课程理念的核心是创新，创新既是时代发展的客观要求，又是实施数学教学改革的重要手段。中学数学教学正处于学生学习承上启下的关键时期，如何培养中学生的数学创新能力，对中学生的全面健康发展非常重要。数学教学的根本指导思想是提高学生的数学素质：包括数学观念、数学意识、数学思维、数学能力及基本的数学逻辑。而素质教育的核心在于对学生创新能力的培养。如何把数学知识与生产、生活实际结合起来，注重学生应用与创新能力的培养，是每一位数学教师必须思考的课题。下面谈一谈创新型数学教学模式所带来的积极作用。

一、创设良好的学习情境，激发学生学习的主动性、积极性

我们的课堂教学形式单调，知识面窄，严重影响学生对数学的全面认识，难以激起学生的求知欲望和创造欲。新课标中指出："数学教学应从学生实际出发，创设有助于学生自主学习的问题情境。"只有当主体意识到是其自身在影响和决定学习成败的时候，才能促进主体的主动发展。

因此，教师必须精心创设教学情境，有效调动学生主动参与教学活动，使其学习动机从好奇逐步升华为兴趣、志趣、理想以及自我价值的实现。因此，在创造性的数学教学中，师生双方都应成为教学的主体。

二、鼓励学生自主探索与合作交流

解决问题的关键是教育内容的革新、教育观念的更新和教学方法的创新，学生的学习只有通过自身的探索活动才可能是有效地。教师应引导学生主动地从事观察、实验、猜测、验证、推理与合作交流等数学活动，从而使学生形成对数学知识的理解和有效的学习策略。

三、注重开放问题的教学

数学作为一门思维性极强的基础学科，在培养学生的创新思维方面有其得天独厚的条件，而注重开放问题的教学，又可充分激发学生的创造潜能，尤其对学生思维变通性、创造性的训练提出了新的更多的可能性。所以，在开放问题的教学中，选用的问题既要有一定的难度，又要为大多数学生所接受，既要隐含"创新"因素，又要留有让学生可以从不同角度、不同层次充分施展他们聪明才智的余地。

四、尊重学生个体差异，实施分层教学，开展积极评价

教师在调控教学内容时必须在知识的深度和广度上分层次教学，尽可能地采用多样化的教学方法和学习指导策略。在教学评价上要承认学生个体差异，对不同程度、不同性格的学生提出不同的学习要求。

作为一位教师要建立一种平等、信任、理解和相互尊重的和谐师生关系，营造民主的课堂教学环境，学生才会在此环境中大胆发表自己的见解，展示自己的个性特征。对于有困难的学生，教师要给予及时的关照与帮助，要鼓励他们主动参与数学活动，尝试用自己的方式去解决问题，发表自己的看法，并及时肯定他们的点滴进步，从而增强学习数学的兴趣和信心。

五、创设和谐愉悦的课堂氛围

创新教育与传统教育的不同就在于改变了知识、能力、创新在教育过程中的性质和地位，所以"教师难教，学生难学，考试难考，成绩难以提高"，其根本原因就是我们当前的数学教学违背了数学本身特有的学科性质，只是进行机械教条的知识灌输和技能训练。

教师必须精心创造教学情境，创设宽松、和谐、多变的课堂氛围，使学生勇于创新、主动创新。对学生中具有独特创新的想法要特别呵护、启发、引导，不轻易否定，切实保护学生"想"的积极性和自信心，这对学生的创新能力会起到积极的推动作用。教师就教学内容应设计出具有探究性、趣味性、适应性和开放性的情境性问题，并对学生适时进行指导，给他们提供自主学习、自由探究的时间和空间，让学生有机会创新。

六、激励学生自主探究与合作交流

"数学教学是数学活动的教学，是师生之间、学生之间交往互助与共同发展的过程。"弗赖登塔尔曾经说："学一个活动最好的方法是做。"所以说自主探究与合作交流是培养创新精神与创新能力的重要途径。由于学生之间存

在着各种差异以及学生学习活动的独立性和学习内容的开放性，导致了当面对同样的问题时，学生中会出现各种各样的思维方式，产生各种不同的结果，有些甚至是出乎意料的。

教师让学生在独立自主的基础上进行合作，能为学生提供更多参与交流讨论的机会，能满足学生充分展示自我的心理需要。同时，通过生生互动，使学生看到问题的不同侧面，对自己和他人的观点进行反思和批判，从而建构起新的更深层次的理解。

七、运用求异法，旨在创新

"求异"是在分析解决问题时，不拘泥于一般的原理和方法，不满足已知的结论，而运用与众不同的思维方式，标新立异地提出自己新见解的一种方法。首先，教师要挖掘教材，引导学生从多方面去分析问题，形成自己独特的见解。其次，引导学生逆向思维。教师应当注意引导学生敢于"反其道而思之"，让思维向对立的方面发展，从问题的相反方向深入地进行探索，树立新思想，创立新形象。

数学课堂教学是培养学生创新能力的主要阵地。在教学过程中，教师必须给学生创新的机会和足够的时间，必须设置具有挑战性、开放性、探索性的问题，通过让学生寻找解决问题的独特策略和最佳策略的途径，把他们创新的潜能开发出来，让他们的创新精神和创新能力得到培养。

第十二章　基于模式创新的几个典型案例

第一节　"传递—接受"教学模式的教学案例

课题：§1.2.2 空间几何体的三视图

随着计算机的应用与普及，信息技术在教学过程中起着越来越重要的作用。因而也深刻影响着、改变着"传递-接受"这个传统教学模式。本节课主要是借助计算机辅助教学以加深学生对所学知识的理解与认识。

一、本节课教学内容分析

本节课是普通高中新课程人教 A 版《必修 2》第一章第二节第二课时的内容。三视图是立体几何的基础之一，每年高考必考的一道选择题。学好三视图有利于培养学生空间想象能力和几何直观能力，有利于培养学生学习立体几何的兴趣。

二、学情分析

在小学及初中，学生已经初步接触了三视图，但是对于三视图的概念还不清晰，还无法准确的识别三视图的立体模型，以及从空间几何体到三视图的双向转化。

三、教学目标

（一）知识与技能：能画出简单空间几何体的三视图，能识别三视图表示的立体模型，从而进一步熟悉简单几何体的结构特征。

（二）过程与方法：通过多媒体课件和 FLASH 动画的展示，加深对三视图的理解。

（三）情感、态度与价值观：感受数学就在身边，提高学生学习立体几何的兴趣。

四、教学重点和难点

重点：画出空间几何体的三视图。

难点：识别三视图所表示的空间几何体。

五、信息技术分析

课前教师用 PowerPoint 制作演示文稿，FLASH 动画，在投影中体现课

211

题、教学内容、思考问题等。

六、课时安排

1 课时

七、教学流程图

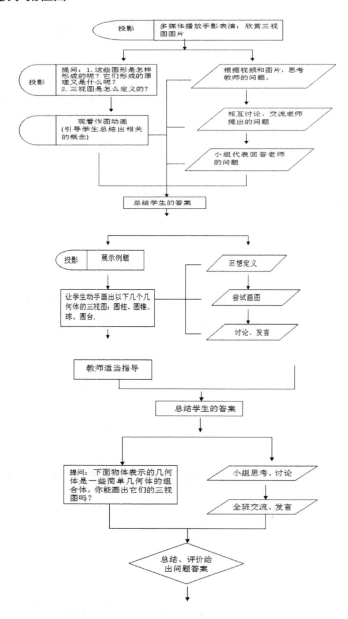

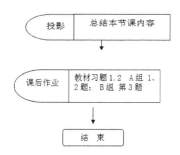

符号说明：

教学内容与教师活动：☐☐☐☐ 学生活动：▱

教师媒体运用：◖☐☐ 学生利用媒体操作、学习：◢☐

教师进行评价判断：◇

八、详细教学过程

（一）创设情境，引入新课

教师：请同学们观察这幅图片，猜猜他们是什么关系？

学生回答：是情侣关系。

教师笑着说：我们再从正面看看同学们说得对不对？

学生：纷纷大笑！

教师说到：这说明看问题不能只从一个角度，要多角度看问题。下面请同学们从不同角度欣赏一些图片。

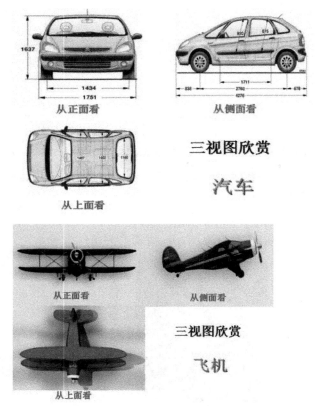

教师适时引入课题：上面我们欣赏了汽车和飞机的三视图，那么如何定义空间几何体的三视图？如何画出空间几何体的三视图？这节课我们就来学习空间几何体的三视图。

【设计意图】引入生活情境，激发学生的学习欲望，自然导入新课，同时又拓宽学生思维，发展他们的联想、类比能力。

（二）借助媒体，讲解概念

1.三视图的定义

【动画演示】探究长方体的三视图。

教师提问：按你观察的方向，想象一束平行光线正对着物体投射过去，那么会留下什么样子的影子（正投影）？引导学生归纳三视图的定义。

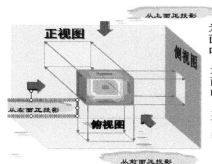

光线从几何体的前面向后面正投影得到的投影图，叫做几何体的正视图。

光线从几何体的左面向右面正投影得到的投影图，叫做几何体的侧视图。

光线从几何体的上面向下面正投影得到的投影图，叫做几何体的俯视图。

三视图是正视图、侧视图、俯视图的统称。它是三个方向分别表示物体形状的一种常用视图。

【设计意图】通过 PPT 动画演示，形象生动地刻画了三视图的形成，避免学生抽象地去想象。

2. 三视图的位置关系（投影）

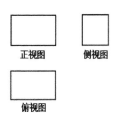

三视图位置有规定：一般地，正视图要在左上方，侧视图在正视图右边，俯视图在正视图的下边。

【设计意图】通过讲解，规范学生的画法。

教师提问：正视图、侧视图、俯视图之间有什么数量关系吗？

学生活动：画出下图长宽高分别为 4cm、3cm、5cm 的长方体的三视图并表明数量关系。

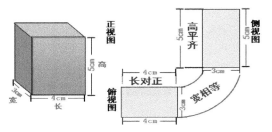

正视图与俯视图的长度一样，简称为"长对正"，

正视图与侧视图的高度一样，简称为"高平齐"，

侧视图与俯视图的宽度一样，简称为"宽相等"。

教师引导学生总结出：三视图的数量关系，并概括为"长对正、高平齐、

宽相等"。

【设计意图】通过学生自己思考来寻求三视图中的量的关系，重视学生知识的构建。

（三）尝试作图，形成能力

学生活动【试一试】：

例 1.请学生动手画出以下几个几何体的三视图：圆柱、圆锥、圆台。先让学生独立画图，教师再 FLASH 动画展示。

1. FLASH 动画演示圆柱三视图

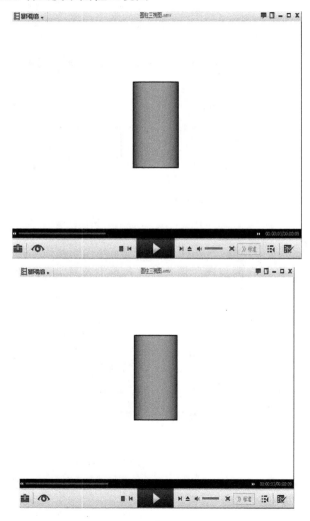

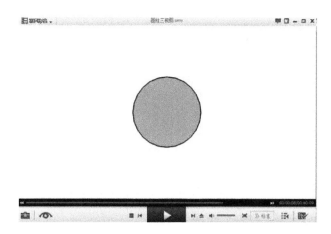

2. FLASH 动画演示圆锥三视图

3. FLASH 动画演示圆台三视图

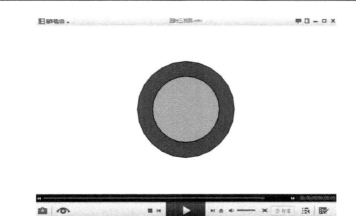

【设计意图】三视图画法是种操作技能，教育心理学认为操作技能的认知需要准确的示范，然后模仿、练习直至熟练。

学生活动：例 2. 请同学们画出下面这个三棱柱的三视图。

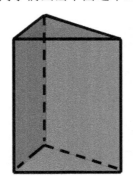

教师活动：通过 FLASH 动画讲解画法。

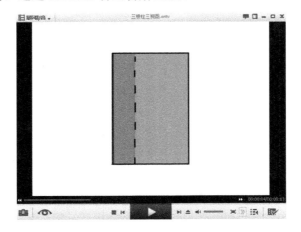

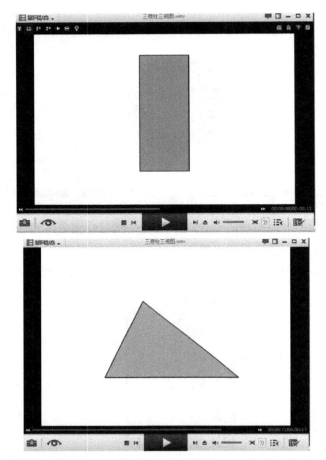

【设计意图】通过例 2，总结在画三视图时，能看见的轮廓和棱用实线表示，看不见的轮廓和棱用虚线表示，即："眼见为实，不见为虚"。

（四）理论迁移，发展思维

学生活动：例 3.请根据三视图说出立体图形的名称。

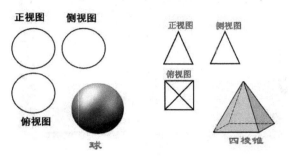

【设计意图】锻炼学生的逆向思维，从三视图到空间几何体，难度较大，从熟悉的几何体入手比较适合。

（五）探究发现，提升能力

学生活动：探究简单组合体的三视图。

例 4. 你能画出下面 2 个组合体的三视图吗？

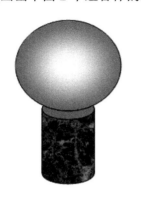
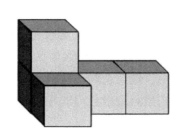

【设计意图】大千世界，丰富多彩，我们生活的周围不仅仅是简单的几何体，更多的是它们的组合体，通过练习，让学生学会观察，为将来应用社会奠定基础，培养应用数学意识。

（六）总结提高，加深理解

总结的内容有（投影）：

1. 三视图的定义：

    （1）光线从几何体的前面向后面正投影得到的投影图，叫做几何体的正视图。

    （2）光线从几何体的左面向右面正投影得到的投影图，叫做几何体的侧视图。

    （3）光线从几何体的上面向下面正投影得到的投影图，叫做几何体的俯视图。

2. 画三视图的要求：

    （1）**位置：**

正视图	侧视图
俯视图	

    （2）**大小：**长对正，高平齐，宽相等。

    （3）**虚实：**眼见为实，不见为虚。

【设计意图】回顾本节课，归纳总结，加深理解，巩固学习成果，培养学生及时归纳和善于思考的良好品质。

（七）布置作业，训练提高

1.教材习题1.2　A组 1，2，3题；　B组 1，3题。

九、设计说明

《空间几何体的三视图》这节课是典型的演示型教学案例。这节课教师借助一幅有趣的图片引入本节课的内容，使学生在轻松愉快中进入了本节课的学习。然后教师充分地借助 PPT 和 FLASH 动画演示一些常见几何体的三视图，使本节课的难点问题变得直观，加深了理解，有效地发挥了信息技术的优点，提高了课堂的教学效率。同时，教师又充分地尊重了学生的主体地位，让学生讨论、总结，教师再补充、演示，这符合新课改的要求。值得注意的是，在演示型教学模式中，教师的主导地位更突出些，但我们不能因此忽略学生在学习中的地位，我们必须坚持学生才是学习的主体这个重要原则；另外，我们不能生搬硬套演示型教学模式的步骤，要敢于大胆创新实践，可适当增加一些富有自己特色的步骤或环节。

第二节 "三疑三探"教学模式的教学案例

课题：§3.3 等差数列前 n 项和

一、教材分析

（一）教学内容

《等差数列前 n 项和》现行高中教材第三章第三节"等差数列前 n 项和"的第一课时，主要内容是等差数列前 n 项和的推导过程和简单应用。

（二）地位与作用

本节对"等差数列前 n 项和"的推导，是在学生学习了等差数列通项公式的基础上进一步研究等差数列，其学习平台是学生已掌握等差数列的性质以及高斯求和法等相关知识。对本节的研究，为以后学习数列求和提供了一种重要的思想方法——倒序相加求和法，具有承上启下的重要作用。

二、学情分析

（一）知识基础

高一年级学生已掌握了函数、数列等有关基础知识，并且在初中已了解特殊的数列求和。

（二）认知水平与能力

高一学生已初步具有抽象逻辑思维能力，能在教师的引导下独立地解决问题。

（三）任教班级学生特点

我班学生基础知识较扎实、思维较活跃，能够很好地掌握教材上的内容，能较好地应用数形结合的方法解决问题，但处理抽象问题的能力还有待进一步提高。

三、教学目标

依据教学大纲的教学要求，渗透新课标理念，并结合以上学情分析，我制定了如下教学目标：

（一）知识与技能

1. 掌握等差数列前 n 项和公式；

2. 掌握等差数列前 n 项和公式的推导过程；

3. 会简单运用等差数列的前 n 项和公式。

（二）过程与方法

通过公式的探索，发现，在知识发生，发展以及形成过程中培养学生观察，联想，归纳，分析，综合和逻辑推理的能力。通过对等差数列前 n 项和公式的推导过程，渗透倒序相加求和的数学方法，提高学生类比化归、数形结合的能力。

（三）情感态度

结合具体模型，将教材知识和实际生活联系起来，使学生感受数学的实用性，有效激发学习兴趣，并通过对等差数列求和历史的了解，渗透数学史和数学文化。

四、教学重难点

（一）教学重点

探索并掌握等差数列前 n 项和公式，学会用公式解决一些实际问题。

（二）教学难点

等差数列前 n 项和公式推导思路的获得。

五、教学方法

"三疑三探"教学法，即通过设疑自探，解疑合探，质疑再探，应用拓展等环节引导学生探究规律，得出结论。

六、教学过程

（一）设疑自探

问题情境：

图 12-1

【师】在 17 世纪，莫卧儿帝国皇帝沙杰罕为纪念其爱妃而建造了坐落于印度古都阿格的泰姬陵。它的主体建筑是用纯白大理石建造而成，宏伟壮观，令人神往，成为世界古建筑七大奇迹之一。其中用宝石镶饰的陵寝，图案可谓之精美绝伦。据说陵寝中有一个三角形图案，是用大小一样的宝石镶嵌而成，共有100层（见图12-1），你知道这个图案一共花了多少颗宝石吗？

【教学设计意图】数学学习总是与一定的"情境"紧密相关。从情境问题入手，图中蕴含算数，能激发学生学习新知识的兴趣，并且可引导学生围绕高斯的算法进行自探，形成自探提纲。它是"三疑三探"教学模式的基础环节。

【师】看到这个问题情境，我们能想到哪些数学问题呢？

【生甲】这些宝石成什么规律，如何求它们的和？

【生乙】由这个问题情境，想到了如何求 1+2+3···+100=？

【生丙】高斯的算法能用来求任何等差数列的前 n 项和吗？这种方法叫什么方法呢？

【其他生】…

【师】大家提出了这么多问题。这节课我们主要研究以下三个问题，见表 12-1。

表 12-1 学习目标

1	高斯算法的思路。
2	由高斯算法得出等差数列前 n 项和公式的推导。
3	等差数列前 n 项和公式的运用。

这三个问题也就是这节课的学习目标。

【说明】学习目标是"三疑三探"教学模式的首要环节，这个学习目标由学生自探形成，也就是自探提纲。这个环节要留足时间，避免流于形式。

（二）解疑合探（围绕自探提纲，学生小组进行合作交流，时间 17 分钟到 20 分钟）

学生围绕自探提纲分小组合探，小组先分层讨论，再群体讨论，群体讨论要解决相关问题。小组长做好分工，安排好讨论结论的记录整理和展示，既有方法归纳又有规律总结。讨论要充分，并紧紧围绕本节内容进行。教师要参与到小组讨论中去，为下一步展示做准备。各小组按教师分工，迅速展示，主动，积极，有序，高效。可采用重点展示、小组展示、分类展示等形式，要求尽量脱稿。展示方式可口头或书面，但要简洁，规范，声音洪亮。

结束时要问"同学们还有什么不同意见或有不明白的地方吗？"一般由小组排名第3、4、5、6名展示，第1、2名点评或拓展。非展示同学要认真倾听，并迅速记录或纠错。点评内容包括：A.打分并说明扣分原因；B.此类问题的一般规律和方法；C.变式训练；D.时间一般不超过2分钟。精彩点评结束要有掌声鼓励。教师认真倾听，注意发现学生的闪光点和不足，为点拨做准备。

【合探一】高斯的算法思路。

【合探二】图案中，从顶层到第51层，宝石共有多少颗？

【合探三】等差数列前 n 项和公式的推导。

【师】请同学们全体起立，先在小组内交流自探成果，本小组人一起归纳整理以上这三个问题，待小组交流快结束时，教师出示展示分工及要求。

表 12-2 小组展示表

展示内容	展示小组
（1）	第 5 组
（2）	第 3 组
（3）	第 2 组

【要求】

展示组迅速派人板书到黑板划定的位置上。

1.展示人书写要及时、迅速、规范。

2.不仅展示结果，还要用彩色粉笔补充、总结规律方法。

3.非展示同学结合展示，继续讨论，为点评和补充做准备。

【师】现在请5组的5号上黑板展示第一个问题。

【合探一】高斯的算法思路

【生甲】高斯在很小的时候就解决了这个问题。据说，在高斯上小学的时候，老师提出了上面的问题。在其他同学无一例外地忙于把这些数字逐项相加时，高斯已经很轻松地得出了正确答案。他的具体算法如下：

（1+100）+（2+99）+（3+98）+…+（50+51）=101×50=5050。

这种算法蕴含着求等差数列前 n 项和的一般性规律。教学中，让学生去独立观察，探索，发现其内在规律，前提是保证学生有充分的思考时间和空间。对学生来说，高斯的算法是非常熟悉的，他们懂得采用首尾配对求和的方法来进行计算，但他们多数对这种方法没有深层的理解，只处于记忆阶段，为了使学生进一步理解这种算法的原理，所以教学设计了如下的问题情境。

【合探二】图案中，从顶层到第 51 层，宝石共有多少颗？

学生小组讨论，各小组采用合作探究的方式学习，把各小组总结的方法分别展示出来。

下面请第 3 组的生乙做出展示：

【生乙】方法如表 12-3。

表 12-3

方法一	原式=（1+2+3+…+50）+51
方法二	原式=0+1+2+3+…+50+51
方法三	原式=（1+2+…25+27+…+50）+26

【师】其实上面的方法是运用了"化归思想"，把奇数个项的问题变成了偶数个项求解，这位同学的方法应当得到充分肯定与表扬。

【设计意图】借求奇数个项的和的问题转化成求偶数个项的和的求解渗透化归思想。如果简单地仿照高斯算法，就会出现不能全部配对的问题。

【师】将以上图案改成从第一层到第 n 层（$1<n<100$，n 是正整数），共有多少颗宝石？

学生小组讨论，教师下面巡视，经过激烈的讨论后，学生发现需要对 n 为奇数和 n 为偶数两种情况讨论。

【师】能否不讨论，讨论实在不方便。

【生】我可以把刚才的三角形图案补成平行四边形图案。下面请同学们看黑板（如图 12-2）：

图 12-2

【设计意图】借助图形，能激发学生的学习兴趣，唤起学生的思维，并为学生提供了一个直接的模型——倒序相加法。

【师】下面请同学们按小组讨论三分钟，举手上黑板来展示。

【生】通过以上的启发，我得出如下解法：

$$1 + 2 + \cdots + n-1 + n$$

$$\underline{n + n-1 + \cdots + 2 + 1}$$

$$(n+1)+(n+1)+\cdots + (n+1) + (n+1)$$

故 $1+2+3+\cdots+n=\dfrac{n(n+1)}{2}$ 。

【合探三】在 a_1 为首项，公差为 d 的等差数列 $\{a_n\}$ 中，如何求其前 n 项和

$$S_n= a_1 + a_2 + L + a_n?$$

【师】请第 2 组丙同学上黑板展示，由前面的大量铺垫，学生得出如下过程：

$$S_n= a_1 + （a_1+d） + （a_1+2d） + L + [a_1+（n-1）d]$$

$$S_n= a_n + （a_n-d） + （a_n-2d） + L + [a_n - （n-1）d]$$

$$\therefore 2S_n= （a_1+a_n） + （a_1+a_n） + L + （a_1+a_n）$$

$$\therefore s_n = \dfrac{a_1+a_n}{2} \text{（公式 1）}$$

在同学们展示结束时，老师出示表 12-4。

表 12-4

展示内容	展示小组	评价小组
（1）	第 5 组	第 1 组
（2）	第 3 组	第 4 组
（3）	第 2 组	第 6 组

要求：1. 点评同学，先打分，若不是满分说明扣分原因。

2. 点评同学强调解题关键，提出新的见解思路或注意事项，并改变条件重新出题。

3. 非点评同学应积极做出补充和质疑。

【师】第一组评价第五组展示的合探一。

【生甲】我给第五组打 10 分，它思路清晰，板书整齐。同学们还有什么不明白的地方吗？

【某生】我有问题。那如果换成 1+2+3+⋯+200=？ 也能这样算吗？

【生甲】末尾换成任何偶数都能算。

【某生】如果换成 2+4+6+⋯+200=？ 也能这样算吗？

【生甲】所有求和都可以这样求。

【某生】如果是 1+2+3+⋯+101=？ 如何算？

【生甲】如果末尾换成奇数就不能配对了，那怎么办？合探二中已经给了解释。

【师】好，下面请第四组评价第三组展示的合探二。

【某生】我给第三组打 10 分，第三组同学没有死套高斯的算法，把奇数个项的求和问题转化为偶数个项的求和问题，这一点很好。不过我有一个问题，以后，这样的求和都得考虑末尾是奇数还是偶数？奇数需要转化，偶数需要配对。

【某生】那如果末尾是未知数，是否需要分奇、偶两种情况讨论呢？

【部分学生】是。

【师】不用，我们刚才计算了前 n 个连续正整数的和，这种方法在数学上称为倒序相加法，可以计算一些数的求和问题。

【师】好，这个问题就讨论到这里。下面请第六组评价第二组展示的合探三。

【某生】我给第二组打 9 分，他们板书整齐，思路清晰。不过没有写明白这种方法的适用范围，以及它的变形公式。

下面我来补充：这种方法是适用于首尾有规律的数求和。比方说：等差数列。由于我们前面学过了 $a_n = a_1 + (n-1)d$，所以等差数列的求和公式还有以下的一种变形公式：

$$S_n = na_1 + \frac{n(n-1)}{2}d \quad （公式 2）。$$

若已知 n, a_1, a_n 用第一个公式；若已知 n, a_1, d 用第二个公式。

【学生】一起鼓掌，喝彩。

【师】最后总结，然后给各展示组和评价组打分汇总。

（三）质疑再探

下面进入质疑再探环节，启发学生提出更有价值的问题。

【生】倒序相加法不仅适用于等差数列求和，只要是首尾有规律的数列都可以用这种方法求和。例如：

已知 $f(x) = \dfrac{1}{2^x + \sqrt{2}}$，求 $f(\dfrac{1}{2000}) + f(\dfrac{2}{2000}) + \cdots + f(\dfrac{1998}{2000}) + f(\dfrac{1999}{2000})$

的值。

【师】非常好，不过要注意倒序相加法的步骤：

第一步：先令 $S=\cdots$；

第二步：再把 $S=\cdots$ 倒着写一遍；

第三步：把这两个等式相加并整理。

【生】我还有一个问题，前面讲了等差数列的通项公式 $a_n = a_1 + (n-1)d$，我们分析了等差数列的通项公式的特点 $a_n = nd + (a_1 - d)$，令 $k = d, b = a_1 - d$，则通项公式是关于 n 的一次函数。若是等差数列，则它的通项公式是关于 n 的一次函数。反过来，若一个数列的通项公式是关于 n 的一次函数，那么这个数列是等差数列。那么求和公式是否也有这样的特点呢？

【师】请同学们思考三分钟，看哪一组能答对，答对了加分。（加分是"三疑三探"教学模式中反复不停的一个过程。主要是为了鼓励学生，激发学生的学习兴趣。）

【某组】等差数列前 n 项和公式也有这样的特点，把等差数列前 n 项和 $S_n = na_1 + \dfrac{n(n-1)}{2}d$ 进行整理以后，$S_n = \dfrac{d}{2}n^2 + (a_1 - \dfrac{d}{2})n$。令 $A = \dfrac{d}{2}$，$B = a_1 - \dfrac{d}{2}$，则它的求和公式是 $S_n = An^2 + Bn$，是关于 n 的二次函数（无常数项）。若一个数列是等差数列，则它的求和公式是 $S_n = An^2 + Bn$；反过来，若一个数列的求和公式是 $S_n = An^2 + Bn$，则这个数列是等差数列。

【师】同学们满意吗？

【生】满意。

【师】给这一组加 10 分。

【设计意图】让学生对知识得到进一步升华，这个环节若学生提不出问题，老师可适当引导，点拨。

【说明】质疑再探这个环节要留足时间，让学生大胆设想，提出更多问题。老师要时刻鼓励学生的做法，班里学生要不断地给予提出问题的学生掌声鼓励。

【师】哪位同学还有问题？

【某生】若已知数列的前 n 项和，我们能判定这个数列是等差数列，并且能求出这个数列的公差和首项。但证明一个数列是等差数列，能否证明它的求和公式是关于 n 的二次函数。

【其他生】有的说能，有的说不能。

【师】最后总结：一般用于选择填空题，证明题要用定义。

【某生】可能还有问题…，就这样学生不断地提出问题，分析和解决问题，直到下课。

【师】大家提出了这么多问题，这节课我们主要研究了哪几个问题。老师分类汇总。

【说明】问题是创造性活动的开始，从学生提出问题中选取精华，让学生通过产生问题，解决问题的过程获取新的知识是"三疑三探"教学模式的主要思想。

【师】设置典例，促进学生对公式的应用（这个环节是三疑三探的应用拓展环节）。教师结合本节重点、难点、易混点等知识内容出示明确而具体的导向信息背景材料，引导学生编题。可以编选择题、填空题、解答题。哪一个组编了题，老师就给哪一个组打分。哪一个组解答了，就给哪一个组加分。

【某生】我仿照书上例 1 的实际应用，也给同学们编了一道题。下面我展示在黑板上：为了参加冬季运动会的长跑比赛，某同学给自己制定了 7 天的训练计划（单位：m），如表 12-5。

表 12-5

第一天	第二天	第三天	第四天	第五天	第六天	第七天
5000	5500	6000	6500	7000	7500	8000

问：这位同学七天一共将跑多长的距离？

【设计意图】应用数学公式解决实际问题是为了激发学生的兴趣，既让学生感受到数学来源于生活，又服务于生活。同时通过问题的解决，又加深了对数学公式的理解和掌握，从而培养学生发现数学问题，揭示数学规律的兴趣。

【某组】老师，我们组给解答。从表格可以看出这组数是以 5000 为首项，500 为公差的等差数列。所以这位同学七天一共将跑多长的距离，相当于求等差数列的前 7 项和 $S_7 = 7 \times 5000 + \frac{7(7-1)}{2} \times 500 = 45500$．

【师】同学们他回答的对不对呀？

【生】一起喊："对"。

【师】给这组加分吗？加 10 分可以吗？

【生】一起喊："可以"。

【说明】加分这个环节，必须获得学生同意后，全体学生觉得没问题，方可加分。

【其他组】老师，我们也仿照书上的例 2 给同学们编了一道题，我给同学们展示一下。其他组可能你争我抢。老师我们组也有一道例题可供选择。如果这时时间不到，老师就继续让学生一起展示，探讨。如果时间快到了，老师就停住。同学们还有什么问题，下节课再讨论吧。

【师】可以给同学们针对这节课内容出相应的题，与同学们出的题做比较。

【说明】老师出的题要有针对性，要有利于同学们对所学内容的理解和数学思维的发展。

【师】我也给同学们出一道题：

例题：已知等差数列的前 10 项和是 310，前 20 项和是 1220，求其前 n 项和 S_n。

【某组】上黑板展示，其他学生等待评价。

分析：要想求等差数列的前 n 项和，必须求出首项和公差。根据等差数列的前 n 项和公式列两个方程，求出首项和公差。然后代入前 n 项和公式求解。

这时，老师可以找其他学生一起评价（时间不足时，直接让学生口头评价，打分。时间充足时，可以让某同学上黑板展示，评价打分。）

【某生】老师我有一个办法，在等差数列当中，依次 10 项的和仍然成等差数列。

公差变成 $100d$，则有 $100d = 600$，即 $d = 6$。然后把 $d = 6$ 代入前 n 项和公式中求出首项 a_1。

【总结】由学科班长评出四星一组（质疑之星，评价之星，展示之星，解疑之星，优秀小组）。

【说明】新授课的重点在"设疑自探"和"解疑合探"中的评价环节，部分课堂甚至可以取消运用拓展环节，放在习题课上专项训练。

小结部分教师既要肯定这节课中学生的表现，又要强调不足的部分。同时应用拓展这个环节就是要把这节课中学生没有强调的部分搞明白。

第三节　"翻转课堂"教学模式的教学案例

课题：§1.3.1 柱体、锥体、台体的表面积与体积

一、教材的地位和作用

《柱体、锥体、台体的表面积与体积》是新人教版高中数学必修 2 第一章第 3 节的第一小节。本节内容是在学生已从结构特征和视图两个方面感性认识空间几何体的基础上，进一步从度量的角度来认识空间几何体，它属于立体几何入门的内容，所以教学的目的在于使学生了解空间几何体的表面积和体积的计算方法，但不要求记忆公式，并能进一步计算简单组合体的表面积和体积。

二、教学内容分析

本节一开始的"思考"从学生熟悉的正方体和长方体的展开图入手，分析展开图与其表面积的关系，目的有两个：其一，复习表面积的概念，即表面积是各个面的面积之和；其二，介绍求几何体表面积的方法，把它们展成平面图形，利用平面图形求面积的方法，求立体图形的表面积。

接着，教科书安排了一个"探究"，要求学生类比正方体、长方体的表面积，讨论棱柱、棱锥、棱台的表面积问题，并通过例 1 进一步加深学生的认识。教学中可以引导学生讨论得出：棱柱的展开图是由平行四边形组成的平面图形，棱锥的展开图是由三角形组成的平面图形，棱台的展开图是由梯形组成的平面图形。这样，求它们的表面积的问题就可转化为求平行四边形、三角形和梯形的面积问题。

教科书通过"思考"提出"如何根据圆柱、圆锥的几何结构特征，求它们的表面积？"的问题。教学中可引导学生回忆圆柱、圆锥的形成过程及其几何特征，在此基础上得出圆柱的侧面可以展开成为一个矩形，圆锥的侧面可以展开成为一个扇形的结论，随后的有关圆台表面积问题的"探究"，也可以按照这样的思路进行教学。值得注意的是，圆柱、圆锥、圆台都有统一的表面积公式，得出这些公式的关键是要分析清楚它们的底面半径、母线长与对应的侧面展开图中的边长之间的关系，教学中应当引导学生认真分析，在分别学习了圆柱、圆锥、圆台的表面积公式后，可以引导学生用运动、变化的观点分析它们之间的关系。由于圆柱可看成上、下两底面全等的圆台；圆锥可看成上底面半径为零的圆台，因此圆柱、圆锥就可以看成圆台的特例。这样，圆柱、圆锥的表面积公式就可以统一在圆台的表面积公式之下。

关于体积的教学。我们知道，几何体占有空间部分的大小，叫做几何体的体积。这里的"大小"没有比较大小的含义，而是要用具体的"数"来定量地表示几何体占据了多大的空间，因此就产生了度量体积的问题。度量体积时应知道：1. 完全相同的几何体，它的体积相等；2. 一个几何体的体积等于它的各部分体积之和。体积相等的两个几何体叫做等积体。相同的两个几何体一定是等积体，但两个等积体不一定相同。体积公式的推导是建立在等体积概念之上的。

柱体和锥体的体积计算是经常要解决的问题。虽然有关公式学生已有所了解，但进一步了解这些公式的推导，有助于学生理解和掌握这些公式，为此，教科书安排了一个"探究"，要求学生思考一下棱锥与等底等高的棱柱体积之间的关系。教学中，可以引导学生类比圆柱与圆锥之间的体积关系来得出结论。

与讨论表面积公式之间的关系类似，教科书在得出柱体、锥体、台体的体积公式后，安排了一个"思考"，目的是引导学生思考这些公式之间的关系，建立它们之间的联系。实际上，这几个公式之间的关系是由柱体、锥体和台体之间的关系决定的。这样，在台体的体积公式中，令 $S'=S$，得柱体的体积公式；令 $S'=0$，得锥体的体积公式。

值得注意的是在教学过程中，要重视发挥思考和探究等栏目的作用，培养学生的类比思维能力，引导学生发现这些公式之间的关系，建立它们的联系。本节的重点应放在公式的应用上，防止出现：教师在公式推导过程中"纠缠不止"，要留出"空白"，让学生自己去思考和解决问题。如果有条件，可以借助于信息技术来展示几何体的展开图。对于空间想象能力较差的学生，可以通过制作实物模型，经过操作确认来增强空间想象能力。

三、学生情况分析

在小学和初中阶段，学生就已经知道了柱体、锥体、台体的结构特征，以及一些常见几何体如正方体、长方体的展开图，所以说学生已具备了学习本节课内容的知识基础。但高一学生尚缺乏空间想象能力，还缺乏知识的迁移与类比能力，这些都需要教师在课堂教学过程中有意识地培养学生的这些能力。此外，高中学生思维活跃，敢于表现自己，不喜欢被动地接受别人现成的观点，所以应注意调动学生的积极性与主动性。

四、教学目标

数学教学的重要目标之一是提高学生的数学思维能力，通过不同形式的探究活动，让学生亲身经历知识的发生和发展过程，从中领悟解决问题的思想方法，不断提高分析和解决问题的能力，使数学学习变成一种愉快的探究活动，从中体验成功的喜悦，不断增强探究知识的欲望和热情，养成一种良好的思维品质和习惯。根据本节课的教学内容和所教学生的实际，本节课的教学目标确定为以下三个方面：

（一）知识与技能

1.了解柱体、锥体与台体的表面积和体积公式的推导方法；

2.能运用公式求解柱体、锥体和台体的表面积和体积；

3.培养学生空间想象能力和思维能力，例如由直观图想象到原图形的一些特征。

（二）过程与方法

让学生经历几何体的侧面展开过程，感知几何体形状的变化，培养转化与化归的能力。

（三）情感、态度与价值观

通过学习，使学生感受多面体表面积与体积的求解过程，通过将"扇形想象成曲边三角形""扇环想象成曲边梯形"激发学生的创新意识，增强学习的积极性。

五、教学重难点

本节课如果只把几组公式告诉学生，并让他们进行一些训练就能达到要求。这样做就失去了渗透相关重要数学思想的机会和让学生体会数学美的机会。数学教学中应强调对基本概念和基本思想方法的理解和掌握，并能灵活应用所学知识解决实际问题，根据本节课的教学内容和学生的认知结构特征，将重难点确定为：

教学重点：柱体、锥体、台体的表面积和体积的计算公式及其应用。

教学难点：台体的表面积和体积计算公式的推导方法和推导过程。

六、教学策略分析

丰富学生的学习方式，改进学生的学习方法是数学教学追求的基本理念。学生的数学学习不应只限于概念、结论和方法的记忆，模仿和接受。本节课主要是计算多面体和旋转体的表面积和体积，学习过程中，要使学生理解知识点并会灵活应用，要鼓励学生积极参与教学活动，包括思维的参与和行为的参与，既要有教师的讲授和指导，也要有学生的自主探究与合作交流。因此，本设计主要采用的教学方法是引导发现法，结合本课的教学内容与学生实际，整体思路是：创设情境→自主探究→合作交流→得出结论→理解应用→提高能力。

在教具使用上做到以下三点：

（一）学生课前自己制作几何体模型，激发学生思维的兴趣。

（二）运用 ppt 制作课件，做到图文并茂。

（三）运用几何画板制作课件，创设探求空间，展现思维过程。

七、课时安排

本教学设计分为 2 课时。划分办法是：第一课时研究柱体、锥体、台体的表面积及教材中的例 1；第二课时，解决教材中的例 2、例 3 及相关的公式应用问题，之后完成对球的表面积与体积的学习。

八、教学流程图

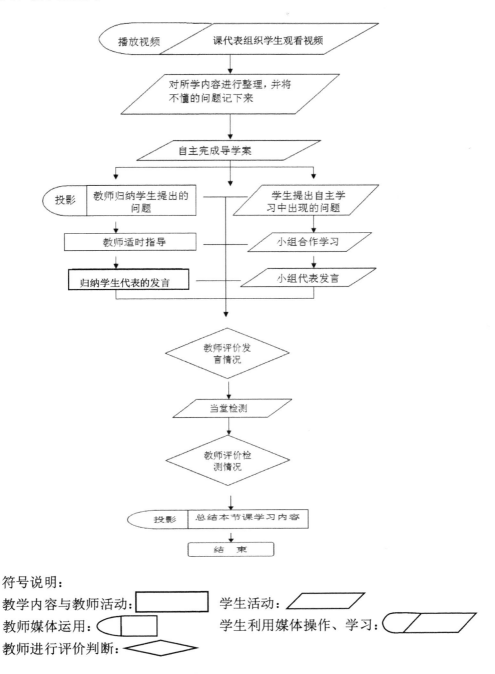

符号说明：

教学内容与教师活动：▱　　　学生活动：▱

教师媒体运用：⬭　　　学生利用媒体操作、学习：⬭

教师进行评价判断：◇

九、详细教学设计

（一）课前视频教学设计（视频展现的内容）

1. 设置情境，引入课题

【导入】随着我们国家不断地进步和发展，我们的城市正变得越来越漂亮。走在大街上，我们可以看到一栋栋高楼拔地而起。当一栋大楼主体完工时，我们要对大楼外墙进行粉刷，这时就要估计这个空间几何体的表面积，那么，如何计算空间几何体的表面积呢？这节课我们就来学习柱体、锥体、台体的表面积和体积。

【设计意图】通过实际问题引入本节课的课题，增加学生的学习兴趣。

2. 复习常见平面图形的面积计算公式

【问题】请同学们写出下面常见平面图形的面积公式。

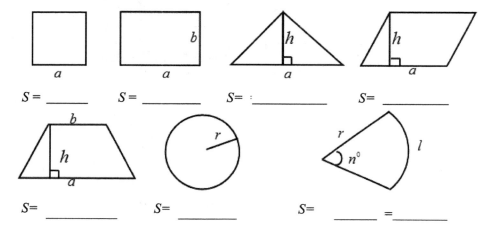

【设计意图】通过复习常见图形的面积计算公式，达到帮助学生复习扫清学习障碍、同时了解学生基础的目的。

【设计亮点】因为在后面要学习圆台的表面积公式，因而准确记住扇形的面积公式显得非常重要。为了使学生轻松地记住，采取将"扇形想象成曲边三角形"的方法，这样只需记住三角形的面积就可以了，减轻了学生的记忆负担，增强了趣味性，也为后面学习圆锥和圆台的表面积埋下了伏笔。见下面教学视频截图（图 12-3）：

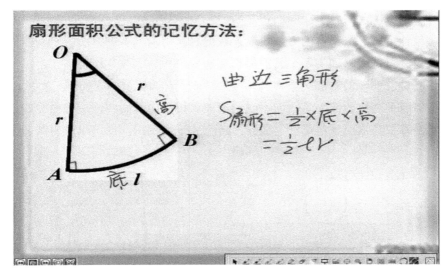

图 12-3　扇形面积公式的记忆方法

3. 棱柱、棱锥、棱台的表面积的求法

【提出问题】

①在初中，我们已经学习了正方体和长方体的表面积，以及它们的展开图（图 12-4），你知道上述几何体的展开图与其表面积的关系吗？

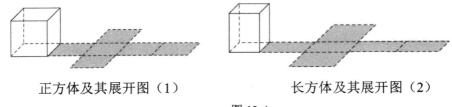

正方体及其展开图（1）　　　　　　长方体及其展开图（2）

图 12-4

②棱柱、棱锥、棱台也是由多个平面图形围成的几何体，它们的展开图是什么？如何计算它们的表面积？

【回答】

①正方体、长方体是由多个平面图形围成的几何体，它们的表面积就是各个面的面积之和。因此，我们可以把它们展成平面图形，利用平面图形求面积的方法，求立体图形的表面积。

②棱柱的侧面展开图是平行四边形，其表面积等于围成棱柱的各个面的面积之和；棱锥的侧面展开图是由多个三角形拼接成的，其表面积等于围成棱锥的各个面的面积之和；棱台的侧面展开图是由多个梯形拼接成的，其表

面积等于围成棱台的各个面的面积之和。

【设计意图】最基本的方法可以解决问题就用最基本的方法，求多面体的表面积，就是将它们的各个面的面积加起来。

4.圆柱表面积的求法

【问题】圆柱的侧面是曲面，我们不能直接求出其面积，怎么办呢？

【回答】将侧面（沿母线）展开，转化成平面图形，就可以求出其侧面积了。

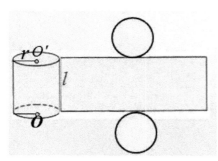 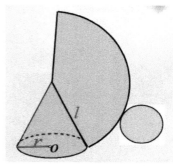

图 12-5 圆柱的展开图　　　　　　　图 12-6 圆台的展开图

【问题】根据圆台的展开图（如图 12-6），思考如何求出其表面积？

【总结】我们知道，圆柱的侧面展开图是一个矩形（图 12-5）。如果圆柱的底面半径为 r，母线长为 l，那么圆柱的底面面积为 πr^2，侧面面积为 $2\pi r l$。因此，圆柱的表面积 $S=2\pi r^2+2\pi r l=2\pi r(r+l)$。

【设计意图】将空间图形问题转化为平面图形问题是解决立体几何问题基本的、常用的方法。

5.圆锥表面积的求法

【问题】根据圆锥的展开图，思考如何求出其表面积？

【总结】圆锥的侧面展开图是一个扇形，如果圆锥的底面半径为 r，母线长为 l，那么它的表面积 $S=\pi r^2+\pi r l=\pi r(r+l)$。

【说明】此处可以借助前面扇形面积公式的记忆方法，进而很快地算出圆锥的表面积。

6.圆台的表面积公式

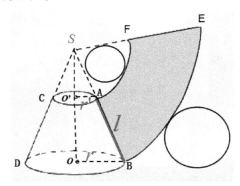

图 12-7 圆台的展开图

【问题】圆台的展开图是一个扇环和两个圆（如图 12-7），圆的面积可以用公式直接算出来，可扇环的面积怎么求呢？

【回答】根据前面将"扇形想象成曲边三角形"的方法，我们可以将"扇环想象成曲边梯形"的方法，进而得出如下结论（如图 12-8）：

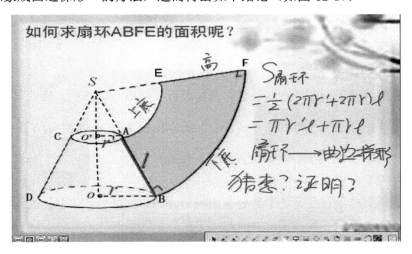

图 12-8 扇环面积的求法

【问题】将"扇环想象成曲边梯形"只是一种猜想，如何证明呢？

【活动】留给学生思考，课上讨论。

【设计意图】将"扇环想象成曲边梯形"，既减轻了学生的记忆负担，又加深了课堂的趣味性。然后又引导学生自己去证明，体现了数学思维的严谨性和学生的主体地位。

【总结】圆台的表面积等于上、下两个底面的面积和加上侧面的面积，即 $S=\pi\ (r^2+r'^2+rl+r'l\ )$.

7. 柱体的体积公式

【问题】将正方体、长方体的体积公式分别改写为：$V_{正方体}=a^3=a^2\bullet a=S_底\bullet h$，其中 $h=a$；$V_{长方体}=abc=ab\bullet c=S_底\bullet h$，其中 $h=c$。据此猜想棱柱的体积公式是什么？

【回答】$V_{柱体}=Sh$（S 为底面积，h 为柱体的高）。

【设计意图】根据已有知识经验获得一般的结论，培养学生合情推理的意识和习惯。

8. 锥体的体积公式

【数学实验】教师制作两个等高不同底的圆柱和圆锥模型，将圆锥装满沙子，倒入圆柱模型中，让学生观察并猜想锥体的体积公式。

【结论】根据实验，猜想出 $V_{棱锥}=\dfrac{1}{3}S_底\bullet h$（不要求证明）。

【设计意图】通过做实验加强了学生的直观感受，有助于公式的记忆，突破了难点。

9. 台体的体积公式

【教师总结】由于圆台（棱台）是由圆锥（棱锥）截成的，因此可以利用两个锥体的体积差，得到圆台（棱台）的体积公式 $V=\dfrac{1}{3}\ (S'+\sqrt{S'S}+S)$ h，其中 S'，S 分别为上、下底面面积，h 为圆台（棱台）高。

【注意】不要求推导公式。

【说明】前面已经证明了圆台表面积的公式，如果再证明台体的体积公式，就使得本节课难度过大，容易打消学生的积极性。

10. 柱体、锥体、台体的表面积和体积公式的联系

【问题】结合圆柱、圆锥及圆台的结构特征，再观察他们的表面积公式、体积公式，你能发现什么关系？

【回答】（1）圆柱、圆锥、圆台的表面积（如图 12-9）：

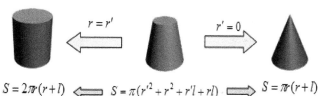

$$S = 2\pi r(r+l) \Longleftarrow S = \pi(r'^2 + r^2 + r'l + rl) \Longrightarrow S = \pi r(r+l)$$

图 12-9 表面积间的关系

（2）柱体、锥体、台体的体积之间的关系（如图 12-10）：

$$V = Sh \Longleftarrow V = \frac{1}{3}(S' + \sqrt{S'S} + S)h \Longrightarrow V = \frac{1}{3}Sh$$

图 12-10 表面积间的关系

【设计意图】从运动变化的观点分析三者之间的关系。

（二）课前导学案设计

1.3.1 柱体、锥体、台体的表面积和体积（导学案）

 学习目标

①了解柱、锥、台的表面积和体积的计算公式。

②能运用柱、锥、台的表面积和体积公式进行计算和解决有关实际问题。

③通过相关公式的学习，感受表面积和体积公式之间的联系。

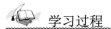 学习过程

1. 根据微视频完成下列问题

①多面体的表面积就是＿＿＿＿＿＿＿＿＿＿＿加上＿＿＿＿＿＿＿。

②圆柱、圆锥、圆台的侧面展开图分别是＿＿＿＿、＿＿＿＿、＿＿＿＿；若圆柱、圆锥底面和圆台上底面的半径都是r，圆台下底面的半径是r，母线长都为l，则$S_{圆柱} = $＿＿＿＿＿＿＿＿＿＿＿，$S_{圆锥} = $＿＿＿＿＿＿＿，$S_{圆台} = $＿＿＿＿＿＿＿＿＿＿。

③柱体体积公式为：$V = $＿＿＿＿＿＿＿，（$S$ 为底面积，h为高）。

④锥体体积公式为：$V = $＿＿＿＿＿＿＿，（ S 为底面积，h为高）。

⑤台体体积公式为：$V =$ _____，（ $S_{上}$ ， $S_{下}$ 分别为上、下底面面积， h 为高）。

2.你能证明相关的公式吗？对本节内容，你有哪些疑惑请写在下面。

3.思考并尝试做以下例题

例1.已知棱长为 a ，各面均为等边三角形的四面体 $S - ABC$ ，求它的表面积。

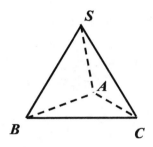

例2.某空间几何体的三视图如下,请计算此空间几何体的表面积和体积。

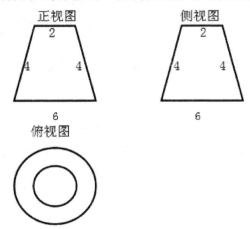

例3.正四棱台的侧棱长为3cm，两底面边长分别为1 cm和5 cm，求体积。

4.知识拓展

祖暅及祖暅原理

祖暅，祖冲之（求圆周率的人）之子，河北人，南北朝时的伟大科学家。

柱体、锥体，包括球的体积都可以用祖暅原理推导出来。

祖暅原理：夹在两个平行平面之间的两个几何体，被平行于这两个平面的任意平面所截，如果截得的面积总相等，那么这两个几何体的体积相等。

（三）课中教学设计

1.整理学生提出的问题，并在投影中展示出来

预设问题：

①虽然把圆台的侧面想象成了曲边梯形，但如何证明猜想是正确的呢？

②如何证明台体的体积公式？

③处理例题中存在的问题。

2.学生分组讨论，教师引导，解决问题

3.当堂检测

1.3.1　柱体、锥体、台体的表面积和体积测试题

（1）现有橡皮泥制作的底面半径为 5、高为 4 的圆锥和底面半径为 2，高为 8 的圆柱各一个，若将它们重新制作成总体积与高均保持不变，但底面半径相同的新的圆锥和圆柱各一个，则新的底面半径为_____.

（2）已知△ABC 的三边长分别是 AC＝3，BC＝4，AB＝5，以 BC 所在直线为轴，将此三角形旋转一周，则所得旋转体的表面积为_____。

（3）把长、宽分别为 4、2 的矩形卷成一个圆柱的侧面，求这个圆柱的体积。

（4）圆台的上、下底面半径分别是 10 cm 和 20 cm，它的侧面展开图的扇环的圆心角是 180°，求圆台的表面积。

十、案例分析

翻转课堂教学模式最突出的特点就是充分发挥了学生的主体地位，课前学生自主学习微视频的内容；课中学生分小组讨论、研究解决问题的办法；最后学生再做适量的习题，检查自己学习中的不足，最终达到"知己知彼，百战不殆"的目的。在整个学习过程中，老师仅仅是一个"配角"，当学生遇到解决不了的问题的时候，教师才伸出"援助之手"，对学生加以指导。值得提出的是，本案例教师在教学生圆台表面积的公式的时候，把扇环想象成了曲边梯形，这不仅减轻了学生的学习负担，而且提升了学生的想象能力，这对学生非逻辑思维的培养是很重要的。当然，教师并没有忽略对学生数学严谨性思维的培养，在课中环节把它单独作为一个问题提出来，让学生思考，并证明。总之，这节课笔者结合了我校实际情况做了本土化的改进，我想这对于广大数学教师的教学是有一定的借鉴意义的。

第四节 "数学实验型"教学模式的教学案例

课题：基本算法语句的上机实践

一、教材分析

本节课是人教 A 版数学必修 3 第一章第二节《基本算法语句》的上机实践课，在此之前学生已经从理论上学习了算法的基本语句，对编写程序有了初步的了解，并能编写简单的程序。

二、学生状况分析

虽然学生已经学习了算法的相关知识，也能编写基本的程序，但由于以前学生很少利用计算解决数学问题，实践能力还很差，需要不断强化其实践能力。

三、教学目标

1. 知识与技能

（1）了解输入语句、输出语句、赋值语句、条件语句、循环语句的用法；

（2）能运用相关语句编写简单的程序，并能上机操作。

2. 过程与方法

通过计算机软件来执行自己编写的程序，加深对知识的理解。

3. 情感、态度与价值观

通过上机操作，不但培养了学生的实践能力，也使学生深刻认识到数学的重要性。

四、学习重点和难点

学习重点：准确地编写算法程序。

学习难点：利用计算机软件执行程序。

五、信息技术分析

利用白板将本节课的学习任务投影出来，借助 QBasic 软件执行算法程序。

六、课时安排

1 课时

七、教学流程图

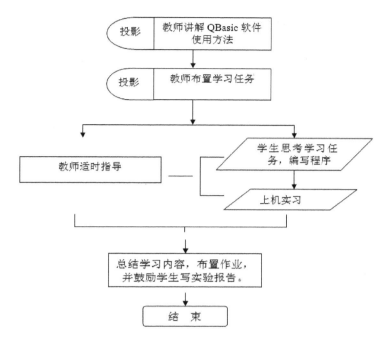

符号说明：

教学内容与教师活动：☐ 学生活动：▱

教师媒体运用：◖ 学生利用媒体操作、学习：▱

教师进行评价判断：◇

八、详细教学设计

（一）回顾算法知识，促进学生编程

1. 条件语句

（1）IF—THEN 语句的一般格式为图 12-11，对应的程序框图为图 12-12。

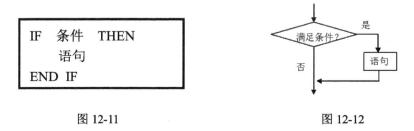

图 12-11   图 12-12

（2）IF—THEN—ELSE 语句的一般格式为图 12-13，对应的程序框图为图 12-14。

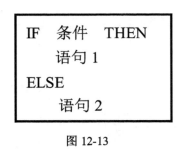

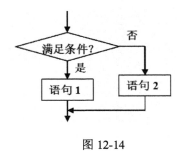

图 12-13

图 12-14

2. 循环语句

（1）WHILE 循环语句（当型循环语句）。 WHILE 语句的一般格式是图 12-15，对应的程序框图是 12-16。

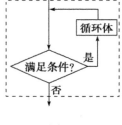

图 12-15

图 12-16

（2）UNTIL 循环语句（直到型循环语句）。UNTIL 语句的一般格式是图 12-17，对应的程序框图是图 12-18。

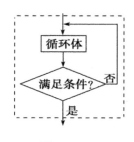

图 12-17

图 12-18

（二）教师讲解 QBasic 软件使用方法

下面我们来介绍一种能直接运行我们课本中所学的算法程序的 QBasic 软件。首先，我们在百度或其他搜索引擎上搜索"QBasic 软件"这个关键词，然后选择正规网站下载，大小为 1M 左右，非常小巧。安装好后，双击图标进入欢迎页面，如下图（图 12-19）：

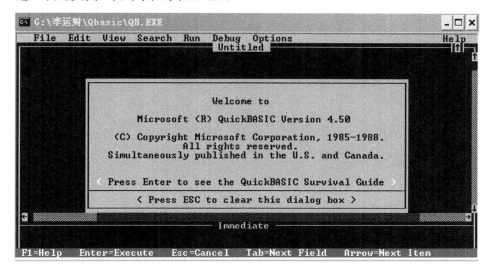

图 12-19

点击 ESC 键，进入操作页面，如图（图 12-20）：

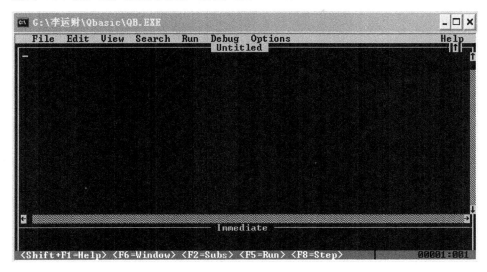

图 12-20

　　在上图中光标位置输入编写的程序，然后点击"Run"菜单中的"Start"按钮运行程序，或按"Shift+F5"直接运行程序（如图 12-21）。

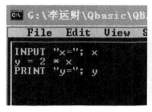 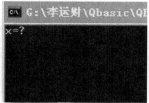 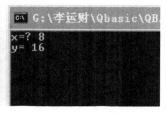

图 12-21

如果程序能正常运行，可以点击“Save As”按钮保存程序。在“File”菜单中点击“Exit”按钮可退出软件（如图 12-22）。

图 12-22

例如，输入下图（左）所示程序“y=2x”，如图 12-23；点击“Run”菜单运行后的情况如图 12-24，提示输入 x 的值；若输入 x 的值为 8，按“Enter”键得到 y =16 如图 12-25。

图 12-23 图 12-24 图 12-25

（三）教师布置任务，学生尝试操作

下面请同学们自己操作看看（教师将学习任务投影出来，如下）

> 编写如下问题的程序，并尝试在 QBasic 软件上运行。
>
> 1. 已知函数 $y=x^2-x$，计算当 $x=1$，2，3，4，5 时 y 的值。
>
> 2. 任意输入一个实数，求这个数的绝对值。
>
> 3. 计算 2+4+6+……+50 的和。

（四）学生展示答题情况

1. 解：程序为：

```
x=1
WHILE x<=5
        y=x^2-x
        PRINT "x="; x
        PRINT "y="; y
        x=x+1
WEND
```

在软件上的运行情况如图 12-26

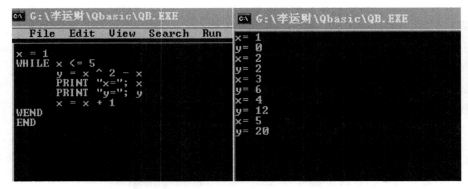

图 12-26

2. 解法一：利用 IF-THEN 语句

> INPUT "x="；x
> IF x<0 THEN
>   x= -x
> END IF
> PRINT x

如图 12-27，输入 x 的值为-5，得到绝对值为 5。

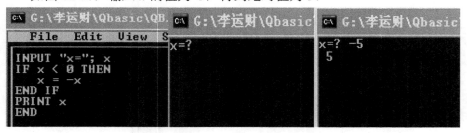

图 12-27

解法二：利用 IF-THEN-ELSE 语句

> INPUT "x="；x
> IF x>=0 THEN
>   PRINT x
> ELSE
>   PRINT -x
> END IF

如图 12-28，同样输入 x 的值为-5，与解法一得到的结果一样。

图 12-28

3. 计算 2+4+6+……+50 的和。

解法一：利用 WHILE 循环语句

i=2

S=0

WHILE i<=50

    S=S+i

    i=i+2

WEND

PRINT S

执行结果如图 12-29：

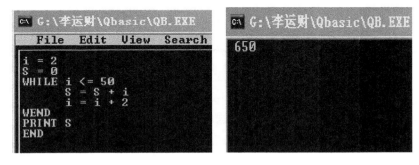

图 12-29

解法二：利用 UNTIL 循环语句

```
i=2
S=0
DO
  S=S+i
  i=i+2
LOOP UNTIL i>50
PRINT S
```

运行程序后与解法一结果相同，如图 12-30

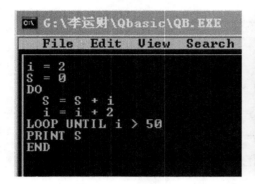

图 12-30

（五）学生畅谈，共同进步

请同学们谈一谈上机操作的收获、不足以及存在的问题。

（六）布置作业

1. 写一篇上机实践的心得体会或实验报告。

2. 设计一个计算 $1×3×5×7×…×99$ 的算法，编写算法程序。

3. 用循环语句编写求 3^9 的程序。

九、案例分析

算法是高中数学教材中新增的内容，它可以与函数、数列、不等式、概率统计等其他高中数学知识交汇在一起考查，因此可以说算法是高中数学教学的一条主线。在本案例中，为了使学生能够顺利上机操作，先简单讲解了程序运行软件 QBasic 的使用方法。接着给学生布置了学习任务,让他们自主构建所学的数学知识。根据学生的实际情况,布置的三道题是比较简单的,以便让学生有一个适应的过程,在今后的学习中再逐步增加难度。此外第 2 题和第 3 题都有两种解法,考查了学生思维的灵活性。学生将任务完成后,让他们展示或演示自己的学习成果,并给予适时的帮助和鼓励。这样既充分体现了学生的主体地位,也保证了教学工作在教师的指导下有序进行。最后让学生谈谈自己的想法或感受,进一步了解学生,为今后改进教学方式方法提供了重要的参考。总之,数学实验型教学模式对学生的全面发展和综合素质的提升都有重要的影响,数学教师应该大胆尝试。

第十三章 数学教学中的有效教学

第一节 有效教学的含义和理念

一、有效教学的含义

有效教学的核心就是教学的效益，所谓"有效"，主要是指通过教师在一段时间的教学之后，学生所获得的具体的进步或发展。也就是说，学生有无进步或发展是教学有没有效益的唯一指标。

所谓"教学"，是指教师引起、维持或促进学生学习的所有行为。它的逻辑必要条件主要有三个方面：一是引起学生学习的意向，即教师首先需要激发学生的学习动机，教学是在学生"想学"的心理基础上展开的；二是指明学生所要达到的目标和所学的内容，即教师要让学生知道学到什么程度以及学什么，学生只有知道了自己学什么或学到什么程度，才会有意识地主动参与；三是采用易于学生理解的方式，即教学语言有自己的独特性——让学生听清楚、听明白，因此，需要借助一些技巧，如重复、深入浅出、抑扬顿挫等。如果教师在讲课时不具备这些条件，那么即使教师教得十分辛苦，也不能称之为真正的教学。

因此，有效教学是为了提高教师的工作效益，强化过程评价和目标管理的一种现代教学理念。

二、有效教学的特征

"有效教学"这个概念首先意味着并不是所有的教学都是有意义和有价值的，甚至可能是无效的，负效的。基于自主学习的观念，有效教学应具备以下几方面的特征：

（一）让学生明确通过努力而达到目标，并且明白目标的达成对个人成长的意义；

（二）设计具有挑战性的教学任务，促使学生在更复杂的水平上理解；

（三）通过联系学生的生活实际和经验背景，帮助学生达到更复杂水平的理解；

（四）适时与挑战性的目标进行对照，对学生的学习有一个清楚的、直接的反馈；

（五）能够使学生对每个学习主题都有一个整体的认识，形成对于事物的概念框架；

（六）能够迁移并发现和提出更为复杂的问题，有进一步探究的愿望。

三、教学有效性的三重意蕴

有效的教学指教师遵循教学活动的客观规律，以尽可能少的时间、精力和物力投入，取得尽可能多的教学效果。从而实践特定的教学目标，满足社会和个人的教育价值需求。具体来说，教学的有效性包括如下三重意蕴：

（一）有效果：指对教学活动结果与预期教学目标的吻合程度的评价；

（二）有效率：教学活动本身是一种精神性生产活动，沿用经济学概念，可将教学效率表述为：教学效率=教学产出（效果）/教学投入或教学效率=有效教学时间/实际教学时间*100%；

（三）有效益：指教学活动的收益、教学活动价值的实现。具体说，是指教学目标与特定的社会和个人的教育需求是否吻合及吻合程度的评价。"是否吻合"是对教学效益的规定，"吻合程度"是对教学效益量的把握。

四、什么是课堂教学效率

为了理清评价课堂教学效率的指标，必须全面地考察构成"效率"的因素及其关系，给课堂教学效率下个比较科学的定义。

在经济学上，效率指投入与产出的比值，可以直接用货币单位量化，直接的与间接的同时并存,因此在研究课堂教学效率时必须考虑以下几个因素：1.投入方面，既要考虑时间的投入（不包括额外的负担），又要考虑师生是否全身心投入；2.产出方面，首先要考虑学生全面素质而不能仅仅考虑知识技能；其次要考虑"所得"的质而不仅仅是量；再次要考虑全体学生，而不是部分学生，这是最重要的。

所以笔者尝试把"课堂教学效率"定义为，实际的教学效果与应有的教学效果的比值。实际的教学效果指每个学生实际的时间精力投入的总和所"产出"的知识、品德、智力及非智力因素等实际所得的总和；应有的效果指全体学生的额定时间和全身心投入所能"产出"的知识、技能、品德、智力及非智力因素的总和。但因课堂教学时间是额定的，若学生未能全身心投入或因内容、方法欠妥，在额定时间里必然影响到所得的结果。因此可以简化为：

在确定教学目标科学合理的前提下，每个学生对教学目标的实际达成度之和与全体学生应达成教学目标之和的比值。即：课堂教学效率=每个学生的实际目标达成度之和/全体学生的应达成目标×100％。

五、有效学习的基本要素

反复练习、操练式的学习过程的理论基础是行为主义心理学。早期的算术教学理论的奠基人——桑代克写的书都是一个单元一个单元进行反复练习的。现在提倡的另一种学习是探索性的、自主的、研究性的学习，它的理论基础是建构主义心理学。为什么要讲有效学习的问题，就是因为国外大部分研究说明：不同的学习过程会产生不同的效果。有效学习主要是指学生自主地、探索性地、研究性地学习，这也是我们要着重发展的学生的学习活动。当然，数学学习中的练习还是必要和重要的，并不是说不需要练习，而更重要的是发展学生的创新性学习，这就是有效学习的意思。

关于有效学习可以用九个字来概括。一是"经验"。学习要建立在学生已有经验的基础上。经验是进行有效学习的基础，它是非常重要的。二是"思考"。有效学习就是激励学生勤于思考，提倡学生自主地思考。操作性学习是用记忆代替思考，记忆的负担重，而思考的负担不重。三是"活动"。以学生为主体的活动，实际上活动是数学教学的基本形式。我们的教学设计重要的不应是老师怎么讲解，而应是学生怎么活动。四是"再创造"。学习的过程是经历再创造的过程，而不是纯粹的模仿和纯粹的记忆。"经验""思考""活动""再创造"是有效学习的四个基本要素。那么，我们的教学怎样激起学生的有效学习呢？这是课程改革需要重点研究的问题。只有课堂教学模式发生变化，学生的学习方式发生变化，结果才能变化，才能培养学生的创新意识和实践能力，培养具有创新思维的一代。

第二节　有效教学的理念与意识

一、有效教学包含的主要理念

有效教学主要包含以下几方面的理念。

（一）有效教学关注学生的进步与发展

首先，要求教师有"对象"意识。教学不是唱独角戏，离开"学"，就无所谓"教"，也就是说，教师必须确立学生的主体地位，树立"一切为了学生的发展"的思想。其次，要求教师有"全人"的概念。学生的发展是全人的发展，而不是某一方面（如智育）或某一学科（如英语、数学等）的发展。教师千万不能过高地估计自己所教学科的价值，而且也不能仅把学科价值定位在本学科上，而应定位在对一个完整的人的发展上。

（二）有效教学关注教学效益，要求教师有时间与效益的观念

教师在教学时既不能跟着感觉走，又不能简单地把"效益"理解为"花最少的时间教最多的内容"。教学效益不同于生产效益，它不是取决于教师教多少内容，而是取决于对单位时间内学生的学习结果与学习过程综合考虑的结果。

（三）有效教学更多地关注可测性或量化

如教学目标尽可能明确与具体，以便于检验教师的工作效益。但是，并不能简单地说量化就是好的、科学的。有效教学既要反对拒绝量化，又要反对过于量化。应该科学地对待定量与定性、过程与结果的结合，全面地反映学生的学业成就与教师的工作表现。

（四）有效教学需要教师具备一种反思的意识

要求每一位教师不断地反思自己的日常教学行为，持续地追问"什么样的教学才是有效的？""我的教学有效吗？""有没有更有效的教学？"

（五）有效教学也是一套策略

所谓"策略"，就是指教师为实现教学目标或教学意图而采用的一系列具体的问题解决行为方式。具体地说，按教学活动的进程把教学分成准备、实施与评价三个阶段，每个阶段都有一系列的策略。有效教学需要教师掌握有关的策略性的知识，以便于自己面对具体的情境做出决策，并不要求教师掌握每一项技能。

二、教学行为中的效率意识

有必要理清以下观念，在具体的教学行为中体现效率意识：

第一，我们要正确理解教学的投入与产出的关系。在投入提高时可以提高产出，如果能在投入不变甚至投入减少的情况下能提高课堂效益，就达到了提高效率的目的。

第二，要正确认识提高课堂教学效率同减轻学生负担的关系。高效率的教学，如"愉快教学""成功教学""创造教学"都以调动学生的主体积极性为突破口，使其乐学，轻松地学，不再感到沉重的课业负担。不过中小学时期是身体、思维和认知增长的关键期，教育者对其健康成长负有重要责任，要抓住关键期，引向"最近发展区"，为未来的全面发展奠定基础。教学的发展性目标就是要培养学生"跳一跳摘果子"的能力，发展知识与技能。而且今天的学生就是未来国家的主人。

第三，要正确认识到使用现代化设备作为课堂教学手段与传统的教学手段的结合。随着现代科技进步与经济腾飞，越来越多的声、像、光、电等先进的可以远距离或超越时空限制进行教学的现代化设备作为提高课堂教学效率的硬件设施，发挥了人力不可替代的作用，但是提高教学效率并不是意味着一定要以先进的现代化教学手段为前提。

学校教育的主阵地是课堂教学，学生主要的学习活动大多集中在课堂上，高效率的课堂教学有两个基点——学生的有意义学习和教师实施异步教学。因此，提高课堂教学效率说到底就是要使教学"回归主体、发展主体"。

第三节　有效教学的策略

一、有效教学策略的构成

什么样的教学策略是有效的？有时教师讲得很多，但恰巧是阻碍了学生的思考，阻碍了学生探索性学习的产生，这种教学不是有效教学。我们要研究的有效的教学策略是通过以下策略来引导学生进行有效学习的。这种策略分成三个部分。

（一）准备策略

准备策略就是怎样备课。原来的备课主要是从教师的讲而不是从学生活动的角度备课。应该从学生学习活动的角度来备课。这堂课有哪几项活动，怎样安排，在活动过程中教师怎样指导，怎样与学生互动，在活动中怎样进行评估和调控等等应该是教师着重考虑的问题。

（二）实施的策略

比如说，这次研讨会上有位老师上的《左右》这节课是小孩子的游戏活动，实际上这位老师可以把做游戏的教学策略好好总结一下，这对小学低年级的教学很有效，游戏的策略有哪些步骤和哪些特点都是应该进行研究的。有很多教师经常用讨论的方法，但怎样讨论，讨论有几种，怎样安排，也都是应该研究的。

（三）是评估策略

评估策略包括对学生的评估和对课堂教学的评估。对学生的评估可以引进"质的评估"的方法，记录学生的各种进步，反映学生参与课堂教学的过程和他们解决问题的思考过程。这些策略包括"档案袋方法""开放性问题""小声说"等。

以上各种策略的目的是引起学生的有效学习，也就是我们所说的有效教学的策略。教师应用有效教学策略的过程实际上是一个创造性的过程，是一个研究的过程，也是教师自身发展的最好的、基本的渠道。

二、有效教学的策略的内容

（1）创设真实的学习情境。（2）激活已有的知识积淀。（3）引发学生的认知冲突。（4）鼓励学生学业求助的行为。（5）以学生学习的真实的认知过程为基础展开教学。（6）充分展开高层次的思维过程：有条理地思考、有根据地思考、批判性地思考、反省性地思考、彻底地思考。思维的品质：流畅性；原创性；独到性；深刻性；敏捷性；精进性。（7）充分展开课堂交互活动：学生的想法之间要有实质性碰撞和争鸣，在教师的引导下，自然达成"共识"，实现知识建构。（8）达成对知识的深层理解和灵活应用：在不同的情境下应用知识、用自己的话解释、解变式题及解相关问题、解综合问题和实际问题。（9）建立积极的课堂环境，使学生有情绪上的安全感，建立一个温暖的、学生彼此接纳的、相互欣赏的学习场所。（10）使教学生动有趣，并与学生的生活相联系。（11）帮助学生树立学习的自信心，乐于给予学生他们需要或渴望的额外帮助。（12）以某种建设性、乐于激励的方式给予学生快速、准确、详实的反馈，引导学生改进学习计划。（13）使学生感到自己有价值、与他人有联系和被尊重。（14）培养学生的选择能力和履行责任的能力。（15）鼓励和接纳学生自治权、主动性，和学生一起商讨课堂规范。（16）鼓励学生提出有深度、开放性的问题，并且鼓励学生相互回答。

第四节　有效教学的关注点

相比国内，西方课堂教学有效性的研究比较活跃，而且成果丰富。这时候研究的注意力扩展到了整个课堂教学活动，而不是单一的教师因素，虽然，教师是影响教学有效性的主要因素之一。

一、关注学生的学习

国外的研究表明，有效教学本质上取决于教师建立能够实现预期教育成果的学习经验的能力，而每个学生都参与教学活动是实施有效教学的前提。

20世纪以来，很多心理学家就学生学习的心理状况问题开展研究，揭示了许多与学习本身和促进学习有关的心理概念、规律和过程。

加涅阐明了五类学习的性质、有效学习的条件以及它们的教育含义，还提出了一个以他的学习条件分析为基础的教学论新体系，从四个方面对有效教学做了探讨。这四个方面分别是：教学目标、教学过程、教学方法以及教学结果的测量与评价。在此基础上，提出了一整套有效教学设计的原理与技术，出版了《教学设计原理》。在加涅看来，学生的学习是学生参与教育经验而产生的行为变化。

除了加涅，还有布鲁纳、奥苏伯尔等人。布鲁纳提出，任何学科的基本原理都可以用某种正确的方式教给任何年龄阶段的任何儿童。他认为这种学习方法要学生像科学家那样去思考，去探索未知，最终达到对所学知识的理解和掌握。学习的内容不是给予的，学生必须亲自发现它，并内化到自己的认知结构中。布鲁纳强调应该广泛应用"发现法"，要求教师在教学中"尽可能保留一些使人兴奋的观念"，同时"引导学生自己去发现它"。

与布鲁纳相反，另一位认知心理学家奥苏伯尔按照学习的内容，把学习分为有意义学习和机械学习；又按照学习所进行的方式，把学习分为接受学习与发现学习。他认为有意义学习既包括有意义的发现学习，也包括有意义的接受学习。根据奥苏伯尔的观点，学习的实质在于学习者能在学习新知识时，与自己原有的认知结构之间建立起实质性的和非人为的联系。学习者原有的认知结构要和所学习的有意义材料的结构结合起来。

无论怎样，这时候的研究已经把注意力从教师的身上移向学生以及学生的学习上。

二、关注交往与沟通

教学的一个中心任务是产生新知识、新技能以及概念性框架。师生之间的交往被视为影响教学有效性的一个关键因素，良好的教学效果取决于师生间良好的交往。教学不再被视为由教师决定而是取决于双方。社会文化理论和活动理论也扩展了教与学的定义，以强调教与学的社会、语言、文化和政治环境。在这些理论中，学习是一种主动的、合作的建构过程，存在于教师与学生的互动之中，存在于教室的社会结构之中，存在于学校的更大的机构之中。

交往与沟通是，而且永远都是教学的核心，但是，教师们所面临的一个两难境地就是如何选择教学策略以便使学生学得更好，与此同时，教师还要能够完成课程标准所规定的教学任务。置身于这样的两难境地，教师们面对一系列的问题。英国教育家在 1993 年出版的《教学即沟通》一书中提出师生交往、沟通的方式影响教学的有效性，进而提倡一种健康的、富有创建性的、既能体现教师权威与纪律，又能体现平等与关爱的师生关系。

三、关注教师的教学策略和学生的学习策略

迄今为止，所有的有效教学著作中都提出了各种各样的有效教学策略，从备课到上课，再到评价，教学流程的各个环节都有相应的策略。从学生的角度出发，关注学生的学习策略。人们普遍认为，相对于听、说、读、写、算的"基本技能"来说，高层次的学习策略，如解决问题的策略、选择方法的策略、元认知策略、合作学习的策略、科学利用时间的策略、原理学习的策略等更能提高学生学习的有效性。从教师的角度出发，越来越多的人发现，仅仅掌握零碎的教学技能是难以从整体上把握教学的有效性的，必须将具体的方法、技巧上升为策略。到底有多少种教学策略，这难以统计，仅以艾伦·C·奥斯丁所著的《有效教学策略》一书为例，就有 11 种之多。如果将每一种策略扩展开来阐述，则可以集册成书，比如数不尽的教师课堂提问策略、观察策略、决策策略，学生学习的预习策略、练习策略、解题策略等等都是以专著或教材的形式出现的。

第五节　有效教学的过程

按照目标管理的教学流程，有效的教学过程划分为三个阶段：教学的准备、教学的实施和教学的评价，并据此来划分教师在处理每一阶段的过程中所表现出来的种种具体的问题解决行为方式。

一、教学的准备

（一）教学准备策略和课堂教学目标的"四要素"

教学准备策略主要是指教师在课堂教学前所要处理的问题解决行为，也就是教师在编写教学方案（如教案）时所要做的工作。一般说来，它主要涉及形成教学方案所要解决的问题。具体说来，教师在准备教学时，必须要解决下列这些问题：教学目标的确定与叙写、教学材料的处理与准备（包括课程资源的开发与利用）、主要教学行为的选择、教学组织形式的编制以及教学方案的形成等。

课堂教学叙写的是目标，而不是目的。教学目标是教师专业活动的灵魂，也是每堂课的方向，是判断教学是否有效的直接依据，然而我们的教师对此研究得不够，往往误把"目的"当成"目标"，导致一堂课的任务也要写上"培养学生成为德智体全面发展的人""提高学生写作技巧"或"拓宽学生的知识面"等这些对得不明、错得不白的语言，或者说是"正确的废话"，对实际的课堂教学没有管理或评价的价值，也就没有具体的指导意义。

（二）有效教学不是教学准备的计划贯彻

教学准备后的实施不是贯彻计划，而是要根据课堂情境进行调整。导致调整的最重要的因素就是课堂上学生的反应。研究表明，教案过于详尽的教师在上课时对学生的反应反倒不敏感，较少鼓励学生谈自己的看法和进行讨论。相比准备计划简略的教师所教的学生，准备计划详尽的教师所教的学生在学习态度上的表现要差些。这就说明，如果教师不随机应变，过于详尽的教案就有可能起副作用。教案毕竟是带有主观性的设计蓝图，实施时的灵活性非常重要，新教师与专家教师的差别往往也就在于此。

二、教学的实施

教学实施策略主要是指教师为实施上述的教学方案而发生在课堂内外的一系列行为。一般说来，教师在课堂里发生的行为按功能来划分主要有两个方面：管理行为与教学行为。课堂管理行为是为教学的顺利进行创造条件和确保单位时间的效益；而课堂教学行为又可以分为两种：一种是直接指向目标和内容的，事先可以做好准备的行为，这种行为称之为主要教学行为；而另一种行为直接指向具体的学生和教学情境，许多时候都是难以预料的偶发事件，因而事先很难或根本不可能做好准备，这种行为称之为辅助教学行为。课堂教学实施行为分为主要教学行为、辅助教学行为与课堂管理行为三类。

课堂教学行为是一个非常复杂的综合体，让教师了解这些行为类别，不是要求每位教师都非常熟练地掌握每一种技能，这既非可能，也无必要。有些技能并非依靠培养或培训方案来获得，而是取决于教师本人的课堂经验与人格素养。

三、有效教学的评价

（一）有效教学的标准

有效教学有五个标准：1.师生共同参与创造性活动，以促进学习；2.语言发展——通过课程发展学习者的语言，提高学习者的素质；3.学习背景化——把教学与学生的真实生活联系起来，以此创造学习的意义；4.挑战性的活动——教学生复杂的思维技能，通过思维挑战发展学生的认知技能；5.教学对话——通过对话进行教学。

（二）教学评价策略的理念和技术

教学评价策略主要是指对课堂教学活动过程与结果做出的系列的价值判断行为。评价行为贯穿整个教学活动的始终，而不只是在教学活动之后。教学评价策略主要涉及学生学业成就的评价与教师教学专业活动的评价。

1.评价的指导思想是为了"创造适合儿童的教育"，而考试与测验是为了"选择适合教育的儿童"。

2.评价的对象和范围突破了学习结果评价的单一范畴。

3.在方法和技术上，它不是单纯的定量分析，而是发展到定量分析和定性分析相结合。

4.评价重视受评人的积极参与及其自我评价的地位和作用。

5.评价更加重视对评价本身的再评价，使得评价是一种开放的、持续的行为，以确保评价自身的不断完善。

教师课堂行为的评价特别是学生对教师的评价在西方国家是非常普遍的事情，然而在我国却很难推广。这里面主要有两方面的问题：一是观念与认识问题，如学生观、评价观、感情分等；二是技术问题，即不知道怎样操作，要使学生评价达到一定的信度与效度，必须处理好以下这些技术问题。

1.首先必须明确本校教学过程中主要存在哪些问题，并针对这些问题设计评价指标。

2.评价指标控制在 10～15 个，而且必须具体、明确，学生根据自己的体会就能做出判断。

3.尽可能收集定量与定性两方面的信息。

4.指标的产生尽可能广泛听取本校教师和学生的意见。

5.开学初就应把评价表发给每位教师，并告诉教师，在期末将由学生从这些方面来评价教师的教学，便于教师学会自我管理。

6.尽可能每次让一个学生同时评价 5 门或更多门学科的教师。这样每班随机取样 15 名即可，以避免个别班主任集体造假。

7.由于所有量表都有一定的风险，因此统计结果的处理需要谨慎。如不能给教师排名次，也不能当作发奖金的唯一依据。可以告诉每一位教师两个分数，一个是他本人的总分，另一个是全体专职教师的平均分。得分较差的教师可以用个别谈话的方式处理，或者对他们下个学期的教案进行规范管理。

如果这些问题得到合理的解决,学生评价教师的科学性就可以得到保障。经过研究，在学校采用学生评价教师制度可以促进学校管理的校本化和民主化，有助于树立正确的学生观和教育观，有利于改善学校的人际关系，有利于教师的专业成长，也有利于改善学生在学校时的心理环境。

四、有效教学过程的进一步研究

（一）有效"备课"的三个要素

"备课"需要考虑多方面的因素，但"要"素大体只有三个：学习者、学科内容（及其结构）、教学目标（及其教学方法）。

1.学习者

有效教学的关键在于能够了解学生的"需要"以及不同学生之间的"差异"。更重要的是，学生"需要"和"差异"往往并不限于知识水平，而在于求知热情。

2.学科内容及其结构

教什么"内容"看起来比较容易，因为教科书、练习册和课程纲要中已经详细地指定了。但教师的责任是根据学生的实际水平和情绪状态对这些教材进行"再度开发"。

3.教学目标及其教学方法

教学目标应该具体到什么程度，很难有一个精确的说法。有效教学的关键在于教师所提出的目标能够不至于因太抽象而令学生无动于衷；又不至于因太具体琐碎而令学生不得"要领"。"教学目标"设定之后，教师需要大致确定用何种"教学方法"来实现这些预定的目标。有效的课时计划不仅要考虑具体的教学方法的使用，更要考虑方法组合模式的灵活运用。

（二）有效"指导"

从有效教学过程来看，有效教学意味着教师能够有效"指导"，包括有效"讲授"并促进学生主动学习，也包括有效"提问"并"倾听"学生。

1.有效"讲授"

有效"讲授"是任何课堂教学必不可少的，即使是以学生自主学习的课堂活动中，教师讲授也是必需的。教师清晰有效地讲授可以在师生互动中点拨、引领、启发、强化，起到画龙点睛的作用。

教师"讲授"要考虑的一个重要方面就是要关注教学过程中的关键"事件"。我们可以考虑加涅等人所建议的"教学事件"，包括创设情境以便吸引学生的注意；选择灵活多样的教学方法以便促进学生有效学习；提供鼓励性的即时反馈以便让学生看到自己的成长和进步。

2.有效"提问"

有效"提问"意味着教师所提出的问题能够引起学生的回应或回答，且这种回应或回答能让学生更积极地参与学习过程。什么样的提问才是有效的呢？

第一，使问题具有一定的开放性。第二，使问题保持一定的难度。问题可分为记忆型、理解型和应用型。

3.有效"倾听"

真正有效的提问是"倾听"。不会谈话的人喋喋不休，善于谈话的人只是提问，并倾听。学生一旦主动学习，教师的责任就由讲授、提问转换为"倾听"。善于倾听的教师总是能够将学生的"声音"转化为有效教学的资源。

第一，让所有学生都参与"提问"和对提问的"回应"。第二，让学生感到教师在倾听。教师需要"容忍"不同，给予知识上和情感上的鼓励。必要时，教师需要"追问""补充"和"赏识"学生的回答。这会让学生感觉教师一直在关注问题的回答进展。

有效"倾听"是自然而然地将学生的回应转化为教学的资源。在这种倾听的环境中，学生成为重要的课程资源，而不是简单的接受者。学生的回答应该成为教师进一步追问、引导的起点和阶梯。真正有效的教学总意味着教师善于"倾听"学生的声音，开发并转化学生的观点，引发更复杂的回答。这样会自然而然地激励学生积极参与。

（三）有效的课堂管理

有效的课堂管理计划的六种属性：

1.在所有课堂教学的参与者中间营造良好的人际关系；

2.防止注意力分散的逃避工作的行为；

3.一旦出现不规范行为，迅速而又不招摇地改正它；

4.对于顽固而又长期复发的不规范行为，采用具有连贯性的简单策略来进行制止；

5.传授自我控制；

6.尊重文化差异。

（四）促成有效教学的五种关键行为及辅助行为

促成有效教学的关键行为有五种：

1.清晰授课，这个关键行为是指教师向全班呈现内容时清晰程度如何。

2.多样化教学，这个关键行为是指多样地或者灵活地呈现课时内容。

3.任务导向，是指把多少课堂时间用于教授教学任务规定的学术性学科。

4.引导学生投入学习过程。这个关键行为致力于增加学生学习学术性科目的时间。教师的任务导向应该为学生提供最多的机会去学习那些将要评估的材料。

5.确保学生成功率是指学生理解和准确完成练习的比率。呈现材料的难度水平已经成为任务导向和学生投入研究的一个关键方面。

第六节 有效教学的资源

一、有效教学资源的含义

教学的"基本"要素大体有三：一是学生；二是教师；三是课程资源（或称之为"教学资源""教学内容"）。历来的有效教学往往重视教师的讲授，或者重视学生的自主学习；殊不知无论教师的讲授，还是学生的自主学习，其最终的效果取决于课程资源。"课程资源"是决定着"有效教学"的理想能否兑现为课堂教学实践的关键因素。课程资源既指"课程物质资源"，也包括"课程人力资源"。

二、"教材"的再度开发

"教材"包括"课本"（或"教科书"）以及相关的"教辅材料"，比如与"教材"配套的教师参考用书、教学挂图、教学仪器设备、学生练习册、练习本等。

有效教学的基本前提是为学生提供有结构的教材。这些教材一般由出版社提供。但无论出版社所提供的教材和教辅资料如何"完美"和"精致"，教师仍然需要对这些教材进行加工和改造。"备教材"是教师"备课"的一部分。所谓"备教材"主要是指对教材进行再度开发。

教师的责任是通过对教材的"再度开发"来保证学生所接触的教材是"安全"而有教育意义的。

在某些时候教师可能需要针对这些教材和教辅资料进行"去粗取精"的咀嚼式的劳作，但这又并不意味着教师在任何时候都需要将教材和教辅资料嚼烂嚼碎之后再喂给学生。教师在对"教材"进行加工和改造时，有时需要为学生留出一定的空间，让学生自己亲自在原始性的资源背景中寻找有价值的主题。

三、课程人力资源的开发

"课程物质资源"自然是重要的。但是，当"课程物质资源"开发到一定程度，尤其对于那些物质条件已经饱和或物质条件已经限定的学校来说，起决定作用的往往是"课程人力资源"。只有当教师和学生的生活经验、实践智慧、人格魅力、问题与困惑、情感与态度、价值观等"课程人力资源"真实地进入课堂教学的时候，才可能实现"有效教学"的追求。

四、反思教学：教师参与课程资源开发

什么是"有效教师"？可以有多种谈论的方式，也可以提出多种标准和期望。从有效教学的基本方向尤其是"隐性学习""体验学习"和"热情求知"来看，真正的"有效教师"至少应该是一个课程资源的开发者。教师的基本使命是为学生的体验学习提供足够而有教育价值的课程资源。

教师能否成为课程资源的开发者，取决于教师是否能够由"经验教学"转向"反思教学"，是否能够由"经验教师"走向"反思教师"或者"反思性实践者"。教师只有成为"反思性实践者"，不断反思自己的教学行为和行为背后的教学理念，才能不断开发和生成有价值的课程资源，实现有效教学。

第七节　有效教学的模式

一、国外有效教学模式

为了进一步实证以上五个标准,国外研究还列举了 5 个著名的教育模式。

（一）认知指导教学

一种小学数学教学模式，强调运用数学语言、各种教学活动，提高学生解决实际的数学问题。

（二）认知复杂性教学

以开展认知挑战活动为特征。活动分小组进行，需要多种认知能力，活动程式多种多样。强调了除标准 5 以外的其他 4 个标准。

（三）真实性教学

运用学科探究帮助学生建构（把学生先前的知识与当前教学材料联系起来），同时重视利用背景化教学渗透教学价值观与教学主题。

（四）交互教学模式

以小组讨论为基础教学生阅读。学生的讨论是应时性的，强调运用遇到难题时求助、不断地总结、阅读预测等策略。

（五）一致性教学

综合科学教育与文学教育，突出教学背景化、语言与文学素养的发展及挑战性教学。

二、构建有效课堂教学模式

（一）有效课堂教学模式的基本流程

创设教学情境—呈现学习目标—学法指导、自主学习—交流反馈—当堂练习

（二）有效课堂教学模式的基本流程解析

1.创设教学情境

教学情境必须贴近学生的生活，简洁、易懂，学生已经习得的正规知识能派上用场，能引起思考，能提出问题，容易导向一段发现和活动的过程。

2.呈现学习目标

学习目标的呈现有利于学生明确本节课的学习内容,知道自己要学什么。

3. 学法指导、自主学习

教的目的在于不教，在课堂教学中，授之以正确的方法是提高教学质量的根本途径。

4. 交流反馈

教学反馈是影响教学质量的极其重要的因素，是活跃于师生之间的重要媒介，是教师执行教学过程中，把教学系统状态真实情况反映出来，从而对知识信息在传递时发生影响。

5. 当堂练习

练习是课堂教学的重要环节，是巩固知识、运用知识、训练技能技巧的必要手段，是检查教学效果的有效途径。

（三）模式的特点

1. 时间的划分

课题组在实验的最初阶段，采用了强制要求和同步推进的方法，对课堂教学时间做了严格的规定，缩短了教师讲授的时间，增加了当堂练习的时间。迫使教师要精心设计学习目标和学习方法指导，在课堂上充分体现学生学习的主体地位。同时又将原本留在课堂外的作业放到了课堂内，大大减轻了学生的学习负担。所以我们又把这种模式叫做"30+10"课堂教学模式。

2. 遵循的原则

一是有广度。面向全体，以大多数学生的认知水平为准。二是有难度。在学生的最近发展区域创设情境，即平常所说的"跳一跳能摘到桃子"。三是有效度。充分体现学生学习的自主性、选择性、交互性和教学的个性化、社会化、生活化。对于教学程序的设计，着重考察"能否促进学生积极参与和主动探究"，以切实提高课堂教学效果。

三、建立课堂教学模式评价体系

有效课堂教学的核心问题就是课堂教学的效益，关注教学是有效的、高效的、低效的还是无效的。研究表明，教学行为对教学效果的影响比其他两个层面更直接。有效是通过教师在一段时间的教学后，学生所获得的具体的进步或发展。也就是说，学生有无进步或发展是教学有没有效益的唯一指标。教学有无效益，并不是指教师有没有完成教学内容或教得认不认真，而是指学生有没有学到什么或学得好不好。如果学生不想学或者学了没有进步，即使教师教得很辛苦也是无效教学，同样如果学生学得很辛苦，但没有得到应有的发展，也是无效或低效教学。鉴于以上认识，我们在研究时从教师行为和学生发展两方面进行评价，这两方面又着重看学生发展。经过多次研究讨论，课堂教学模式评价体系初步形成。

综上研究，有效教学不只是教知识，更是传播人生的信念，更是要成为"有效"的教师。而能否成为"有效"的教师，取决于教师是否具备三个品质：热情、期望和可信任感。为了达到这个目标，我们一定要做一位热情的教师；一位对学生满怀期望的教师；一位值得信任的教师。

第十四章　小学数学问题解决学习

第一节　数学问题解决的基本认识

问题以及数学问题是两个我们在平时的数学教学中经常听到和经常使用的词汇。按一般的理解，问题似乎就是我们经常要求学生去完成的那些数学作业——练习或习题（exercises）。其实，它们之间是有本质性差异的。

数学问题解决已经成为心理学和教育学、数学和数学教育学等众多学科的研究对象，但各学科研究的出发点和落脚点是有差异的。比如，心理学主要是通过了解个体解决数学问题的过程来推断、预测、决策人们解决问题的一般思维过程和心理规律；数学则是侧重研究创造性地解决数学问题——数学的发现和发明——过程中的抽象思维和形象思维、直觉思维、想象、美感等诸方面。

一、问题以及数学问题

考察什么是数学问题，首先必须要考察究竟什么是问题？问题在人类的认识与发展过程中究竟起了什么样的作用？

（一）问题

需要强调的是，这儿所说的"问题"并不是日常意义上的那种"提问题"的"问题"（question），而是指那种"难题"或者是"任务"的"问题"（problem）。

1.问题的性质

可见，这里所说的"问题"就是指个体努力想要弄清楚或想要说明的困惑，也是个体努力想要解决的疑难。或者说，就是个体面临的一个不易达到的目标情境。

2.问题的价值

问题是激发人类探索未知、获得发展的动力，是催动个体去寻求更多的发现、更多的创造、更好的生存的目标，是我们进行比较、实验、猜测、证明甚至产生直觉、顿悟等发现性探究活动的起点。显然，没有问题，就没有人类的探索与创新；没有问题，人类就不可能获得进一步的发展。

简言之，问题就是主动思维的开始。没有问题意识，就没有主动思维，也就没有发现与创新。

（二）数学问题

数学问题与一般的问题相比有一定的特殊性，并在数学学习的过程中起到了开发数学思维的作用。

1.数学问题的性质

数学问题是指人们在数学活动中所面临的、不能用现成的数学经验和方法解决的一种情境状态。它是一种情境，它具有足够的复杂性，它能对学生形成一定的挑战，它能在学生的数学学习过程中起到开发数学思维的作用，因为问题的解决常常不能按常规的解题思路去套，而是迫使学生去探究新的解决方法。

2．数学问题的主要特征

数学问题出其本体——数学科学的特殊性，还具有某些在一般问题特征以外的个性化特征。这主要表现在抽象性、形式化、简约化等。

3.数学问题的基本结构

数学问题的基本结构主要是指数学问题所包含的基本要素，它们不仅是构成数学问题的基本元素，而且也是实现问题解决的必要条件。

假如将数学问题从信息论的角度来考察，它应具有条件信息、目标信息、运算信息三个基本元素。

二、数学问题解决

数学问题解决是目前在数学教育中越来越受瞩目的一个课题，对小学数学教育来说也不例外。正如 NCTM 在 1980 年年鉴中所预测的那样，"问题解决"已经成为 20 世纪 80 年代数学教育的主题。

当然，要分析数学问题解决，首先需要分析问题解决。

（一）问题解决

其实，持不同观点的心理学家由于对问题解决的认识不同，因而其解释也不同。有的心理学家认为，问题解决就是问题结构的重建，即用新的方式对成分进行组合。有的心理学家认为，问题解决就是把问题分解成简单的刺激—反应学习，从而实现逐渐解决问题的过程。有的心理学家将问题解决看作一种技能——能够解答别人提出的各种问题。近年来，出于计算机技术和信息加工理论的发展，许多心理学家发现，问题解决与记忆、知识和认知策略等有密切的联系。因而，大多数心理学家认为，从本质上看，问题解决就是一个探究的过程。

（二）数学问题解决

一般来说，以数学对象和数学课题为研究客体的问题解决叫做数学问题解决。它是指学生在新的情境状态下，运用所掌握的数学知识，对问题采用新的策略和方法，并寻求问题答案的一种心理活动过程。其实质是运用已有的数学知识去探索新情境中的问题结果，使问题由初始状态达到目标状态的一种活动过程。

数学问题解决具有这样一些基本特征：第一，数学问题解决指的是解决学生初次遇到的新问题。如果是解决以前解过的题，对学生来说就不是问题解决了，而是做练习。第二，数学问题解决是一种积极探索和克服障碍的活动过程。它所采用的途径和方法是新的，至少其中某些部分是新的。这些方法和途径是已有数学知识和方法的重新组合。这种重新组合通常能构成一些更高级的规则和方法。因此，数学问题解决的过程又是一个发现和创新的过程。第三，数学问题一旦得到解决，学生通过问题解决所获得的解题方法就成为他们认知结构的一个组成部分，这些方法不仅可以直接用来完成同类学习任务，还可以成为进一步解决新问题的策略和方法。

三、问题解决的心理模式

这里所说的模式是指问题解决的一种心理过程模式，或指的是问题解决过程中心理活动的一种阶段流程。

（一）问题解决的一般心理模式

长期以来，许多心理学家、数学教育家以及其他的学者都对问题解决的基本模式做了大量的研究。当然，这些学者的研究往往是建立在自己的哲学观与心理学基础之上的，因此，归纳的问题解决过程模式也不尽相同。其中，以杜威模式、纽威尔（A. Newell）与西蒙（H. Simon）的信息加工模式、奥苏伯尔等人的问题解决模式为代表。

（二）一般问题解决的心理模式

实际上，所谓的数学问题解决的心理模式，抑或说心理过程，与一般意义下的问题解决的心理过程并无区别，其特殊性就在于数学家或者数学教育家对此研究得较为多些。在这些研究中，又数波利亚的研究较为著名。

在著名数学家和数学教育家波利亚看来，参与数学的过程在一定程度上就是参与发现的过程，这一过程取决于学生的猜测、顿悟和发现。为此，他在《怎样解题》中提出了一个关于问题解决四阶段的模式：

（1）理解问题。即理解问题的已知条件与问题目标。理解问题不仅仅是知道问题情境所提供的条件，还包含能主动地将这些条件信息进行分解与编码，从而有可能较快地唤起背景命题的含义。

（2）拟订计划。提出假设或猜测，同时选择相应的行为策略，以获得一种对问题解决的概括性的认识。

（3）实施计划。一旦计划确认，就进入尝试操作阶段。一般是通过化归的方法或构造辅助问题的方法，将问题转化为阶梯性的问题情境，从而不断地逼近问题目标。在这个过程中，如果发现所选取的策略无效，就应当重新调整计划。

（4）反见修正。反思自己的问题解决过程，检验每一步并给予及时地修正，最终实现问题解决。

四、问题解决的基本过程

许多心理学家或者数学教育研究者都认为，数学问题解决的过程通常可以分为三个阶段，分别是：指向阶段、形成阶段和执行阶段。

1.指向阶段

这个阶段就是在头脑中构造问题的表征。这是一个不容忽视的阶段。研究表明，许多问题解决的障碍可能并不在于问题解决的策略不当或者过程有误，而往往在于对问题性质的认识表征的建立存在一定的问题。问题从被确认到获得解决，是要经过一系列的不断变化的状态的，即从问题的起始状态到问题的目标状态，就有一个表征构造的过程。在这个过程中，如果不能从问题的起始状态顺利地到达目标状态，或者到达有误，将直接影响问题的解决。这种障碍最大的表现就是不能有效地、迅速地知道问题的本质。

2.形成阶段

这个阶段就是一个背景命题的检索阶段，即要根据已构造的问题表征，探索问题解决所需要的知识与策略。它是一个复杂的心理活动过程，实际上就是构建一个问题解决的基本途径与策略体系，即在有目的地寻找相似件以及和谐开放的原则下，在对多种途径与方法甄选的基础上，逐渐在总体上对问题的解决形成一种本质的和真实的领悟。这个过程还常常可能是非逻辑的、跳跃式的。

有时，为了有效地获得问题解决的手段、途径与方法，常常还会用到构建一些子目标等策略。在我们的日常数学学习过程中，这个阶段往往也被称为"分析数量关系"阶段。在这个阶段，个体要学会从复杂的问题情境以及数量关系中较快地抓住基本的数量关系，并形成假设与猜测。而且，由于它是一个较为严格的逻辑推理过积，所以还要求个体有清晰的概念、正确的判断、合理的推理。

3.执行阶段

这个阶段实际上包含着两项重要的任务，即：实施解答和评估结果。

首先，当初步确认了一个问题解决的方案后，接下来的关键就在于方案的执行。这时，个体会根据所形成的总体认识——策略，采用边尝试探索、边调整前进的方式，由问题情境的初始状态逐渐向目标状态逼近。在这个过程中，原先甄别或选会的策略常常有可能需要做局部的甚至是全部的修正。因此，在这一阶段中，对所谓的清晰性和严密性的要求相对较高。同时，在方案的执行过程中，也有可能因突然获得某些信息的启发而跳跃原先设计的程序，一下子获得某种答案的情况。

其次，当个体已经实现问题解决后，就应以整个信息过程作为背景，来检验自己的答案以及获得答案的过程，分析自己选择的解题途径是否合理、简捷，推理是否严谨，再进一步探究这种方法能否运用于其他问题的解决等，能否构建新的认知结构。需要指出的是，这个过程很容易被我们所忽视。

五、问题解决的主要策略与方法

在这里，我们将探讨在学习意义下的数学问题解决的主要策略与方法换句话说，我们将探讨的是一种普遍意义下的数学问题解决的策略与方法。

（一）数学问题解决的主要策略

在问题解决过程中，策略的选择过程就是个体通过对问题情境的理解，在填补认知空隙的过程中，以问题目标为原动力，进行原认知结构的重建或改组的过程。

具体地看，数学问题解决的过程主要有如算法化、探究启发式、顿悟等策略可供选择。

（二）数学问题解决的主要方法

从数学方法论的角度看，不同类的数学问题的解决方法可以有很多。即便是同类的数学问题，也可以有许多不同的数学问题解决方法，如：试误法、逆推法、逼近法等。

1.试误法

试误法也叫尝试错误法（trial-and-error method），最早产生于行为主义中关于学习的研究。试误法指的就是逐个尝试每一种的可能性，如发现某一尝试是错误的，就马上改为另一种尝试，直到实现问题的解决为止。

问题解决与一般的解题不同，它常常没有现成算法可以利用，或者是个体初次遇到问题情境。尤其是对儿童来说，问题的模式辨识以及图式的检索就可能较为困难，因而就常常会采用这样的问题解决方法，即将所能检索到的那些相关或相近的算法检索出来，然后一个个地去尝试解决。当然，那些被用来尝试的算法并不是胡乱猜想山来的甚至是无目标的瞎猜。在检索与尝试的过程中，主要依靠的还是思维的调整。

2.逆推法

逆推法（working backward）就是指在问题解决的过程中，从问题目标出发，向着问题情境的初始状态做反向的推导。一般来看，对于那些从问题情境的初始状态出发，虽然可能会有多种选择，却只有一种途径能帮助实现问题目标的问题解决模式而言，逆推法常常是一种有效的问题解决方法。

这种方法的思维持点就在于，在问题解决的过程中始终盯着问题目标。从问题目标出发，充分去考虑问题解决所需要的条件。而在问题情境中未被提供的条件，将被视做新的问题目标。如此推理下去，直至所有需要的条件在问题情境中均能找到。然后，不断地将一个个子问题（我们通常称之为可知条件）转化为新的条件，直到将问题解决。因此，这种方法属于一种"分析"的思维路线。

3.逼近法

逼近法也可以称做"爬山法"，就是在问题解决过程中，在问题的初始状态与目标状态之间提出一些子目标，通过不断地获得子目标的实现来逼近问题目标。这也是我们在数学问题解决的过程中较常用的一种方法。

这种方法的思维特点就在于，在问题解决的过程中，始终盯着问题情境的初始状态，针对问题情境提供的有效信息不断地提出新问题，通过对新问题的解决来不断地填补认知空隙，从而不断地逼近问题目标。因此，这种方法属于一种"综合"的思维路线。

第二节　儿童数学问题解决的主要心理特征

数学问题解决是一个复杂的心理活动。儿童的数学问题解决过程并不仅仅是简单地、机械地、直接地运用已知的信息（已知条件、定义、定理）的过程，而是一个对信息进行加工处理，从认识问题的基本关系与内部关系开始，重新组合已知概念、定理，调节题目中基本元素的关系，探索解题途径，从而发现有效方法的过程。

一、儿童数学问题解决的主要心理特点

现代学习心理学探究表明，问题可分为三种状态，即初始状态、中间状态和目标状态。问题解决就是从问题的初始状态开始，寻求适当的途径和方法，逐步逼近目标状态的过程。因此，问题解决实质上是运用已有的知识经验，通过思考，探索新情境中的问题结果，达到问题的目标状态的心理过程。

现在，我们就可以根据儿童的心理活动过程来分析儿童在数学问题解决过程中的一些心理特点。

1.理解问题阶段

在教学中，我们往往称之为审题阶段，也就是问题表征阶段。它是问题解决的第一步，也是关键的一步。一般来说，它是一个较为复杂的心理过程。

2.设计方案阶段

这是问题解决的一个重要阶段。有心理学家认为，儿童在解题时虽然有可能是将问题空间当作一个合成的整体来感知，但他们往往首先感知的是这个问题空间的个别元素，同时又将每一个元素当作整体的一个部分。即儿童是通过从这些个别元素之间的相互联系中形成完整的结构，来感知这些个别元素，以及感知这些个别元素在整个结构中的作用。而在问题背景下，分析数量关系的重要任务就是能感知并理解这些元素以及这些元素在结构中的作用。

3.执行方案阶段

这个过程实际上就是将解题构思转译为算式的操作过程。其实质就是，用抽象的符号将解题思路展现出来，转译成算式，通过数值的运算将问题结果求出来。在这里，每一步运算部代表着每一步的思维。但是，并不是每一步思维的程序与运算的程序都是一一对应的。同时，由于符号运算是一种规则性的推理过程，就原问题解决的过程而言，具有不可逆性，因此，这给转译并获得问题解决造成一定的难度。尤其是对儿童来说，他们的符号思维水平尚处在发展过程中，常常会在将解题构思转译为算式时出现问题甚至是错误。

二、影响儿童数学问题解决的主要因素

影响儿童数学问题解决的因素有很多，有的是数学问题本身的特征所致，有的是问题解决者自身的心理和能力水平所致，当然，也与最初学习中教师的教学行为和策略相关。

1.情境的刺激模式

主要是指问题呈现的刺激模式，通常也就是我们所说的问题呈现方式和问题的难度。

问题刺激模式的区别首先表现在问题的类型及其难度上。不同类型与难度的问题都会影响问题解决的质量和速度。同时，对个体来说，对不同类型知识的保持方式与检索策略也有区别。不同类型的数学问题的解决所需要运用的知识也是不一样的。因此，针对不同类型的问题，不同的个体在问题解决的质量和速度上都会存在较大的区别。

问题刺激模式的区别其次还表现在问题的呈现方式上。不同的问题呈现方式以及知觉图式的呈现方式也会影响问题解决的质量和速度，而这种影响主要就表现在对问题的模式辨识的可能性和速度等方面。

2.问题的表征

所谓问题表征，就是指形成问题的空间，包括：明确问题所给定的条件，理解问题所要解决的目标以及问题解决所允许的操作，等等。问题表征是一个心理过程，是一个审题并理解题意的过程。这个过程首先需要用到陈述性知识。学生必须明确问题情境中的所有关键和有价值的词语所表示的意义，并知道问题情境中有价值的信息所对应的数学知识。其次，还要用到"因式"知识。因式在问题解决的过程中，对知识的检索起了重要的作用。这就意味着学生必须要具有相应的、相对稳定与清晰的因式知识。

3.定势

定势在数学问题解决中首先表现出一种习惯性的"迁移"。在问题解决的过程中，如果此类问题以前曾遇到多次，并通过某种方法获得解决，那么，就有可能在下次遇到同类问题时重复同样的方法，而忽视两类问题间的不显著差异。

4.经验

经验在问题解决的过程中起着相当大的作用。这种作用不仅体现在对数学问题解决的有效帮助上，还体现在对数学问题解决的干扰上。尤其是对儿童来说，常常因经验的不充分或匮乏，影响了问题解决的正确性，这是因为，在理解问题情境的过程中，缺失经验的支持，会导致儿童无法将原问题还原为原有的因式（数学观念、规律和性质等）。

5.语言障碍

相当多的数学问题是由语言文字所构成的。因此，对语言文字的理解将直接影响数学问题解决的可能性和正确性。这种影响最主要的还在于对数学问题的表征（理解）上。

6.认知策略

问题解决中的认知策略主要是指在问题解决的过程中，用以思考、形成假设、选择方法和步骤等的规则和方式。不同的人在问题解决过程中所采用的认知策略是不同的。美同学者凯•甘通过归纳，将认知策略分为"慎思型"和"冲动型"两大类。经研究发现，"慎思型"的特点是：反复思考，在对自己的假设有效性反复审查之后才做出抉择，问题解决的时间虽慢，但错误较少，同时，创造性的的问题解决较少。"冲动型"的特点是：思考欠周密，仓促抉择，问题解决的时间虽快，但错误相对较多，同时，创造性的问题解决也较多。当然，认知策略的这两种类型对于问题解决的能力而言，没有绝对的好与坏之分，因为问题解决的可能性与质量不仅仅与个体的智力特征相关，还与个体的情感因素（动机、情感体验等）以及经验相关。

7.个性特征

儿童在数学问题解决的过程中表现出来的个性特征会影响问题解决的可能性和正确性，主要表现为：在问题表征阶段往往会受到情感因素的制约性影响。此外，动机对问题表征也有影响。儿童在数学问题解决过程中，凡是遇到能满足其动机（有数据，能快速寻得问题解决途径与方法等）的情况时，其注意力就会被自觉纳入知觉过程中；当遇到在整体上能满足其动机，却存在轻度干扰的情况时，其注意力就会将能满足的部分纳入其知觉过程中，而忽视干扰部分；当问题情境存在较大干扰且明显难以满足其动机时，其注意力会集中在那些干扰部分上面，从而忽视问题的整体性。

三、儿童数学问题解决策略性知识的构建和发展

许多学者都认为，最有价值的知识应该是关于方法策略的知识。因此，在儿童数学问题解决的学习过程中，努力发展他们的策略性知识是十分重要的。当然，由于各个年龄阶段儿童的认知水平不同、因此，各个年龄阶段儿童的数学问题解决策略的发展也有所不同。

有研究表明，第一学段（一至三年级）的儿童在数学问题解决过程中主要采用尝试、作图、实际操作、概括规律、例举信息等策略。而第二学段（四至六年级）的儿童除了能够运用前述策略外，已经发展到尝试运用从简单情况入手，从相反方向去思考、化归等较高层次的策略了。

1.猜测策略

猜测是一种非常重要的问题解决策略。多角度的猜测不仅能有效地启发我们更快地寻找到问题解决的突破口，有时还能帮助形成新的问题。

2.尝试策略

运用尝试策略的过程就是多种方法的"试误"过程。尝试策略也是问题解决的一种重要策略。在许多情况下，解题者就是通过不断地"试误"，由问题的起始状态逐步逼近问题的目标状态。

3.作图策略

作图策略实际上是一种将问题情境具体化的策略。因年龄的局限，儿童对纯符号的运算往往会感到比较困难。运用作图辅助的策略，在纸上涂涂画画，可以帮助他们拓展思路，从而找到问题解决的关键。这种策略对低年段的儿童来说尤为重要。

4.操作策略

这实际上也是一种将问题情境具体化的策略。儿童通过自己的探索性的动手操作，即"hands on"，将问题情境具体化。这种策略不仅能有效帮助儿童理解问题情境，还有利于培养学生创造性的思维品质。

5.例举策略

当某个问题情境中蕴涵的信息较为复杂时，运用例举策略往往就会起到事半功倍的效果。因为，当学生将问题情境中的信息例举，并做相应的处理（如对应排列）后，问题的特征就会显现出来，从而能帮助学生较快地寻找到解题思路。

6.简化策略

所谓简化策略，实际上包含着两种不同的含义：一是从复杂的问题退到最原始、最简单的同构性问题。通过对后者做一些探索，借以触发解题的灵感，找到解决原问题的突破口。二是通过对原问题进行分解转化，将其转变为若干比较简单的问题，然后各个击破，逐步达到解决原问题的目的。

7.化归策略

在很多情况下，问题解决者所遇到的数学问题中蕴涵的模式很难马上获得识别，或者很难检索到相关的数学知识。这就常常需要将原有的数学问题进行一定的转化，在数学方法上，这被称做"化归"，即我们通常所说的"等价变形"或"建立等效命题"，通过对原有的数学问题的"化归"，使"化归"后的数学问题便于检索，或者有可能从变形后的数学问题中检索到相关的知识。

在这里，转化的目的就是化繁为简，化不熟悉为熟悉，化抽象为具体，化综合为单一，如此等等。

第三节　数学问题解决的教学组织

研究表明，数学学习并非一个被动吸收的过程，而是一个以主体已有的数学知识和数学经验为基础的主动建构的过程。在这个过程户，学习主体的尝试、探索、分析、反思以及自我监控等的主动性行为就显得尤为重要：这样看来，对数学问题解决的学习无疑是一种培养学生主动建构数学知识，发展学生数学思想的有效的学习方式，抑或说是一种有效的教学组织方式。

一、问题解决学习的意义和价值

20 世纪中叶，伟大的数学家波利亚关于数学问题解决的引导性著作《怎样解题》面世。在他看来，数学是一种活动，而参与数学在一定程度上就是积极地参与发现的过程。因此，他认为应避免将数学理解为一种常规的、形式主义的演绎科学，而应应类似于自然科学那样，将数学理解为猜测、顿悟与发现。

关于问题解决学习的意义，许多学者和教育实践工作者有大致趋同的认识，即问题解决不仅是一个解决问题的过程，同样也是一个主动的学习过程。因此，问题解决在小学数学教育中有着重要的意义。一般认为，这种意义至少体现在如下几个方面。

（一）为学生的主动探索与发现提供一个空间与机会

（二）有利于学生数学意识的形成

（三）是帮助学生实现创新与发展的有效途径

（四）是发展学生的自我调控与反思修正能力的最佳方式

（五）能有效地转变学生的学习方式

二、数学问题解决学习的教学组织过程的特征

数学问题解决学习的过程与一般意义上的数学知识或者数学程序性知识的学习过程不同。尤其是对构造性的数学知识的学习而言，其差异性更大。数学问题解决学习不仅仅是一般意义上的习得数学知识，更重要的是，它还包含着策略性知识的学习过程。也正因为这样，数学问题解决学习的教学组织与一般意义上的数学知识学习或者数学程序性知识学习的教学组织还是有

差异的。

具体来看，这种差异性至少表现在探究性更强、任务性更强、个性化更强这样几个方面。

三、发展儿童数学问题解决能力的主要策略

一个人的问题解决能力并不是单靠某些技能的传递就能形成的，也不是只靠多做几个习题就能形成的。要发展儿童数学问题解决能力，需要教师有意识地改进教学策略，有效地创设学习空间，让学生在内主的探索活动中实现数学问题解决能力的发展。

（一）创设自由探究的空间

在课堂学习中，教师要尽可能地为学生创造一种宽容与理解的气氛，让学生充分感受到在探究未知的过程中师生关系的平等性。个体能量的充分释放就是心理表达的充分自由。在数学问题解决的学习中，应留给学生充分的用自己的想法、自己的兴趣和自己的方式去探究问题的空间。

（二）发展学生问题表征的能力

表征是问题解决的中心环节。因此，在问题解决的学习过程中，应向学生充分展示如何表征问题，让学生学会如何从问题情境中准确理解问题的本质特征，确定问题解决的算子，选择问题解决的策略和方法。

（三）大胆提出假设和积极思考

假设就是一种猜测，是问题解决中的一种有效策略，也是问题解决中的一种重要能力。从许多专家解决问题的过程看，这种策略能起到相当大的作用，尤其是在人们寻找问题解决的途径与方法时，往往能起到使人顿悟的作用。学会猜测还为创造性地解决问题提供了某些可能。

四、发展儿童数学问题解决能力的基本途径

从数学问题解决的过程特征来看，可以从如下几个方面来发展儿童的数学问题解决能力。

1.以发展问题表征能力为基础

前面已经说过，问题表征的准确与否和深浅程度将直接影响问题解决的可逆性与效果。例如，学生在对问题情境进行表征的同时，能否迅速、有效地从情境中抽取出有价值的条件信息，确定问题状态以及补充问题情境所缺

损的条件信息？又如，学生在对问题情境进行表征时，能否有效地抓住算子，也即能否有效地确认情境中所包含的运算信息，从而帮助自己思考填补认知空隙的途径与方法？再如，学生在对问题情境进行表征的同时，能否准确理解并抓住问题的目标信息？能否切道问题本身需要我们解决什么？与问题日标相关的信息有哪些？如此等等。在课堂学习中，可以多让学生去面对一些结构不良的问题，以发展他们问题表征的能力。

2.以发展形式化的能力为条件

形式化的能力就是在对问题情境进行表征的同时，能迅速、有效地抓住问题的数学本质，而不拘泥于问题的情节。例如，学生在知觉问题情境（问题表征）的过程中，能否迅速摆脱问题情境的干扰，从背景中有效地抽取出问题情境所含的信息及其数量关系，从本质上进行因式检索或模型重建？又如，学生在因式检索或模型重建的过程中，能否将问题情境有效地还原为数学模型，并用数学的思想与方法予以思考和解决？如此等等。在课堂学习中，可以让学生多进行这种形式的训练。